utb 6049

Eine Arbeitsgemeinschaft der Verlage

Brill | Schöningh – Fink · Paderborn
Brill | Vandenhoeck & Ruprecht · Göttingen – Böhlau Verlag · Wien · Köln
Verlag Barbara Budrich · Opladen · Toronto
facultas · Wien
Haupt Verlag · Bern
Verlag Julius Klinkhardt · Bad Heilbrunn
Mohr Siebeck · Tübingen
Narr Francke Attempto Verlag – expert verlag · Tübingen
Psychiatrie Verlag · Köln
Ernst Reinhardt Verlag · München
transcript Verlag · Bielefeld
Verlag Eugen Ulmer · Stuttgart
UVK Verlag · München
Waxmann · Münster · New York
wbv Publikation · Bielefeld
Wochenschau Verlag · Frankfurt am Main

Für meinen Bruder

Katharina Scherke, geb. 1969, ist Universitätsprofessorin am Institut für Soziologie der Universität Graz. Zu ihren Forschungsschwerpunkten gehören neben der Soziologie der Emotionen auch die Kultur- und Kunstsoziologie, Geschichte der Soziologie, Soziologische Theorie sowie die Wissenschaftssoziologie.

Katharina Scherke

Emotionssoziologie

transcript Verlag, Bielefeld

Bibliografische Information der Deutschen Nationalbibliothek
Die Deutsche Nationalbibliothek verzeichnet diese Publikation in der Deutschen Nationalbibliografie; detaillierte bibliografische Daten sind im Internet über http://dnb.d-nb.de abrufbar.

utb-Bandnr. 6049
Print-ISBN 978-3-8252-6049-1
PDF-ISBN 978-3-8385-6049-6

Einbandgestaltung: siegel konzeption | gestaltung
Korrektorat: Elisabeth Stadler, www.zwiebelfisch.at
Satz: Michael Rauscher
Druck: Elanders Waiblingen GmbH, Waiblingen

Gedruckt auf alterungsbeständigem Papier mit chlorfrei gebleichtem Zellstoff.

Inhalt

Vorwort

Mein Interesse an Emotionssoziologie begann ursprünglich mit der Frage, warum Emotionen, die doch offensichtlich eng mit unserer sozialen Existenz verbunden sind, lange Zeit innerhalb der Soziologie kaum systematisch beachtet wurden (vgl. Scherke 2009). Ausgehend von der Frage nach den Gründen für diese Vernachlässigung und die Wiederentdeckung der Emotionen in den letzten Jahrzehnten des 20. Jahrhunderts, erschlossen sich mir nach und nach die vielfältigen Arbeitsgebiete der Emotionssoziologie, die sich seit den 1970er Jahren zu einem lebhaften und ständig wachsenden Forschungsbereich innerhalb der Soziologie entwickelt hat. In dem vorliegenden Buch versuche ich die Leser*innen auf eine Expedition in dieses für mich immer noch spannende Forschungsgebiet einzuladen und hoffe zur Orientierung darin beizutragen.

Die Auswahl der vorgestellten Ansätze und Themen folgt dabei gewissermaßen dem Ziel, auf der emotionssoziologischen ›Landkarte‹ einige Punkte zu markieren; es kann dabei aber weder Vollständigkeit angestrebt, noch ausgeschlossen werden, durch persönliche Vorlieben den einen oder anderen Punkt überbetont zu haben. Weiterführende Literaturhinweise sollen die Leser*innen daher zur eigenständigen Ergänzung und Korrektur der ›Landkarte‹ einladen.

Ich möchte an dieser Stelle den Kolleg*innen des Research Networks ›Sociology of Emotions‹ der *European Sociological Association* herzlichen Dank für viele anregende Diskussionen und Begegnungen aussprechen, die sehr zur Vertiefung meines Interesses an der Emotionssoziologie beigetragen haben. Mein Dank gilt auch den Grazer Kolleg*innen, die durch ihre breitgefächerten soziologisch-historischen Interessen ein steter Quell emotionssoziologischer Inspiration für mich waren und sind. Sabine A. Haring danke ich besonders für wertvolle Anregungen und Hinweise zur Rohfassung dieses Buches und für die vielen Jahre unserer Freundschaft. Herzlicher Dank gebührt auch Elisabeth Stadler für ihr sorgfältiges Korrektorat des Manuskriptes; ich hoffe, dass allfällige danach von mir wieder eingebaute Fehler die Lektüre des Buches nicht trüben werden.

Herzlicher Dank gilt dem transcript Verlag, der mir die Möglichkeit zur Verfassung dieses Einsichten-Bandes gab und damit einen Nachdenkprozess darüber anstieß, was aus meiner Sicht grundlegende Fragen und Problemstellungen der Emotionssoziologie sind und wie diese möglichst allgemeinverständlich dargestellt werden können. Inwieweit dies gelungen ist, müssen die Leser*innen entscheiden. Meine Hoffnung ist, dass das vorliegende Buch sowohl für Soziolog*innen als auch allgemein Interessierte Anregungen bietet, sich weiterführend mit dem Gebiet der Emotionssoziologie zu beschäftigen.

Katharina Scherke
Graz, im Oktober 2023

1. Einleitung

Dieses Buch möchte Interesse für das in den letzten Dekaden stark gewachsene Forschungsfeld der Emotionssoziologie wecken. Dem Charakter eines Einführungswerkes entsprechend, geht es im Folgenden darum, Einblick in die Grundideen der Emotionssoziologie zu geben, wichtige theoretische und methodische Debatten in diesem Feld zu skizzieren und zur weiterführenden Lektüre anzuregen. Es besteht die Hoffnung, dass die Leser*innen die in diesem Buch angebotene ›Landkarte‹ des Feldes als nützlich erachten, um sich darauf aufbauend eigenständig in der Emotionssoziologie umzusehen und so die Landkarte den eigenen Bedürfnissen entsprechend weiter zu detaillieren.

Es existiert mittlerweile eine ganze Reihe von Einführungs- und Überblickswerken zur Emotionssoziologie; allen voran ist auf die Arbeiten von Jürgen Gerhards (1988), Heinz-Günter Vester (1991) und Helena Flam (2002) zu verweisen, die einem deutschsprachigen Publikum das Themenfeld erstmals systematisch nahebrachten. Verschiedene Sammelwerke und Handbücher haben seitdem das Themenfeld näher bearbeitet und unterschiedlichste Facetten der Emotionssoziologie bzw. sozialtheoretischer Erörterungen von Emotionen im deutschen Sprachraum aufgezeigt; zu erwähnen wären etwa Schützeichel (2006a), Schnabel und Schützeichel (2012), Senge und Schützeichel (2013) und Senge, Schützeichel und Zink (2022). Unter den englischsprachigen Werken wäre etwa auf Turner und Stets (2005) sowie Stets und Turner (2007, 2014), Slaby und Scheve (2019) und Flam (2024, forthcoming) hinzuweisen.

Diesen Werken liegen jeweils unterschiedliche Systematisierungen zugrunde; während Helena Flam (2002) beispielsweise besonderes Augenmerk auf die Analyse ›soziologischer Klassiker‹ und deren

Bearbeitung von Emotionen legt und die Relevanz emotionssoziologischer Ansätze für die Analyse der Gegenwartsgesellschaft anhand unterschiedlicher Themenfelder (Arbeit, Geld, Politik) auch mittels empirischer Studienergebnisse illustriert, konzentrieren sich etwa Jonathan H. Turner und Jan E. Stets (2005) darauf, unterschiedliche theoretische Ansätze der Emotionssoziologie (z. B. den dramaturgischen, den ritualtheoretischen oder den austauschtheoretischen Ansatz) zu unterscheiden und kompakt vorzustellen, wobei vorwiegend anglo-amerikanische Arbeiten präsentiert werden. Senge, Schützeichel und Zink (2022, siehe auch Senge, Schützeichel 2013) wiederum stellen ›Schlüsselwerke‹ der Emotionssoziologie vor und bieten Einblick in das Schaffen von klassischen und zeitgenössischen Autor*innen (sowohl aus der Soziologie als auch anderen Fächern), deren Überlegungen als relevant für die Emotionssoziologie erachtet werden.

Im Unterschied zu diesen vorliegenden Werken, deren Lektüre wärmstens empfohlen wird, versucht dieses Buch Grundideen und -fragen der Emotionssoziologie in den Vordergrund zu stellen und dadurch sowohl den Beitrag der Emotionssoziologie zum weiten Feld der interdisziplinären Emotionsforschung aufzuzeigen, als auch ihre Bedeutung für die Soziologie selbst zu unterstreichen.

Emotionen sind komplexe bio-psycho-sozio-kulturelle Phänomene (vgl. auch Vester 1991, 19–23), deren Erforschung unweigerlich die Zusammenarbeit verschiedener Wissenschaftsdisziplinen erfordert (es wird in den folgenden Kapiteln daher auch immer wieder auf Ansätze und Befunde anderer Disziplinen eingegangen). Im Folgenden soll der spezifische Beitrag der Soziologie zum Feld der Emotionsforschung skizziert werden. Zugleich soll deutlich gemacht werden, was eine emotionssoziologische Perspektive für die Analyse gesellschaftlicher Strukturen und Prozesse leistet. Emotionssoziologie, häufig auch als ›Soziologie der Emotionen‹ bezeichnet und in diesem Buch synonym dazu verwendet, versteht sich nicht als Spezialgebiet der Soziologie, sondern als grundlegende Perspektive soziologischer Analysen, die die Bedeutung der Emotionen für soziale Situationen jeglicher Art hervorhebt und systematisch zu analysieren versucht.

Soziale Entstehung und soziale Konsequenzen von Emotionen

Es gibt verschiedene Möglichkeiten, das mittlerweile stark ausdifferenzierte Gebiet der Emotionssoziologie für einen Überblick zu strukturieren. Ich möchte zunächst zwei grundlegende Ausrichtungen emotionssoziologischer Fragestellungen skizzieren: Es gibt Ansätze, die die *soziale Entstehung* von Emotionen thematisieren, und solche, die die *sozialen Konsequenzen* von Emotionen untersuchen. In einzelnen Studien werden häufig beide Perspektiven miteinander verbunden; für einen einführenden Blick in die Emotionssoziologie ist es meines Erachtens aber hilfreich, sie zu unterscheiden. Der spezielle Fokus einer soziologischen Auseinandersetzung mit Emotionen, im Unterschied zu den Interessen anderer Disziplinen im Bereich der Emotionsforschung, kann dadurch deutlich gemacht werden.

Ansätze, die die *soziale Entstehung* von Emotionen betrachten, gehen davon aus, dass Emotionen kein biologisch determiniertes Phänomen sind, sondern durch das soziale und kulturelle Umfeld entscheidend (mit-)geprägt werden. Diese Ansätze weisen zahlreiche interdisziplinäre Schnittstellen zu anderen Disziplinen auf, die sich ebenfalls für die Entstehung und die grundlegenden Charakteristika von Emotionen interessieren.

Ansätze, die sich für die *sozialen Konsequenzen* von Emotionen interessieren, rücken die Wirkungen von Emotionen in sozialen Zusammenhängen in den Fokus und analysieren etwa ihre Rolle bei der Entstehung sozialen Zusammenhalts oder der Entwicklung von Gruppenkonflikten. Viele klassische Themen der Soziologie werden auf diese Weise (neu) fokussiert. Auch diese Ansätze weisen interdisziplinäre Schnittstellen zu anderen, ebenfalls an gesellschaftlichen Fragen interessierten Disziplinen auf.

Diese beiden grundlegenden Perspektiven, Emotionen als sozial geprägte und zugleich auch das Soziale prägende Phänomene zu betrachten, sollen in Kapitel 6 anhand einiger klassischer Ansätze der Emotionssoziologie dargestellt werden. Die gesellschaftliche Prägung von Emotionen spielt etwa bei den Arbeiten von Arlie R. Hochschild zum Emotionsmanagement ebenso eine Rolle wie in den austauschtheoretischen Überlegungen Theodore D. Kempers. Die sozialen Konsequenzen von Emotionen wiederum können anhand des Konzepts der Scham-Wut-Spirale von Thomas Scheff gut illustriert werden.

Neben diesen beiden grundlegenden Perspektiven kann das Feld emotionssoziologischen Arbeitens noch auf andere Art und Weise unterteilt werden. Ich möchte in weiterer Folge vier zusätzliche Perspektiven der Emotionssoziologie skizzieren, die nicht nur dabei behilflich sein können, sich einen Überblick innerhalb dieses Forschungsfeldes zu verschaffen, sondern anhand derer auch nochmals der soziale Charakter von Emotionen aufgezeigt wird. In Kapitel 7 werden diese Perspektiven anhand ausgewählter klassischer und aktueller Studien der Emotionssoziologie näher dargestellt, wobei zu beachten ist, dass einzelne Autor*innen oder Ansätze stets mehreren dieser Perspektiven zugeordnet werden könnten. Anliegen von Kapitel 7 ist die Illustration der vier Perspektiven und gleichzeitig das Aufzeigen der thematischen Vielfalt emotionssoziologischen Schaffens. Es geht dabei explizit nicht um eine trennscharfe Unterscheidung einzelner Schulen oder Ansätze der Emotionssoziologie. Die vier Perspektiven lassen sich wie folgt charakterisieren:

Verknüpfung von Vergangenheit, Gegenwart und Zukunft

Erstens: Emotionen sind soziale Phänomene, weil Individuen auf ihr soziales Umfeld reagieren, indem sie dieses (bewusst oder unbewusst) emotional bewerten, wobei dies stets auch mit bestimmten Handlungsimpulsen verbunden ist, durch die wiederum Einfluss auf das soziale Umfeld genommen wird. *Eine grundlegende Eigenschaft von Emotionen liegt also darin, dass sie Vergangenheit, Gegenwart und Zukunft eines Individuums miteinander verbinden und somit handlungsrelevant sind, was Konsequenzen für den sozialen Kontext des Individuums hat.* Vereinfacht gesagt: Ereignisse der Vergangenheit führen zu einem bestimmten Gefühlszustand in der gegenwärtigen Situation, auf dessen Basis Handlungen gesetzt (oder unterlassen) werden, die die zukünftige Situation beeinflussen. Ein Individuum reagiert emotional auf seine aktuelle Gegenwart, und zwar auf Basis in der Vergangenheit gemachter Erfahrungen und daraus folgender emotionaler Dispositionen, wobei gleichzeitig durch diese emotionalen Dispositionen auch ein bestimmtes zukünftiges Verhalten nahegelegt wird. Unterschiedliche Emotionen können solcherart daraufhin untersucht werden, auf welche Weise sie Vergangenheit, Gegenwart und Zukunft miteinander verbinden und welche unterschiedlichen Implikationen sie für den sozialen Kontext der Individuen haben. Emotionen müssen dabei als soziale Phänomene betrachtet werden, deren Aufkommen, Er- und Ausleben in einer konkreten Situation in enger Wechselwirkung mit dem sozio-kulturellen Kontext erfolgt. Akteur*innen handeln eben nicht, wie lange Zeit angenommen wurde, auf Basis rationaler Kalkulationen von Handlungsoptionen, sondern im Rahmen komplexer Prozesse des Erinnerns, Fühlens und Entscheidens im sozialen Kontext (weitere Details siehe Kapitel 7.1).

Bindende und trennende Funktionen von Emotionen

Zweitens: Emotionen sind außerdem ein soziales Phänomen, weil sie Individuen zueinander in Relation setzen. Der Fokus bei dieser Perspektive liegt nicht auf der zeitüberbrückenden Funktion von Emotionen für das Individuum, indem dieses durch Emotionen gewissermaßen zu seinem früheren und zukünftigen Ich (und damit zu dessen sozialer Umwelt) in Bezug gesetzt wird. Stattdessen rücken die gegenwärtigen Relationen von Individuen zu anderen Menschen (und mitunter auch Dingen) in den Mittelpunkt der Analyse. *Emotionen können dabei verbindende und trennende Wirkungen im sozialen Kontext haben, womit nochmals die sozialen Konsequenzen von Emotionen sichtbar werden*. Emotionen geben Auskunft über den Status sozialer Beziehungen. Zugehörigkeitsgefühle, Liebe, aber auch Vertrauen wären hier als Bindung stiftende oder aufrechterhaltende Emotionen ebenso zu nennen wie Ressentiment, Neid oder Ärger als auch trennend wirkende Emotionen (weitere Details siehe Kapitel 7.2).

Gesellschaftliche Diskurse über Emotionen

Drittens: Emotionen sind auch deshalb ein soziales Phänomen, weil sie – wie schon oben angedeutet – durch die Gesellschaft geprägt werden. Emotionssoziologische Arbeiten interessieren sich daher auch für die Frage, wie *gesellschaftliche Diskurse über Emotionen* Einfluss auf das Handeln von Individuen nehmen. Soziale Normen regeln die Frage, wie wir uns in bestimmten Situationen fühlen bzw. welche Emotionen wir in diesen zeigen sollen (etwa Gefühle der Trauer auf Beerdigungen, Gefühle der Freude auf Hochzeiten usw.). Im Rahmen der Sozialisation verinnerlichen Individuen diese gesellschaftlichen Vorgaben über den in bestimmten Situationen erwarteten Gefühlsausdruck und praktizieren diesen im Alltag sodann häufig quasi automatisch und unbewusst. Diese sozialen Normen, auch *feeling rules* (Hochschild 1979) genannt, werden u. a. durch mediale und öffentliche Diskurse geprägt und verbreitet. In kulturellen Artefakten wie Filmen, Büchern oder Kunstwerken finden die Deutungsmuster für den passenden Gefühlsausdruck zudem eine Speicherung und Weiterverarbeitung und wirken somit auch situations- und generationsübergreifend auf das Handeln von Individuen ein. Ein guter Teil emotionssoziologischer Studien widmet sich der Analyse dieser Diskurse, ihren Veränderungen im Zeitverlauf und ihrer Wirkung auf individuelles Handeln. Emotionssoziologische Analysen interessieren sich dafür, wie diese kulturellen Deutungsmuster zustande kommen, unter welchen Machtbeziehungen sie reproduziert und modifiziert werden und wie sie in das Alltagshandeln von Individuen Eingang finden. In Kapitel 7.3 wird dies exemplarisch näher dargestellt.

Kollektives Erleben von Emotionen

Viertens: *Emotionen sind schließlich auch deswegen ein soziales Phänomen, weil sie kollektiv empfunden werden können.* Das gemeinsame Erleben von Emotionen, etwa im Rahmen von (Alltags-)Ritualen, erzeugt andere Konsequenzen als das einzelne Emotionserlebnis. Die soziale Prägung des Emotionsgeschehens findet hier nicht nur über normative Vorgaben statt, die in gesellschaftlichen Diskursen verhandelt werden, sondern durch die unmittelbare Gegenwart anderer, die das Emotionserlebnis selbst verändern. Kollektive Emotionen, emotionale Klimata oder Stimmungen, die kollektiv erzeugt und empfunden werden, sind von besonderem Interesse für die Soziologie. Die Entstehung dieser Phänomene und die Analyse ihrer Auswirkungen auf gesellschaftliche Strukturen als Betätigungsfeld der Emotionssoziologie werden in Kapitel 7.4 näher vorgestellt.

Fiktive Alltagsbeispiele

Die Bedeutung von Emotionen im sozialen Kontext soll hier nochmals anschaulich anhand einiger Alltagssituationen illustriert werden:

Dorothy[2] wurde von ihrem Freund betrogen und hat sich am Wochenende von ihm getrennt. Am Montag in der Früh hängt sie im Büro in Gedanken der zerbrochenen Beziehung nach und ist mit ihrer Trauer, Enttäuschung und auch Wut auf den Exfreund beschäftigt. Sie erwidert die Begrüßung ihres neuen Kollegen Edgar, der erst seit einer Woche in der Firma arbeitet, mit einem grimmigen Gesichtsausdruck und nur sehr kurz angebunden. Edgar, der noch unsicher bezüglich seiner Rolle in der neuen Firma ist, bezieht Dorothys wütenden Blick auf sich und interpretiert ihn als Kritik an seiner Arbeitsleistung der letzten Woche, bei der ihm einige Fehler unterlaufen waren. Er fühlt sich von Dorothy beschämt und wird seinerseits wütend über die ungerechte Behandlung, da jedem Neuling einmal etwas misslingen kann. Er wirft nun Dorothy grimmige Blicke zu. Erst als er in der Kaffeepause ein Gespräch zwischen Dorothy und Sara mitbekommt, in dem Dorothy ihrem Ärger über den Exfreund Luft macht, entsteht bei ihm die Vermutung, dass Dorothys abweisende Haltung in der Früh möglicherweise gar nicht ihm galt, und er begegnet ihr entsprechend entspannter.

Szenenwechsel: Dorothy ist zu Saras Hochzeit eingeladen. Dorothy hat überhaupt keine Lust auf dieses Fest, da ihr ihre eigene gerade erst gescheiterte Beziehung noch nachhängt. Sie bemüht sich aber der Braut zuliebe, ihre schlechte Laune und Traurigkeit zu verbergen, indem sie intensiv an einen lustigen Kinofilm denkt, um in eine fröhlichere Stimmung zu gelangen. Zudem dient ihr der Film als Modell dafür, wie mit Liebeskummer umgegangen werden kann. Sara wiederum weiß über Dorothys Kummer Bescheid und anerkennt deren Bemühungen um Fröhlichkeit, obwohl ihr diese nicht während des gesamten Hochzeitsfestes gelingen.

Szenenwechsel: Sara und Agatha machen sich Sorgen über den Klimawandel und nehmen regelmäßig an entsprechenden Demonstrationen teil. Das gemeinsame Skandieren von Protestslogans begleitet von rhythmischem Klatschen hinterlässt bei beiden ein Gefühl der Verbundenheit miteinander und mit anderen Mitgliedern der Umweltbewegung. Gleichzeitig reduziert das kollektive Protestieren zumindest kurzzeitig ihre Ängste bezüglich der Erderwärmung und deren Folgen für die Menschheit. Obwohl sich noch kein unmittelbarer Erfolg ihrer Protestforderungen (etwa nach einem Tempolimit auf Autobahnen) abzeichnet, sind sie daher motiviert, den Protest fortzusetzen. Die wütenden Beschimpfungen der durch ihre Protestkundgebungen aufgehaltenen Autofahrer*innen schockieren sie zwar, das gemeinsame Aushalten dieser beängstigenden Situation bekräftigt allerdings zugleich das Zusammengehörigkeitsgefühl der Protestgruppe.

Den skizzierten Beispielen ist gemein, dass sie allesamt den Zusammenhang von Emotionen mit sozialen Situationen unterstreichen. Emotionen lenken unsere Aufmerksamkeit auf bestimmte Aspekte einer Situation, sie beschäftigen uns und regen Reflexionen über uns und die Umwelt an, zudem motivieren sie uns zu bestimmten Handlungen. In Interaktionen sichtbare Emotionen erfahren dabei eine Interpretation durch die jeweils anderen Akteur*innen, die auf Basis dieser Interpretation sowohl eigene Gefühle entwickeln als auch weitere Handlungsschritte setzen. Soziale Normen und Erwartungshaltungen darüber, welcher Emotionsausdruck in welchen Situationen angemessen ist, haben dabei erheblichen Einfluss auf das Handeln und die Situationsinterpretationen von Akteur*innen. Die Szene zwischen Dorothy und Edgar hätte sich zum Beispiel zu einer fatalen Konfliktdynamik weiterentwickeln können, wenn die Scham-Wut-Spirale (vgl. Scheff 1990b, 285) nicht, wie in diesem erdachten Beispiel, rechtzeitig aufgelöst worden wäre. Die Befolgung von Gefühlsregeln/*feeling rules* (Hochschild 1979) kann unabhängig davon, ob sie erfolgreich umgesetzt wird oder nur ein Bemühen zum Ausdruck bringt, ein wichtiges Signal in sozialen Situationen sein, wie das Hochzeitsbeispiel skizzierte. Filme wie etwa jener, an dem sich im Hochzeitsbeispiel Dorothy orientierte, um ihren Liebeskummer zu bekämpfen, liefern ebenso wie andere kulturelle Artefakte und Diskurse Vorlagen für das als angemessen empfundene Ausleben von Emotionen und tragen damit auch zum Setzen oder der Aufrechterhaltung von Gefühlsregeln bei. Das Beispiel von Saras und Agathas Protestteilnahme wiederum unterstreicht die Bedeutung gemeinsam erlebter Emotionen und deren Folgen für den Zusammenhalt sozialer Gruppierungen (vgl. Collins 2004, 32–38).

Festzuhalten ist: Unser Handeln wird keineswegs durch unsere Emotionen determiniert. Emotionen entfalten sich in enger Wechselwirkung mit unserem sozio-kulturellen Kontext. In welchen konkreten Handlungen sich beispielsweise Angst oder Ärger niederschlagen und welche Folgen sie für das soziale Umfeld haben, hängt von der sozialen Interaktionsdynamik und auch den Machtverhältnissen in einer Situation ab. Unter Berücksichtigung dieser Zusammenhänge ist es dann auch möglich, besser zu verstehen, wie es zur politischen Instrumentalisierung von Emotionen kommen und wie dieser allfällig auch entgegengewirkt werden kann.

Die in den fiktiven Beispielen oben angesprochene soziale Einbettung von Emotionen soll im Rahmen der folgenden Kapitel anhand ausgewählter empirischer Studien, die sich mit unterschiedlichen gesellschaftlichen Bereichen beschäftigen, näher vorgestellt werden.

Aufbau des Buches

Das Buch[1] ist folgendermaßen aufgebaut: Kapitel 2 möchte zunächst für die Probleme der Begrifflichkeit sensibilisieren, die in der Emotionsforschung bzw. in der Emotionssoziologie verwendet wird. Die Begriffe ›Emotionen‹, ›Gefühle‹ oder ›Affekte‹ werden in der Literatur teilweise synonym verwendet, teilweise auch mit spezifischen Bedeutungen aufgeladen. Ich möchte die Leser*innen dazu motivieren, sich bei der Literatursuche und der Rezeption von Ansätzen durch diesen Umstand nicht irritieren zu lassen, sondern auf inhaltliche Gemeinsamkeiten oder Unterschiede der Arbeiten zu achten, die sich hinter ähnlichen oder unterschiedlichen Begriffen verbergen. Kapitel 3 bietet sodann Einblick in die Geschichte der Emotionssoziologie, wobei auch den im Verlauf der Geistesgeschichte veränderten Vorstellungen über Rationalität und Emotionalität des Menschen Beachtung geschenkt wird. Zur Rolle der Emotionen in den Werken der sogenannten ›Klassiker‹ der Soziologie gibt es mittlerweile zahlreiche Abhandlungen, weshalb sie in diesem Buch in Kapitel 3 nur kurz besprochen werden. Kapitel 4 möchte zur Orientierung im interdisziplinären Feld der Emotionsforschung beitragen, indem unterschiedliche Dimensionen des Emotionsgeschehens unterschieden und kurz vorgestellt werden. Die in der Emotionssoziologie verwendeten empirischen Methoden werden in Kapitel 5 exemplarisch besprochen. In den Kapiteln 6 und 7 werden, wie oben bereits beschrieben, unterschiedliche Perspektiven der Emotionssoziologie anhand klassischer und aktueller Ansätze vorgestellt. Kapitel 8 widmet sich schließlich dem Verhältnis von Emotionssoziologie und *affect studies*. Hinter den *affect studies* verbirgt sich eine Gruppe unterschiedlicher Ansätze, die in jüngerer Zeit ähnliche Fragen aufgegriffen haben wie die Emotionssoziologie, sich allerdings hinsichtlich des verwendeten Emotionskonzeptes zumeist von emotionssoziologischen Studien unterscheiden. Das Literaturverzeichnis bietet hoffentlich Anregungen zur weiterführenden Lektüre und das Personenregister soll das Auffinden einzelner Autor*innen in diesem Buch erleichtern.

2. Vorbemerkungen zur Emotionsbegrifflichkeit

Es gibt keinen einheitlichen Begriffsgebrauch in der Emotionssoziologie und auch keinen solchen in der interdisziplinären Emotionsforschung. Im Folgenden sollen daher einige mit der Emotionsbegrifflichkeit verbundene Themenfelder und Schwierigkeiten skizziert werden.

Empfindungen allgemein oder spezifische Emotionen

Der Begriff ›Emotion‹ (ähnlich wie jener des ›Gefühls‹ oder des ›Affekts‹) kann sowohl in unspezifischer Weise als *allgemeiner Ausdruck* für (körperliche und/oder geistige) Empfindungen verwendet werden, als auch als *Sammelbezeichnung für spezifische Empfindungen*, die zusätzlich mit eigenen Emotionswörtern wie ›Freude‹, ›Trauer‹ oder ›Scham‹ bezeichnet werden. Manche Ansätze der (vor allem psychologischen) Emotionsforschung gingen davon aus, dass die spezifischen Emotionen durch ein jeweils klar voneinander unterscheidbares physiologisches Muster und äußeres Erscheinungsbild gekennzeichnet sind, was mittlerweile aber zunehmend hinterfragt wird (vgl. Rothermund, Eder 2011, 171).

primäre/sekundäre Emotionen

Im Hinblick auf die spezifischen Emotionen findet sich in der Literatur auch noch die Unterscheidung in sogenannte primäre (oder basale) und sekundäre Emotionen, wobei das Für und Wider dieser Unterscheidung kontrovers diskutiert wird (vgl. Ulich, Mayring 1992, 36–37, 132–133; Schmidt-Atzert et al. 2014, 36–39; Turner, Stets 2005, 11–21). Als primäre Emotionen werden jene bezeichnet, die als angeboren gelten und die daher weltweit bei allen Menschen vorkommen bzw. bekannt sind (dazu zählen Freude, Angst, Wut, Ekel, Überraschung, Trauer). Sekundäre Emotionen seien demgegenüber Gefühle, die stärker sozio-kulturell geprägt sind und die sich erst im Verlauf des Heranwachsens entwickeln (z. B. Stolz oder Scham). Außerdem stellen sie häufig auch eine Mischung unterschiedlicher (primärer) Emotionen und auch unterschiedlicher Gefühlsqualitäten (vereinfacht gesagt positiver/negativer Empfindungen) dar. Verknüpft mit der Idee primärer Emotionen sind Überlegungen zur evolutionären Rolle von Emotionen, denen im Verlauf der Menschheitsgeschichte wichtige Signal- und Kommunikationsfunktionen zukamen, wie bereits Charles Darwin in »*The Expression of Emotions in Man and Animals*« (1872) festhielt (vgl. Rothermund, Eder 2011, 181; vgl. auch Burkitt 2014, 26). Die Fähigkeit, Emotionen im Kontakt mit anderen eindeutig zu erkennen und somit deren freundliche oder feindliche Absichten rasch abschätzen zu können, bringe evolutionäre Anpassungsvorteile mit sich, wie Jonathan H. Turner (2000, 19–21) unterstrich. Darwins Ansatz wurde in den 1960er Jahren auch von verschiedenen Psycholog*innen aufgegriffen u. a. von Silvan S. Tomkins und Paul Ekman. Der universale Charakter primärer Emotionen wurde von Ekman näher untersucht, indem er Fotos von Gesichtsausdrücken primärer Emotionen wie Freude oder Wut Vertreter*innen verschiedener Kulturen vorlegte und von diesen beschreiben ließ. Tatsächlich wurden die dargestellten Emotionen einheitlich als Freude oder Wut erkannt, allerdings wurde in Ekmans Studien auch die soziale Prägung dieser Emotionen sichtbar (vgl. Wassmann 2002, 36–37; Rothermund, Eder 2011, 185; Barrett 2006, 33–45; Wetherell 2015, 143). Freude, beispielsweise, wird zwar universal erkannt, in welchen Situationen oder Anlässen dieses Gefühl allerdings vorkommt bzw. erwartet wird, variiert kulturell. Die von Stanley Schachter und Jerome E. Singer, ebenfalls in den 1960er Jahren, durchgeführten Experimente zur Bedeutung des sozialen Kontextes für das Aufkommen einer Emotion nährten weitere Zweifel an der Idee universal verbreiteter basaler oder primärer Emotionen (vgl. Scherke 2009, 89–90; Rothermund, Eder 2011, 192; Leys 2011, 469–471; Scherke 2015, 473–475; Wetherell 2015, 143). Bis heute variiert die Zahl der Emotionen, die als primär gelten, in der Literatur. Insgesamt gibt es keinen Konsens über die Zahl und genauere Definition menschlicher Emotionen (vgl. Schmidt-Atzert et al. 2014, 38; Otto, Euler, Mandl 2000; Ulich, Mayring 1992, 46; auf die Vielzahl an Definitionsversuchen von Emotionalität bzw. Emotionen kann hier nicht ausführlich eingegangen werden, für einen Überblick verweise ich auf: Rothermund, Eder 2011, 165–204; vgl. Schmidt-Atzert et al. 2014, 20).

Aus emotionssoziologischer Sicht ist es wichtig festzuhalten, dass die soziale Prägung von Emotionen, d. h. beispielsweise Vorgaben darüber, bei welchen Anlässen bestimmte Emotionen empfunden bzw. ausgedrückt werden dürfen, sowohl für als primär erachtete Emotionen wie Freude oder Trauer gilt als auch für als sekundär bezeichnete Emotionen wie Scham, Peinlichkeit oder Neid. Die menschliche Fähigkeit, das eigene Empfinden bzw. den eigenen Gefühlsausdruck vorhandenen gesellschaftlichen Erwartungen anzupassen, sowie der nachweisbare historische Wandel entsprechender sozialer Normen für den Gefühlsausdruck bilden den Ausgangspunkt für diese Überlegungen. Die Unterscheidung zwischen primären und sekundären Emotionen ist daher emotionssoziologisch nicht unbedingt relevant.

Die Begriffe: Gefühl, Emotion, Affekt

Die Begriffe ›Gefühl‹, ›Emotion‹ und ›Affekt‹ werden im Deutschen mitunter synonym verwendet, obwohl mit den Begriffen auch unterschiedliche Konnotationen einhergehen können. Der Ausdruck ›Emotion‹ hat sich neben dem Begriff ›Gefühl‹ erst in jüngerer Zeit im deutschen Sprachraum in Anlehnung an den englischen Begriff ›*emotion*‹ etabliert, wie Anna Wierzbicka betonte. Im Deutschen kann ›Gefühl‹ allerdings geistige *oder* körperliche Zustände bezeichnen, während das englische Wort ›*emotion*‹ stets eine Kombination von Gedanken, Gefühlen *und* körperlichen Zuständen impliziere, was bei der Verwendung des Begriffs ›Emotion‹ im Deutschen nicht immer beabsichtigt sei (vgl. Wierzbicka 2009, 2–3). Beim Begriff ›Affekt‹ schwingt im deutschen Sprachraum die Vorstellung mit, jemand werde durch ein körperliches Gefühl überwältigt und sei nicht (mehr) in der Lage, dieses Gefühl zu kontrollieren (man denke etwa im juristischen Bereich an den Ausdruck ›Affekthandlung‹, mit dem die Annahme einer verminderten Zurechnungsfähigkeit und daran anknüpfend u. U. auch eines entsprechend geringeren Strafmaßes verbunden werden kann). Die Unterscheidung zwischen affektgesteuertem Verhalten und kognitiv überlegtem (rationalen) Handeln prägte im Übrigen den wissenschaftlichen Umgang mit Emotionen/Affekten für sehr lange Zeit, und zwar auch in anderen Sprachräumen. Die lange Vernachlässigung der Emotionen/Affekte (und des Körpers) in den Sozialwissenschaften kann u. a. auf diese Gegenüberstellung zurückgeführt werden. Auf die Geschichte der Emotionsforschung und die geschichtliche Entwicklung des Gegensatzes von Rationalität und Emotionalität wird im nächsten Kapitel eingegangen, hier soll lediglich für die Problematik unterschiedlicher Konnotationen der Begriffe ›Emotion‹ und ›Affekt‹ sensibilisiert werden. Im letzten Kapitel des Buches finden sich auch ein kurzer Überblick über die in den letzten Jahren entstandenen *affect studies* und einige Gedanken zum Verhältnis zwischen diesen und der Emotionssoziologie (siehe auch Kapitel 8).

Uneinheitliche Begriffsverwendung

Manche Autor*innen verwenden, wie schon erwähnt, die Begriffe ›Emotion‹ und ›Affekt‹ synonym, andere wiederum koppeln den Emotionsbegriff eng an das kognitiv reflektierte Erleben (oft inklusive seinem sprachlichen Ausdruck in Form spezifischer Emotionswörter wie ›Freude‹, ›Scham‹ oder ›Angst‹) unter Vernachlässigung physiologischer Aspekte, die sie stärker im Begriff des Affekts beinhaltet sehen. In den kulturwissenschaftlich geprägten *affect studies* hat sich ein relationales Verständnis von Affekt etabliert, als Körper, die affizieren können und affiziert werden (vgl. Clough 2007, 2), womit u. a. eine Erfassung des Zusammenspiels menschlicher und nicht-menschlicher Körper ermöglicht werden und auf Phänomene emotionaler Ansteckung oder räumlicher Atmosphären hingewiesen werden soll; allesamt Themen, die auch in der Emotionssoziologie behandelt werden.

Mangels eines einheitlichen Sprach- und Begriffsgebrauches in der Emotionssoziologie und ihren Nachbardisziplinen ergibt sich die Notwendigkeit, jeweils genau zu prüfen, wie ein Autor oder eine Autorin die Begriffe ›Emotion‹ und ›Affekt‹ verwendet (vgl. auch Schützeichel 2011, 173). Es besteht ansonsten die Gefahr, dass bei der Literatursuche wichtige Beiträge für das jeweils interessierende Themenfeld übersehen werden, schlicht aufgrund der Tatsache, dass sie unter einem anderen ›Etikett‹ veröffentlicht worden sind. So finden sich manche der in jüngerer Zeit in den *affect studies* vorgetragenen Gedanken bereits bei Autor*innen aus dem Umfeld der Emotionssoziologie. Man kann hier etwa auf den relationalen Ansatz Ian Burkitts verweisen, der ähnlich wie manche kulturwissenschaftlichen Affekt-Ansätze die

Bedeutung von Relationen zwischen Akteur*innen hervorhebt, hierfür aber den Emotionsbegriff verwendet und sich gegen eine strikte Unterscheidung zwischen ›Affekt‹ und ›Emotion‹ richtet (vgl. Burkitt 1997, 52; Burkitt 2014, 13). Ein weiteres Beispiel wären für die Emotionssoziologie interessante Arbeiten mit politikwissenschaftlichem Hintergrund, die sich des Labels ›Affekt‹ bedienen: So widmen sich Otto Penz und Birgit Sauer beispielsweise der neoliberalen Veränderung des Arbeitsmarktes und der öffentlichen Verwaltung sowie der damit zusammenhängenden Emotionsarbeit und umschreiben dies mit Begriffen wie ›affective labor‹, ›affective gouvernmentality‹ oder ›affective entrepreneurialism‹. Die von ihnen eingesetzten Methoden und theoretischen Schlussfolgerungen sind jedoch ohne Weiteres anschlussfähig an entsprechende Arbeiten aus dem Bereich der Emotionssoziologie (vgl. Penz, Sauer 2020; Penz et al. 2017).

Der Rückschluss auf die in einem Text vertretenen inhaltlichen Positionen allein anhand des Begriffsgebrauchs (›Emotion‹ oder ›Affekt‹) ist nicht möglich und sollte vermieden werden. Dies gilt insbesondere auch für die Texte früherer Jahrzehnte bzw. anderer Disziplinen, in denen den jeweiligen Begriffen inhaltlich andere Bedeutungen zukamen bzw. zukommen (vgl. Otto, Euler, Mandl 2000; Schwandt 2021, 15). Zu berücksichtigen ist auch der historische Wandel des Sprachgebrauches: So existieren in älteren Texten weitere Ausdrücke wie etwa ›Empfindungen‹ oder ›Gemütsbewegungen‹, die jedoch in ähnlichen Zusammenhängen verwendet wurden wie heute die Begriffe ›Emotion‹ oder ›Affekt‹ (im Ausdruck Gemüts*bewegungen* kommt im Übrigen die auch im Emotionsbegriff enthaltene Idee der Bewegung sehr schön zum Ausdruck, die vom Lateinischen *moveo/movere* [bewegen, veranlassen] bzw. *emoveo/emovere* [in Bewegung versetzen, erschüttern] abgeleitet wird, vgl. Burkitt 2014, 9; Rothermund, Eder 2011, 165). Noch komplexer wird das Bild bei der Berücksichtigung anderer Sprachkontexte und der Übersetzung von Emotionsbegriffen (vgl. etwa die Beschreibungen der Bedeutungsunterschiede zwischen dem deutschen Wort ›Gefühl‹, dem englischen Wort ›*emotion*‹ oder dem französischen Wort ›*sentiment*‹ in Wierzbicka 1999, 3).

Insgesamt empfiehlt sich meines Erachtens ein pragmatischer Umgang mit Emotionsbegriffen – dazu gehören größtmögliche Offenheit bei der Literatursuche und Darlegung des eigenen Begriffsverständnisses in entsprechenden Publikationen. (Als Beispiel für eine ausführliche Darlegung des jeweiligen Begriffsverständnisses sei auf den von Slaby und von Scheve herausgegebenen Band [2019] verwiesen, in dem die DFG-geförderte, interdisziplinäre Forschungsgruppe *»Affective Societies – Dynamics of Social Coexistence in Mobile Worlds«* ihre Arbeitsdefinitionen verschiedener Begriffe vorstellt, wobei sowohl am Begriff des Affektes orientierte als auch am Begriff der Emotion orientierte Ansätze miteinander kombiniert werden.)

Begriffsverwendung in diesem Buch

Ich verwende im Folgenden, wenn nicht explizit anders angegeben, die Begriffe ›Emotion‹, ›Gefühl‹ und ›Affekt‹ synonym, schlicht aufgrund der Tatsache, dass für mich nicht das jeweilige Gefühl im Vordergrund steht, sondern die *soziale Einbettung* des Affektgeschehens. Selbstverständlich ist es unter Umständen für spezielle Fragestellungen sinnvoll, zwischen Emotionen, Affekten oder etwa Stimmungen genauer zu unterscheiden. Hier soll es jedoch darum gehen, die *Grundgedanken der Emotionssoziologie* vorzustellen, wofür es meines Erachtens wichtig ist, zunächst einmal auf die soziale Einbettung *all* dieser Phänomene bzw. ihre Bedeutung für soziale Situationen hinzuweisen.

Emotionsbegriffe im Alltag

Im Hinblick auf die in der Emotionsforschung verwendeten Begrifflichkeiten ist schließlich auch noch darauf hinzuweisen, dass die Begriffe ›Emotion‹, ›Affekt‹ sowie spezifische Emotionswörter wie ›Freude‹, ›Trauer‹ oder ›Neid‹ auch alltagssprachlich verwendet werden und dabei mit lebensweltlichen Vorstellungen über die Genese und Wirkung dieser Phänomene aufgeladen werden, die auch einen Ausgangspunkt für fachwissenschaftliche Erörterungen bilden können. Jedoch geht die fachwissenschaftliche Erörterung über das Alltagsverständnis der Begriffe hinaus bzw. verwendet diese manchmal abweichend von alltäglichen Vorstellungen. Beim Lesen wissenschaftlicher Texte ist daher immer Vorsicht geboten gegenüber einem vorschnellen, implizit am Alltagsgebrauch orientierten Verständnis von Emotionsbegriffen.

Was sind Emotionen?

Eng verknüpft mit der Frage nach der verwendeten Begrifflichkeit ist die Frage, was Emotionen/Affekte überhaupt sind. Diese Frage ist in der interdisziplinären Emotionsforschung nach wie vor nicht abschließend beantwortet worden, weshalb es auch unterschiedliche Definitionsversuche von Emotionen gibt. Auf die zahlreichen Kontroversen dazu kann hier nur verwiesen werden (vgl. Barrett 2006, 28; Wierzbicka 1999, 6). Ich skizziere einige der die Debatte leitenden Fragen: Handelt es sich um innere Zustände des Individuums? Sind diese Zustände biologisch festgelegte Reaktionsmuster auf die Umwelt? Sind sie erlernte Verhaltensweisen und damit sozio-kulturell konstruiert? Oder handelt es sich bei Emotionen um etwas dem Individuum Äußerliches, das überhaupt erst in gesellschaftlichen Diskursen entsteht bzw. nur in diesen vorliegt? Sind Emotionen an sich eine sinnvolle Kategorie für die Forschung oder sollte nicht vielmehr die dahinter liegende neurophysiologische Ebene Gegenstand der Analyse sein (vgl. Barrett 2006, 48)?

Diese hier nur kurz angedeutete Debatte ragt in die Emotionssoziologie hinein und führt dazu, dass sich emotionssoziologische Studien auch zur Frage, was eine Emotion eigentlich ist, positionieren. Allerdings lassen sich die diesbezüglichen Positionen mitunter nur indirekt aus den Studien erschließen, da in diesen oftmals die Bearbeitung spezifischer Themenfelder (etwa Emotionen im Kontext mit sozialen Bewegungen oder Organisationen) im Vordergrund steht und grundlegende sozial- und begriffstheoretische Fragen nur am Rande erörtern werden. Hinzu kommt, dass zumeist nicht die Erklärung der Emotionen per se von Interesse für die Emotionssoziologie ist, sondern die Analyse gesellschaftlicher Zusammenhänge.

Emotionsmodelle

Emotionssoziologische Ansätze gehen grundlegend davon aus, dass Emotionen im sozialen Kontext Bedeutung zukommt, womit aber noch kein einheitliches Modell zur Beschreibung von Emotionen verbunden ist. Die vorhandenen Emotionsmodelle können in unterschiedlicher Weise systematisiert werden (vgl. auch Schützeichel 2008, 82–86):

Schützeichel verweist etwa auf *physiologische, kognitivistische* und *phänomenologische* Emotionskonzepte sowie *Mehr-Komponenten-Theorien* und zeigt damit die Bandbreite der in der interdisziplinären Emotionsforschung vertretenen Ansätze auf (vgl. Schützeichel 2006b, 13–14).

Physiologische Emotionskonzepte konzentrieren sich auf die körperlichen Prozesse des Emotionsgeschehens, die vor allem auch von außen in objektivierter Weise (ohne das Empfinden der betroffenen Person berücksichtigen zu müssen) beschrieben werden können (Theodore D. Kemper wird als soziologischer Vertreter eines solchen Zugangs erwähnt). Kognitivistische Emotionskonzepte heben demgegenüber die mentalen Prozesse während des Emotionsgeschehens hervor, durch die auch ein intentionaler Bezug auf etwas außerhalb des Individuums Gelegenes (etwa andere Individuen oder Objekte) hergestellt und eine Bewertung desselben durchgeführt wird (in der Soziologie findet sich dies implizit bei interaktionistischen und konstruktivistischen Ansätzen, etwa bei Susan Shott oder Arlie R. Hochschild, vgl. auch Kapitel 6.1.1 in diesem Buch). Phänomenologische Konzepte heben neben den mentalen Prozessen vor allem auch die leiblichen Empfindungen, d. h. das subjektive Erleben des Individuums, während des Emotionsgeschehens hervor (als Beispiel aus der Soziologie verweist Schützeichel auf Simon J. Williams und Gillian Bendelow). Mehr-Komponenten-Theorien versuchen schließlich die genannten Aspekte zu verbinden, indem sie auf deren notwendige Kombination verweisen.

Senge (2013, 19–26) unterscheidet *physiologische, behavioristische, neurologische, kognitivistische* und *phänomenologische* Emotionstheorien. Durch den expliziten Hinweis auf behavioristische und neurologische Konzepte differenziert sie die auch bei Schützeichel erwähnten physiologischen Konzepte noch weiter aus. Zudem verweist sie im Rahmen der physiologischen Konzepte nicht nur auf von außen beobachtbare körperliche Aspekte, sondern, unter Hinweis auf die James-Lange-Theorie, auch auf die vom betroffenen Subjekt selbst wahrnehmbaren, physiologischen Veränderungen im Rahmen des Emotionsgeschehens. Behavioristische Konzepte verzichten auf diese Introspektion und setzen bei den direkt sichtbaren körperlichen Veränderungen an, die als emotionale Reaktionsmuster auf bestimmte äußere Reize konzipiert werden (bei Theodore D. Kemper zum Beispiel als Reaktionen auf die gegebene Status- und Machtrelation in einer sozialen Situation, vgl. dazu auch Kapitel 6.1.2 in diesem Buch). Neurologische Emotionstheorien wiederum greifen die seit den 1980er Jahren von der Hirnforschung vorgelegten Befunde auf und konzentrieren sich auf das Zusammenspiel verschiedener Gehirnregionen und neurochemischer Prozesse im Rahmen emotionaler Reaktionen auf äußere Reize (diese Ansätze wurden etwa auch von Jack Barbalet bei seiner Neukonzeption des Verhältnisses von Rationalität und Emotionalität berücksichtigt, vgl. dazu auch Kapitel 3.1 in diesem Buch).

Sighard Neckel und Sarah Pritz, um noch ein drittes Beispiel für Strukturierungsversuche der vorhandenen Emotionsmodelle zu erwähnen, verweisen auf *strukturalistische, behavioristische, sozialkonstruktivistische* und *phänomenologische* Emotionstheorien innerhalb der Emotionssoziologie (vgl. Neckel, Pritz 2019, 308–311) und akzentuieren damit in ihrem Überblick vor allem die soziologisch bedeutsamen Konzepte. Strukturalistische Ansätze analysieren den Zusammenhang zwischen Emotionen und sozialen Strukturen (Theodore D. Kemper, Randall Collins oder Thomas Scheff werden hier als Beispiele genannt; vgl. auch Kapitel 6.2.1 und 7.4.1 in diesem Buch); Kemper fungiert zugleich auch als Beispiel für behavioristische Ansätze, die – wie oben bereits erwähnt – einen direkten Bezug zwischen der strukturellen Position eines Individuums und emotionalen Erregungszuständen annehmen. Sozialkonstruktivistische Ansätze wiederum entsprechen in Neckels und Pritz' Darstellung weitgehend den Beschreibungen der kognitivistischen Ansätze bei Schützeichel und Senge und betonen den intentionalen Gehalt und evaluativen Charakter von Emotionen, während phänomenologische Ansätze das leibliche Empfinden von Emotionen in den Vordergrund rücken. Neckel und Pritz verweisen neben der notwendigen Verschränkung der verschiedenen Perspektiven außerdem noch auf *praxeologische* Konzepte in der Nachfolge Pierre Bourdieus, durch die Emotionen nicht als Resultat bestimmter Faktoren konzipiert, sondern als Praktik aufgefasst werden, in der körperlich-habituelle Dispositionen ebenso beachtet werden wie die sozialstrukturelle und kulturelle Einbettung des Individuums (vgl. Neckel, Pritz 2019, 311).

Bei allen kleineren oder größeren Unterschieden hinsichtlich der Strukturierung vorhandener Emotionsmodelle stimmen die genannten Arbeiten darin überein, dass eine Kombination unterschiedlicher

Ansätze nötig ist, um das komplexe menschliche Emotionsgeschehen beschreiben zu können, und der Emotionssoziologie dabei die Aufgabe zukommt, wie Konstanze Senge es beschreibt:

> »gegen alle reduktionistischen und naturalistischen Tendenzen auf die soziale wie die kulturelle Bestimmung unserer emotionalen Erfahrung und unseres emotionalen Erlebens zu verweisen« (Senge 2013, 27).

Mittlerweile werden in der Emotionssoziologie überwiegend *Mehr-Komponenten-Theorien* vertreten und auch dieses Buch orientiert sich an einem solchen Emotionsverständnis (mehr dazu in Kapitel 4), wobei es in der bisherigen Literatur keine Einigkeit hinsichtlich der für eine Emotionsdefinition herangezogenen Zahl und Art der Komponenten gibt (vgl. Turner, Stets 2005, 10).

Vielen Emotionstheorien ist eine Haltung gemeinsam, die Emotionen gewissermaßen als ›Dinge‹ (vgl. McCarthy 1989, 51) betrachtet, womit impliziert wird, dass diese als klar unterscheidbare Phänomene innerhalb des Individuums vorliegen und näher auf ihre Entstehung hin analysiert werden können (wobei die Entstehung dieser ›Dinge‹ dann auf unterschiedlichste Faktoren zurückgeführt wird: zum Beispiel auf soziale Strukturen oder auf soziale Normen). Es finden sich aber auch relationale Vorstellungen innerhalb der soziologischen Emotionsmodelle, die Emotionen als Ergebnis der Beziehungen von Individuen zu anderen Individuen bzw. zur (auch materiellen) Umgebung konzipieren und die Relation selbst und nicht so sehr die im Individuum gegebenen Zustände in den Vordergrund der Betrachtung rücken (vgl. etwa Burkitt 1997). Auch praxeologische Konzepte entziehen sich, wie oben bereits angedeutet, einem Verständnis von Emotionen als ›Dinge‹, da sie ähnlich wie interaktionistische Ansätze eine stärker prozesshafte Perspektive einnehmen und Emotionen nicht nur als etwas sehen, das wir ›haben‹, sondern auch als etwas, das wir ›tun‹ (vgl. Scheer 2012, 195).

3. Geschichte der Emotionssoziologie

Emotionssoziologisches Denken schreibt Emotionen zentrale Bedeutung für soziale Handlungen und gesellschaftliche Entwicklungen zu. Dieser Zugang widerspricht dem lange Zeit in der Soziologie und ihren Nachbardisziplinen vertretenen Menschenbild, das Akteur*innen als rational handelnd konzipierte und dabei Emotionen entweder überhaupt aus der Analyse ausschloss oder als Störfaktoren für rationales Handeln betrachtete.

Es gibt mittlerweile etliche Überblicksdarstellungen, die die historische Entwicklung der Soziologie der Emotionen skizzieren und dabei auch auf die Frage eingehen, warum die Emotionsthematik so lange von der Soziologie (und anderen Wissenschaften) vernachlässigt wurde (vgl. u. a. Scherke 2009; Senge 2013; Biess, Gross 2014; Flam 2014; Bericat 2016). Im Folgenden sollen einige der wesentlichen Argumente in diesem Zusammenhang dargestellt werden.

Betrachtet man den Gegenstandsbereich der Soziologie, so verwundert es zunächst, dass einem wichtigen Aspekt menschlichen Alltags, nämlich den Emotionen, wenig Beachtung geschenkt wurde. In Interaktionen mit anderen spielen Gefühle eine wichtige Rolle, sei es in einfachster Form im Sinne der Sympathie oder Antipathie, die uns zur Fortsetzung einer Beziehung oder zur Vermeidung von Begegnungen mit anderen motivieren, sei es in Form gemeinsam erlebter Ereignisse und der dabei aufkommenden Gefühle, die durch das gemeinsame Erleben in der Gruppe nicht nur verstärkt werden, sondern auch zur Verbundenheit der Gruppe beitragen können (vgl. Scherke 2009, 13–14). Gefühle sind nicht nur hoch persönliche Angelegenheiten und allein für das Individuum selbst bedeutsam, sondern eng mit sozialen Prozessen verbunden. Eine Wissenschaft wie die Soziologie, die im Sinne Max Webers soziales Handeln »deutend verstehen und dadurch in seinem Ablauf und seinen Wirkungen ursächlich erklären will« (Weber 1976, 8), muss also eigentlich auch den Gefühlen des Menschen Aufmerksamkeit schenken.

Emotionen in den Werken der ›Klassiker‹

Die sogenannten ›Klassiker‹ des Faches haben sich auch tatsächlich mit Gefühlen und ihrer sozialen Genese bzw. ihren sozialen Wirkungen beschäftigt (man denke etwa an Émile Durkheim, Max Weber oder Georg Simmel, vgl. Kemper 1990, 5; Williams, Bendelow 1998, XV; Flam 2000, 154; Heaney 2011, 260–262). Allerdings fanden diese Ansätze keine unmittelbare Fortsetzung und im Verlauf des 20. Jahrhunderts schrumpfte die Bedeutung der Emotionen für die sich weiter etablierende Wissenschaftsdisziplin Soziologie erheblich. Es gab zwar immer wieder Autor*innen, die in ihren Werken auch Emotionen Beachtung schenkten (man denke etwa an Erving Goffman), im Vordergrund des fachlichen ›Mainstreams‹ standen sie jedoch nicht.

Kognitivistische Phase 1930–1970

Zu beachten ist auch, dass der seit der Antike immer wieder diskutierte dichotome Gegensatz zwischen Rationalität und Emotionalität sich im 20. Jahrhundert *zuungunsten* einer systematischen Beschäftigung mit der Emotionsthematik auswirkte. Die Zeit zwischen 1930–1970 wird daher auch als kognitivistische Phase bezeichnet (vgl. Barbalet 1998, 16–20), in der den rationalen Denk- und Entscheidungsprozessen von Individuen Aufmerksamkeit zukam, während Emotionen (und körperliche Phänomene, vgl. Shilling 2003, 8) in den Sozialwissenschaften nur ein Schattendasein führten.

Der ›emotional turn‹ seit den 1970ern

Erst seit den 1970er Jahren kann ein neues, verstärktes Interesse an Emotionen festgestellt werden (Marshall 1998, 190; Flam 2000, 3–4; Franks 2001, 4477; Turner, Stets 2005, 1). Manche konstatieren einen ›emotional turn‹ in den Wissenschaften, der zu dieser Zeit nicht nur die Soziologie, sondern auch andere Disziplinen erfasste (vgl. Stearns 1989, 592; Barbalet 1998, 16; Biess, Gross 2014, 6; González 2017, 27; Scherke 2024, forthcoming). Als besonders wichtig wird von Theodore D. Kemper das Jahr 1975 hervorgehoben: In diesem Jahr erschienen erste Aufsätze und Bücher, die sich explizit der ›Soziologie der Emotionen‹ widmeten, und es fanden auch erste einschlägige Konferenzdiskussionen dazu in den USA statt (vgl. Kemper 1990, 3–4, vgl. auch Demertzis 2020, 6).

Institutionalisierungsschritte

Es folgte die Etablierung von speziellen Sektionen in Fachgesellschaften, etwa in der *American Sociological Association* (ASA) 1986 oder der *British Sociological Association* (BSA) 1989. Die Entwicklung in anderen Sprachräumen folgte mitunter etwas verzögert, wie von mir zum Beispiel für den deutschen Sprachraum gezeigt wurde (vgl. Scherke 2009, 219–223; Scherke 2024, forthcoming). 2004 erfolgte die Gründung des *Emotions Research Network* der *European Sociological Association* (ESA) (vgl. auch Holmes et al. 2023) und 2016 die Etablierung einer *Thematic Group ›Society and Emotions‹* innerhalb der *International Sociological Association* (ISA) (2020 umgewandelt in eine *Working Group*).

Gründe für das wechselnde Interesse an Emotionen

In der Literatur finden sich unterschiedliche Erklärungen für das wechselhafte Interesse der Soziologie an den Emotionen. Einerseits wird häufig, im Sinne eines Wandels des Zeitgeistes, auf ein allgemein geändertes gesellschaftliches Interesse an Emotionen hingewiesen, welches sich auch auf die Forschungsinteressen von Soziolog*innen auswirkte. Andererseits werden auch die Strukturen des Wissenschaftssystems erwähnt, die zu bestimmten Zeiten das Aufgreifen der Emotionsthematik durch verschiedene Disziplinen erleichterten bzw. erschwerten (vgl. Kemper 1990, 5; Scherke 2009, 123–128; Scherke 2024, forthcoming).

Veränderter Zeitgeist

Ich erwähne hier nur kurz einige dieser Argumente (vgl. auch Scherke 2024, forthcoming): Veränderungen der Arbeitswelt (Fordismus, Massenproduktion) hätten etwa seit den 1930er Jahren zu einem verstärkten Interesse an der Berechenbarkeit und Planbarkeit von Arbeitsabläufen und menschlichen Verhaltensweisen geführt, weshalb auch in den Sozialwissenschaften einfache Erklärungsmodelle für menschliches Verhalten, etwa in Form des Behaviorismus, bevorzugt wurden (vgl. Barbalet 1998, 15–16; Biess, Gross 2014, 2–3). Die veränderte Arbeitswelt wirkte sich, folgt man dem Historiker Peter N. Stearns, auch insgesamt auf einen anderen Umgang mit Emotionen im Alltag aus, in dem nun das Zeigen starker Emotionen verpönt war, wie Stearns durch die Analyse entsprechender Ratgeberliteratur der Zeit für die USA zeigt (vgl. Stearns 1994, 2). Für den deutschsprachigen Raum konstatiert der Kulturwissenschaftler Helmut Lethen ebenfalls das Aufkommen von sogenannten Verhaltenslehren der

Kälte zu dieser Zeit, die die Vermeidung starker Emotionen zum Ziel hatten. Lethen führt diese Verhaltenslehren der Kälte allerdings nicht auf die Veränderungen der Arbeitswelt zurück, sondern betrachtet sie als Folge der politischen Zerwürfnisse nach dem Ersten Weltkrieg (vgl. Lethen 1994, 54–58).

Traditionale Geschlechterverhältnisse verbunden mit der Assoziation von Rationalität mit Männlichkeit und Emotionalität mit Weiblichkeit können als weitere Gründe für die lange Zeit gegebene Vernachlässigung von Emotionen in den Wissenschaften angeführt werden (vgl. Williams 2001, 2). Erst die Infragestellung dieser Geschlechterverhältnisse durch soziale Bewegungen der 1960er Jahre schuf Rahmenbedingungen, die auch für die wissenschaftliche Wiederentdeckung der Emotionen hilfreich waren (vgl. Flam 2014, 327–328; Biess, Gross 2014, 25). Die sozialen Bewegungen der 1960er Jahre werden insgesamt als wichtiger Zeithintergrund für die wissenschaftliche Neuzuwendung zu den Emotionen (und dem Körper) und die Infragestellung eines einseitig rational orientierten Menschenbildes gesehen (vgl. u. a. Gerhards 1988, 53; Kemper 1990, 3; Williams, Bendelow 1998, XXII; Flam 2000, 5–7). Hinzu kommen weitere Veränderungen der Arbeitswelt seit den 1970er Jahren, die diese zunehmend unsicherer und Lebensläufe weniger planbar machten, was auch ein neues sozialwissenschaftliches Interesse an den Emotionen, die diese Veränderungen begleiten, erklären kann (vgl. Flam 2000, 3).

Strukturen des Wissenschaftssystems

Zu den Strukturen des Wissenschaftssystems, die zunächst die Beschäftigung mit Emotionen durch die Soziologie erschwerten und dies erst später wieder unterstützten, gehören u. a. verstärkte Disziplinbildungsprozesse (vgl. Merton 1982a, 369). Emotionen, die vor allem auch als Forschungsgegenstand der Psychologie gesehen wurden, eigneten sich, nach der ersten Phase intellektuellen Interesses, zunächst nicht für die weitere Etablierung der Soziologie als eigenständiger Wissenschaftsdisziplin (vgl. Scherke 2009, 127). Erst nach der Konsolidierung des Faches kam es im Sinne einer Verzweigung der Disziplin (vgl. Mulkay 1975, 520–523) zur neuen Öffnung gegenüber Themen und Forschungsfeldern, die im Zuge der Etablierung als Fach vermieden wurden (vgl. Scherke 2009, 143). Zeitliche Unterschiede im Rahmen der soziologischen Neuzuwendung zu den Emotionen in verschiedenen Ländern können u. a. auf die unterschiedliche Etablierungsgeschwindigkeit der Soziologie in den jeweiligen Ländern und die damit jeweils einhergehenden Schließungs- bzw. Öffnungsprozesse gegenüber Themen anderer Disziplinen zurückgeführt werden (vgl. Scherke 2009, 284–287; Scherke 2024, forthcoming).

Wiederentdeckung der ›Klassiker‹

Interessanterweise erfolgte parallel zum neuen Interesse an den Emotionen auch eine Wiederentdeckung bzw. systematischere Beschäftigung mit einigen Autor*innen, die sich bereits früh eingehend mit den Emotionen des Menschen beschäftigt hatten (im deutschen Sprachraum kam es etwa zu Neuauflagen der Werke von Georg Simmel oder auch Norbert Elias, vgl. Biess, Gross 2014, 5; Flam 2014, 333; Kuzmics 2019, 444–445). Der Nachweis einer Beschäftigung der ›Klassiker‹ mit Emotionen galt in frühen Werken der Emotionssoziologie sicherlich auch dem Ziel, die Etablierung des neuen Spezialgebietes der Soziologie durch den Rückgriff auf klassische Positionen zu legitimieren. Jack Barbalet und Simon J. Williams haben etwa dafür plädiert, die Geschichte der Soziologie systematisch einer Analyse zu unterziehen, bei der ältere Werke mit einem neuen emotionssoziologisch geschulten Blick gelesen werden (vgl. Barbalet 1998, 3, 16–20; Williams 2001, 3). Mittlerweile wurde solcherart neben Weber (vgl. z. B. Flam 2002, 44–60), Durkheim (vgl. z. B. Gerhards 1988, 33–37) und Simmel (vgl. z. B. Nedelmann 1983) eine ganze Reihe anderer Autor*innen auf ihre direkte oder indirekte Beschäftigung mit Emotionen hin analysiert, z. B. Charles H. Cooley (vgl. Burkitt 2012; Nungesser 2013/2022), Talcott Parsons (vgl. Staubmann 1995; 2004; 2022, 29–40) oder Vilfredo Pareto (vgl. Bach 2019, 189–254).

Inhaltliche Ausdifferenzierung

Seit den 1970er Jahren entwickelte sich die Emotionssoziologie international zu einem lebhaften Forschungsfeld, in dem es mittlerweile neben theoretischen und methodologischen Abhandlungen (z. B. Hopkins et al. 2009; Flam, Kleres 2015) auch eine Vielzahl an empirischen Studien gibt, die eine enorme thematische Bandbreite abdecken (ich erwähne hier nur einige im Kontext des *Research Network Sociology of Emotions* der *ESA* entstandene Publikationen: etwa zu Emotionen im Zusammenhang mit sozialen Bewegungen [z. B. Flam,

King 2005], Organisationen [z. B. Sieben, Wettergren 2010], Politik [z. B. Demertzis 2013] oder dem Internet [z. B. Benski, Fisher 2013]). Auch zu vielen spezifischen Emotionen liegen mittlerweile emotionssoziologische Abhandlungen vor: etwa zu Scham (Neckel 1991), Trauer (Jakoby 2012), Liebe (Seebach 2017) oder Angst (Dehne 2017).

In jüngerer Zeit tragen spezialisierte Buchreihen (*Routledge Studies in the Sociology of Emotions*, seit 2017) und Zeitschriften (*Emotions and Society*, seit 2019) zur weiteren Etablierung der Emotionssoziologie bei. Für Deutschland zu erwähnen wären auch die Aktivitäten des interdisziplinären Sonderforschungsbereiches »Affective Societies«, dessen Publikationen (*Routledge Studies in Affective Societies*, seit 2018) auch emotionssoziologischen Themen Raum geben (z. B. Slaby, Scheve 2019; Kahl 2019). Zwischen den *affect studies* und der Emotionssoziologie, wie im Übrigen auch zwischen dieser und der Körpersoziologie (vgl. Schützeichel 2022), gibt es insgesamt zahlreiche überlappende Interessen (zu Unterschieden und Abgrenzungen siehe auch Kapitel 8).

3.1 Emotionalität und Rationalität des Menschen aus Sicht von Jack Barbalet

Seit der Antike wurde immer wieder kontrovers über die Frage diskutiert, ob Menschen rational oder emotionsgesteuert handeln und in welchem Verhältnis Emotionalität und Rationalität zueinander zu sehen sind. In der Geistesgeschichte wechselten sich dabei Haltungen, die der Rationalität den Vorzug gaben, mit solchen, die die Bedeutung der Gefühle für menschliches Handeln hervorhoben, ab. Zudem gab es auch früh Haltungen, die die klare Trennung zwischen Emotionalität und Rationalität infrage stellten. Barbalet unterscheidet eine konventionelle Haltung, eine kritische Haltung und eine radikale Haltung zu diesem Thema (vgl. Barbalet 1998, 29; vgl. zum Folgenden auch Scherke 2009, 17–34).

Konventionelle Haltung

Für die *konventionelle Haltung* sind Rationalität und Emotionalität zwei klar unterscheidbare Weltzugänge, wobei Emotionen als Behinderung rationalen Handelns gesehen werden. René Descartes'

Sichtweise und deren Rezeption werden von Barbalet als Beispiele für diesen Zugang zum Thema herangezogen, obwohl Vorläufer dafür bereits in der Antike gefunden werden können (vgl. Lanz 1971, 89; vgl. auch Wassmann 2002, 15–19). Emotionen und Verstand werden in der konventionellen Sichtweise als konträre Phänomene aufgefasst, wobei der mit dem freien Willen des Menschen assoziierte Bereich – der Verstand – Wertschätzung erfährt, während die Emotionen als körperliche vernunfthemmende Phänomene zu unterdrücken seien. In der Rezeption Descartes' wurde die in seinem Werk eigentlich angelegte grundlegende Verbindung von Körper und Seele (die auch die Beherrschung der Leidenschaften erst ermöglicht) häufig übersehen und einseitig seine Darstellung der Leidenschaften als vernunftwidrige Phänomene betont (vgl. Descartes [1649] 1984, 51–75). Barbalet zeigt die Spuren eines derartigen cartesianischen Denkens in den Arbeiten Sigmund Freuds und Max Webers auf und weist auf die Dominanz dieser Haltung bis in die 1970er hinein hin (vgl. Barbalet 1998, 34, 54–61).

Kritische Haltung

Die *kritische Haltung* zum Verhältnis von Rationalität und Emotionalität betont im Unterschied zum konventionellen Zugang, dass Gefühl und Verstand zwar zwei verschiedene Phänomene seien, allerdings ein enges Zusammenwirken beider vorliegt. Auch für diese Haltung lassen sich bereits Vorläufer in der Antike und im Mittelalter finden. Barbalet beschreibt sie allerdings u. a. unter Bezugnahme auf die schottischen Moralphilosophen des 18. Jahrhunderts, die eine Rehabilitation der Sinne und Leidenschaften des Menschen anstrebten. David Hume etwa ging davon aus, dass die Leidenschaften den Willen steuern und somit menschliches Handeln auf ein Ziel hin ausrichten. Bei Hume ist aus Sicht Barbalets außerdem bereits die Grundidee der radikalen Haltung angelegt, derzufolge Rationalität selbst als ein bestimmtes Gefühl betrachtet werden kann (vgl. Barbalet 1998, 31). Aus Sicht des kritischen Ansatzes sind Emotionen notwendig, um den Verstand zu dirigieren. In einer Art Arbeitsteilung zwischen emotionalen und rationalen Komponenten menschlichen ›In-der-Welt-Seins‹ wird es möglich, Ziele zu bestimmen und diese dann mittels vernünftiger Handlungen anzustreben. Menschen haben es häufig mit widersprüchlichen Zielen zu tun, zwischen denen eine rationale Entscheidung kaum möglich ist. In vielen Situationen stehen ihnen außerdem nur unvollständige Informationen zur Verfügung, die ein vernünftiges Handeln zusätzlich erschweren. Emotionen können in diesen Fällen einen wichtigen Beitrag zur Entscheidungsfindung leisten, indem sie eine klare Bewertung der verschiedenen Ziele und die Auswahl von einem der Ziele, trotz mangelnder Hintergrundinformationen, ermöglichen (vgl. Barbalet 1998, 40; vgl. hierzu auch Cook, Harkness 2011, 161–164). Barbalet verweist zur Illustration der Darstellung der kritischen Haltung auch auf Arbeiten der Neurobiolog*innen Antonio und Hanna Damasio, die die Bedeutung unterschiedlicher Gehirnregionen im Zusammenhang mit dem Treffen von Entscheidungen und dem Setzen von Handlungen anhand historischer und zeitgenössischer Patient*innen, die Verletzungen des Gehirns erlitten hatten, untersuchten. Damasio stellte einen Zusammenhang zwischen mitunter auftretender Gefühlsarmut und der Schwäche im Entscheidungsverhalten fest (vgl. Damasio 2001, 64–76). Obwohl beispielsweise sein Patient Eliot in Laborsituationen fähig war, akzeptable Antworten auf unterschiedliche Entscheidungsprobleme zu liefern, d. h. sein Wissensstand und seine Denkstrategien nicht beeinträchtigt waren, fiel es ihm im realen Leben schwer, angemessene Handlungen zu setzen. Damasio zufolge sind es Gefühle, die in realen Entscheidungssituationen die rasche Auswahl einer bestimmten Handlungsoption aus der Vielzahl möglicher Handlungsvarianten erlauben. Auch ein Mangel an Gefühlen kann also das konkrete Entscheiden und Handeln erheblich behindern. Im Gegensatz zur konventionellen Auffassung, die ein Zuviel an Emotionen als hinderlich für rationales Entscheiden ansieht, erscheint hier das *Fehlen* von Emotionen als kontraproduktiv für rationales Handeln (an dieser Stelle kann nicht ausführlich auf die Überlegungen Damasios und seine These der somatischen Marker und die Kritik daran eingegangen werden, für Näheres vgl. Damasio 2001, 145–158, 237–238; vgl. Barbalet 1998, 44; vgl. auch Scherke 2009, 21–24). In der kritischen Sicht kommt Emotionen also eine wichtige Rolle bei der Erreichung bestimmter Ziele zu, sie werden gewissermaßen von dem Vorwurf, nur destruktive Wirkungen auf die Verstandesleistungen zu haben, entlastet; ihre die Vernunft manchmal untergrabende Rolle wird jedoch nicht völlig ausgeblendet, woran deutlich wird, dass Emotion und Kognition weiterhin als unterscheidbare Phänomene betrachtet werden.

Radikale Haltung

Die *radikale Haltung* geht demgegenüber davon aus, dass Rationalität und Emotionalität nichts grundlegend Verschiedenes sind, sondern dass Rationalität selbst als Konglomerat spezieller Emotionen angesehen werden kann. Die Vorstellung einer Ebenbürtigkeit von Vernunft und Affekt bzw. einer Wertschätzung der Affekte als dem Verstand überlegen und eigene Form der Welterkenntnis fand sich bereits bei den Denkern der Aufklärung, etwa bei Alexander Gottlieb Baumgarten, Anthony Ashley Cooper Shaftesbury oder Francis Hutcheson (vgl. Franke, Oesterle 1974, 83–84; Pohlmann 1974, 96), oder auch in der Phänomenologie Max Schelers (vgl. Sander 2001, 25–29). Die radikale Haltung wird von Barbalet unter Bezugnahme auf David Hume und William James geschildert und geht über eine gleichrangige Sichtweise bzw. eine Höherbewertung des Gefühls gegenüber dem Verstand hinaus, indem Verstand und Gefühl – vor allem aufgrund ihrer Gebundenheit an den Körper – quasi eine Gleichsetzung erfahren. Aus Sicht Humes stünde hinter der herkömmlichen Gegenüberstellung von Verstand und Affekt ein Missverständnis bezüglich der eigentlichen Triebkraft menschlichen Willens, die in den Affekten zu suchen sei. Hume meinte, dass Tätigkeiten des Geistes, die mit Besonnenheit und Ruhe ausgeführt werden, als Vernunft bezeichnet würden. Hinter dieser Bezeichnung würde jedoch das Wirken der ruhigen Leidenschaften – die nicht weniger als die heftigen Leidenschaften zu den Affekten zählen – verborgen bleiben (vgl. Hume [1739] 1973, 155–156; vgl. auch Barbalet 1998, 31).

> »Unter *Vernunft* verstehen wir Gemütsbewegungen, die gleicher Art sind, wie die Affekte, die aber ruhiger wirken und keinen Aufruhr in der Gemütsverfassung hervorrufen. Diese Ruhe verleitet uns zu einem Irrtum über ihr Wesen, d. h. sie läßt uns dieselben als reine logische Leistungen [...] unserer intellektuellen Vermögen erscheinen. Sowohl die *Ursachen*, wie die *Wirkungen* jener heftigen, ebenso

> wie dieser ruhigen Affekte, sind ziemlich veränderlich und hängen größtenteils von dem speziellen Temperament und der Stimmung des einzelnen Individuums ab.« (Hume [1739] 1973, 176, Hervorhebung im Original)

James wies zudem auf die körperlichen Veränderungen hin, die vor sich gehen, wenn wir bestimmte Emotionen erleben. Seiner Meinung nach kann der Geist des Menschen nicht losgelöst von diesen körperlichen Zuständen betrachtet werden. Insofern ist auch Rationalität durch bestimmte Körperempfindungen gekennzeichnet. Das Gefühl der Rationalität ist laut James vor allem durch eine Ausrichtung auf den gegenwärtigen Moment gekennzeichnet, der nicht weiter rechtfertigungs- oder erklärungsbedürftig erscheint und somit die Konzentration des Denkens gestattet (vgl. James [1897] 2014, 63–64; vgl. auch Barbalet 1998, 46). Gleichzeitig weist Rationalität jedoch auch eine auf die Zukunft gerichtete Komponente auf, die darin besteht, dass diesbezügliche Ungewissheit reduziert und der Fortgang der Handlung ermöglicht wird (vgl. Barbalet 1998, 47–48). In Situationen, in denen wir eine unmittelbare Entscheidung treffen müssen, haben Gefühle die Funktion, Gegenwart und Zukunft miteinander zu verbinden. Eine positive Haltung der Zukunft gegenüber führt zu anderen Konsequenzen als eine negative Haltung (vgl. James [1897] 2014, 96). James illustrierte dies anhand eines Bergsteigers: Wenn er sich in einer gefahrvollen Situation verstiegen hat, muss er eine Entscheidung treffen und einen großen Sprung wagen, um weiterzukommen. Wenn ihn Gefühle der Zuversicht und Hoffnung dominieren, wird er den Sprung schaffen. Dominieren hingegen die Gefühle der Angst und des Misstrauens, wird er zögern, den Sprung eventuell nicht schaffen, einen anderen Ausweg suchen und sich dabei vielleicht noch hoffnungsloser versteigen (vgl. James [1897] 2014, 96–97). Welche Emotion beteiligt ist, hat also maßgeblichen Einfluss darauf, *wie* das weitere Verhalten aussieht. Das ›Gefühl der Rationalität‹ stellt Sicherheit her und gewährleistet auf diese Weise den Fortgang des Handelns, der andernfalls nicht zustande gekommen wäre, oder wie Barbalet es ausdrückt:

> »The role of emotion in practical rationality, then, is to permit action which would be inhibited if it were to rely on logic or calculation alone. The emotional contribution to rationality is to provide a feeling of certainty concerning the future, which is necessary if action is to occur and the actor to proceed.« (Barbalet 1998, 49)

Rationalität ist in dieser Sichtweise lediglich eine spezielle Form der gefühlsmäßigen Ausrichtung auf die Zukunft (als von Gelassenheit und Ruhe gekennzeichnet beschreibbar), jedoch nicht prinzipiell von anderen gefühlsmäßigen Ausrichtungen auf die Zukunft zu unterscheiden. Wenn man die lange Zeit – vor allem in der Alltagssprache – praktizierte Gleichsetzung von Rationalität mit gefühlsferner logischer Kalkulation bedenkt, scheint die radikale Position ein wichtiges Gedankenexperiment für sozialwissenschaftliche Diskussionen zu sein. Stärker noch als die kritische Sicht ist sie geeignet, Aufmerksamkeit auf die emotionale Fundierung menschlichen Handelns zu lenken. Alltagshandlungen haben aber, wie auch das Beispiel des Bergsteigers zeigt, offensichtlich unterschiedliche Konsequenzen, je nachdem, welche Art des ›Hintergrundgefühls‹ daran beteiligt ist. Zur systematischen Erforschung dieser unterschiedlichen Qualitäten, die sich auch in unterschiedlichen Ergebnissen des Handelns niederschlagen, erscheint eine systematische und auch begriffliche Unterscheidung zwischen den unterschiedlichen Handlungen anleitenden ›Hintergrundgefühlen‹ sinnvoll. Diese Systematik kann sich jedoch nicht mehr wie bisher an der Dichotomie ›rational-emotional‹ orientieren. Die in der Emotionssoziologie vorliegenden Arbeiten zu unterschiedlichen spezifischen Gefühlen (insbesondere auch zu epistemischen Gefühlen) bieten Ansatzpunkte für das Verständnis der verschiedenen Wirkungen von Emotionen im Rahmen menschlichen Entscheidens und Handelns (vgl. auch die Ausführungen in Kapitel 7.1).

3.2 Emotionen in den Werken der ›Klassiker‹ der Soziologie

Gefühle spielten in Werken aus der Frühphase der Soziologie durchaus eine Rolle, wie von unterschiedlichen Autor*innen betont wurde (vgl. Kemper 1990, 5; Williams, Bendelow 1998, XV; Flam 2000, 154; Heaney 2011, 260–262). Für die Etablierung der Emotionssoziologie seit den 1970er Jahren war diese Aufarbeitung emotionssoziologisch relevanter Arbeiten früher Fachvertreter*innen wichtig: Unter Rückgriff auf die Frühphase des Faches wurde nicht nur die Diskontinuität der Fachentwicklung geschildert, sondern zugleich auch die (neuerliche) Beschäftigung mit Emotionen durch die Soziologie legitimiert. Im Folgenden sollen exemplarisch einige frühe soziologische Positionen zur sozialen Einbettung von Gefühlen skizziert werden (für ausführlichere Darstellungen verweise ich auf Gerhards 1988; Flam 2002).

Betrachtet man die Werke der sogenannten ›Klassiker‹ der Soziologie, wie etwa Durkheim, Weber oder Simmel, so müssen zweierlei Untersuchungsebenen unterschieden werden: einerseits die von den Autor*innen jeweils vertretene Einschätzung des Modernisierungsprozesses (und damit verbunden auch ihre Haltung zum sich wandelnden Verhältnis von Emotionalität und Rationalität im Verlauf dieses Prozesses) und andererseits ihre Analysen konkreten menschlichen Handelns (vor allem auch des Handelns in Massensituationen). In dem zweiten Bereich wurde den Emotionen von den meisten frühen Autor*innen Beachtung geschenkt, auch wenn sie im Hinblick auf den ersten Bereich von einem zunehmenden Rationalisierungsprozess im Verlauf der Moderne überzeugt waren.

Rationalisierungsprozesse in der Moderne

Man kann die soziologischen ›Klassiker‹ weitgehend dem konventionellen Zugang im Sinne Barbalets zuordnen. Emotionalität und Rationalität wurden von ihnen als zwei unterscheidbare Phänomene behandelt. Im Laufe der Moderne komme es, so die vorherrschende soziologische Sichtweise zu Beginn des 20. Jahrhunderts, außerdem zu einer zunehmenden Rationalisierung der Lebensführung, wobei dies jedoch nicht notwendigerweise mit einer kompletten Verdrängung gefühlsmäßiger Verhaltensweisen verbunden sei.

Max Weber

Am deutlichsten unter den frühen Autor*innen unterstrich sicherlich Max Weber (1864–1920) den abendländischen Rationalisierungsprozess in verschiedenen Arbeiten, allen voran in seinen Abhandlungen *»Die protestantische Ethik und der ›Geist‹ des Kapitalismus«* [1904/05] und seinen religionssoziologischen Schriften, aber etwa auch in *»Die rationalen und soziologischen Grundlagen der Musik«* [1921]. Der Rationalisierungsprozess steht bei ihm im Zusammenhang mit dem Schlagwort ›Entzauberung der Welt‹ und der Zurückdrängung des Religiösen und Mystischen aus dem Alltag des Menschen:

> »Die zunehmende Intellektualisierung und Rationalisierung bedeutet also [...] das Wissen und den Glauben daran: daß man, wenn man *nur wollte*, es jederzeit erfahren *könnte*, daß es also prinzipiell keine geheimnisvollen unberechenbaren Mächte gebe, die da hineinspielen, daß man vielmehr alle Dinge – im Prinzip – durch *Berechnen beherrschen* könne. Das aber bedeutet: die Entzauberung der Welt.« (Weber [1917/1919] 1992, 86–87, Hervorhebung im Original)

Der Intellektualisierungs- und Rationalisierungsprozess erlaube es, auf alle metaphysischen Welterklärungen, und damit zugleich auf alle nicht vernunftmäßig rechtfertigbaren Haltungen zur Welt, zu verzichten. Weber beschäftigte sich ausführlich mit den möglichen Ursachen und Konsequenzen dieses Prozesses, die hier nur kurz skizziert werden sollen. Der Rationalisierungsprozess (und mit ihm die moderne kapitalistische Arbeitsweise) profitierte aus Webers Sicht von einer methodisch-rationalen Lebensführung, die sich im Zuge der Reformation auszubilden begann. Martin Luther (1483–1546) und vor allem Johannes Calvin (1509–1564) initiierten einen tiefgreifenden Wandel der Glaubensüberzeugungen, der den Lebensalltag der Protestant*innen und letztlich weiter Teile der Gesellschaft zu prägen begann. Die Prädestinationslehre Calvins, derzufolge das Schicksal aller Gläubigen nach ihrem Tode bereits vorherbestimmt sei und nicht, wie bis dahin üblich, etwa durch Spenden und Ablasskäufe während der Lebenszeit positiv beeinflusst werden konnte, führte zu weitreichenden Unsicherheiten und letztlich auch Ängsten vor der möglichen Verdammnis nach dem Tode. Die Suche nach Indikatoren für das Seelenheil bereits im Diesseits, die in wirtschaftlichem Erfolg ausgemacht wurden, war aus Sicht Webers eine der Folgen dieser Entwicklung. Verbunden mit der innerweltlichen Askese, die ein Verbrauchen des Erwirtschafteten zum eigenen Genuss verhinderte, und der Berufspflicht, entstand eine Form der Lebensführung, die den modernen Rationalismus und die für den Kapitalismus kennzeichnenden Kreisläufe des Akkumulierens und Reinvestierens von Kapital hervorbrachte. Die methodisch-rationale Lebensführung trug dabei gewissermaßen zur Überwindung der Angst der Gläubigen bei, während sie zugleich auch die Selbstkontrolle der Leidenschaften bewirkte (vgl. vor allem Weber [1920] 1988, 102–111, 123–124, 192–197). Die ursprünglich aus Glaubensüberzeugungen erwachsenen Verhaltensweisen verselbstständigten sich im Lauf der Zeit und wurden somit auch losgelöst von ihrem religiösen Ursprung als allgemeine Prinzipien der Lebensführung aufrechterhalten und verbreitet. Die soziale Entstehung von Angst, als Folge veränderter Glaubensüberzeugungen, die prägende Wirkung dieser Emotion für die Verhaltensweisen der Gläubigen und die daraus entstehenden veränderten sozialen Strukturen wurden im Werk Webers bereits sichtbar, auch wenn dieser den Fokus nicht auf die soziale Einbettung von Emotionen richtete (vgl. auch Gerhards 1988, 30–31; Barbalet 1998, 38; Flam 2002, 51).

Die Bedeutung von Emotionen im Werk Webers wird in der Literatur unterschiedlich eingeschätzt: Barbalet kritisiert, dass Weber den Widerspruch zwischen der von ihm nachgezeichneten protestantischen Betonung der Rationalität und dem gleichzeitig vorhandenen Hass der Sünde in den protestantischen Glaubenslehren, d. h. die Bedeutung starker Emotionen in dieser Religion, übersehen hätte. Die Verdammung der Sünde sei von Weber lediglich als religiöse Einstellung beschrieben und der emotionale Gehalt dieser Einstellung vernachlässigt worden: »The apparent inconsistency of Puritan suppression of emotion on the one hand, and hatred of sin on the other, is not solved by describing such particular emotions as attitudes.« (Barbalet 1998, 38) Weber wird von Barbalet daher letztlich als Vertreter des weiter oben beschriebenen konventionellen Zugangs zum Verhältnis von Rationalität und Emotionalität eingestuft, der Emotionen als Hindernis für rationale Entscheidungen ansieht und ihre konstitutive Rolle für jegliches, d. h. auch das rationale, Handeln vernachlässigt. Gerhards kommt diesbezüglich zu einer anderen Einschätzung, da aus seiner Sicht Angst vor Verdammung und Hass der Sünde von Weber als zwei wesentliche ›Motoren‹ für die vom Calvinismus vorangetriebene Rationalisierung der Lebensführung erkannt wurden und Weber deshalb nicht als Vertreter eines einseitig rationalistischen Menschenbildes betrachtet werden könne (vgl. Gerhards 1988, 31). Flam schließt sich dieser Einschätzung an und betont: »In der Protestantischen Ethik hat Weber [...] eine Verbindung zwischen Ideen und Emotionen sowie Emotionen und Ideen herausgearbeitet, eine häufig übersehene Tatsache.« (Flam 2002, 51)

Émile Durkheim

Émile Durkheim (1858–1917) gilt nicht nur als einer der ›Gründerväter‹ der Soziologie, sondern kann auch als wichtiger früher Referenzautor für die Emotionssoziologie bezeichnet werden. Insbesondere seine im Zusammenhang mit dem Buch *»Die elementaren Formen des religiösen Lebens«* [1912] entwickelten Thesen zur Rolle *kollektiver Efferveszenz* für den Zusammenhalt von Gruppen spielen bis heute in emotionssoziologischen Ansätzen, die sich für das kollektive Erleben von Emotionen interessieren, wie etwa der Ansatz von Randall Collins, eine wichtige Rolle (vgl. Kapitel 7.4.1). Durkheim erkannte bereits die Bedeutung von Emotionen für den Zusammenhalt sozialer Gruppen, aber auch er stellte eine zunehmende Rationalisierung und Individualisierung im Verlauf des Modernisierungsprozesses fest, die von ihm zugleich als Gefahr für den Zusammenhalt von Gesellschaften beschrieben wurde. Zunehmende gesellschaftliche Differenzierung und Arbeitsteilung bergen aus Sicht Durkheims die Gefahr von *Anomie*, d. h. eines Zustands der Regellosigkeit, der als Auflösung ehemaliger (Glaubens-)Gewissheiten und moralischer Orientierungen bei gleichzeitig noch nicht vorhandenen neuen moralischen Maßstäben beschrieben werden kann. Die Frage, wie sich angesichts dieser Rahmenbedingungen gesellschaftlicher Zusammenhalt entwickelt, beschäftigte ihn daher intensiv, etwa in seiner

Schrift *»Über soziale Arbeitsteilung. Studie über die Organisation höherer Gesellschaften«* [1893]. Während frühe Gesellschaften noch durch die sogenannte *mechanische Solidarität* und ein starkes Kollektivbewusstsein gekennzeichnet seien, komme es in modernen Gesellschaften mit schwachem Kollektivbewusstsein, die sich stets der Gefahr von Anomie gegenübersehen, zu einer neuen Form von Zusammenhalt, zur sogenannten *organischen Solidarität*. Diese Solidarität beruhe nun auf der wechselseitigen Abhängigkeit der ansonsten heterogenen Individuen und einer diesbezüglich ausgebildeten neuen Form der Moral, die das Individuum wertschätze (vgl. Durkheim 1988, 285; vgl. auch Flam 2002, 61–67). Das Konzept des Kollektivbewusstseins verweist bei Durkheim auf den gemeinsam geteilten Normen- und Regelkanon, dessen Verletzung starke gefühlsmäßige Reaktionen und entsprechende Sanktionen auslöst, die damit letztlich zur Einhaltung sozialer Regeln beitragen. Das *repressive* Recht, welches von diesen leidenschaftlichen Gefühlen aufgrund der Verletzung der Kollektivregeln begleitet werde und nach Sühne verlange, dominiere in traditionalen Gesellschaften (vgl. Durkheim 1988, 135, 149–152). In hoch arbeitsteilig organsierten Gesellschaften gebe es keinen allumfassenden gemeinsamen Regelkanon mehr (allerdings bildet sich aus Sicht Durkheims eine Art Minimalmoral der Wertschätzung von Individualität als Basis des Zusammengehörigkeitsgefühls heraus; vgl. Durkheim 1988, 468–477). Das *restitutive* Recht, d. h. das auf Wiedergutmachung eines Schadens ausgerichtete Recht, in dem Normverstöße nicht mehr als Angriff auf das Kollektiv *als Ganzes* gesehen werden können und von weniger leidenschaftlichen kollektiven Gefühlen begleitet seien, entwickle sich zur dominanten Rechtsform in modernen Gesellschaften (vgl. Durkheim 1988: 116–117, 179–180).

Georg Simmel

Der Hinweis auf die Rationalisierung als Kennzeichen der Moderne findet sich auch bei Georg Simmel (1858–1918). Obwohl er sich ausführlich mit Gefühlen beschäftigt hat (wie auch seine bis heute intensive Rezeption in der Emotionssoziologie zeigt, vgl. auch Kapitel 7.2), konstatierte Simmel ebenfalls eine zunehmende Zurückdrängung der gefühlsmäßigen Verhaltensweisen in der Moderne, und zwar als Folge der von ihm ebenfalls festgestellten Reizflut seiner Gegenwart (vgl. auch Fischer 2015, 430). Das Zusammenleben in den modernen Großstädten beispielsweise könne nicht anders organisiert werden: Es ist dem Einzelnen unmöglich, auf alle Reize und Begegnungen in der Großstadt gefühlsmäßig zu reagieren; eine abgestumpfte Haltung sei die Lebensweise, die am ehesten den gleichmäßigen Ablauf aller Handlungen im urbanen Umfeld gewährleisten würde. Der Einzelne würde in der Großstadt, die bei Simmel stellvertretend für die moderne Lebensweise überhaupt steht, daher aber auch nicht mehr als einzigartige Persönlichkeit wahrgenommen werden können, sondern müsse tendenziell in der Masse untergehen. Das Geld bzw. die Geldwirtschaft wird von Simmel als symbolischer Ausdruck dieser nivellierten sozialen Beziehungen herangezogen (vgl. Simmel [1903] 1998, 124; zur zunehmenden Vorherrschaft des Intellekts und der Geldwirtschaft im Lebensstil der Moderne vgl. auch Simmel [1900] 2017, 591–616). Simmel zeigte jedoch auch die Folgen dieser Intellektualisierung und Rationalisierung im wechselseitigen Umgang miteinander für das Identitätsgefühl der einzelnen auf, indem er auf die vor allem in Großstädten zu beobachtenden Versuche der Individuen hinwies, sich besonders auffällig und einzigartig – etwa mithilfe der Mode – zu geben und somit von der Masse abzuheben:

> »Wo die quantitative Steigerung von Bedeutung und Energie an ihre Grenze kommen, greift man zu qualitativer Besonderung, um so, durch Erregung der Unterschiedsempfindlichkeit, das Bewußtsein des sozialen Kreises irgendwie für sich zu gewinnen: was dann schließlich zu den tendenziösesten Wunderlichkeiten verführt, zu den spezifisch großstädtischen Extravaganzen des Apartseins, der Kaprice, des Pretiösentums, deren Sinn gar nicht mehr in den Inhalten solchen Benehmens, sondern nur in seiner Form des Andersseins, des Sich-Heraushebens und dadurch Bemerklichwerdens liegt – für viele Naturen schließlich noch das einzige Mittel, auf dem Umweg über das Bewußtsein der anderen irgend eine Selbstschätzung und das Bewußtsein einen Platz auszufüllen, für sich zu retten.« (Simmel [1903] 1998, 130)

Man könnte die Liste jener frühen soziologischen Autor*innen, die eine zunehmende Rationalisierung im Lauf der Moderne konstatierten – häufig verknüpft mit der Entwicklung und Ausbreitung der kapitalistischen Wirtschaftsweise – noch weiter fortsetzen. An dieser Stelle sollen jedoch diese wenigen Bemerkungen genügen.

Die Konstatierung einer zunehmenden Rationalisierung im Verlauf des Modernisierungsprozesses hinderte Durkheim, Weber oder Simmel allerdings nicht daran, sich zugleich mehr oder weniger intensiv mit den Emotionen des Menschen und ihrer Rolle in sozialen Zusammenhängen zu beschäftigen.

Kollektive Efferveszenz aus Sicht Durkheims

Durkheim widmete sich, wie oben bereits angedeutet, ausführlich dem kollektiven Erleben von Emotionen im Zusammenhang mit religiösen Ritualen und Sakralisierungsprozessen. Durkheim besprach in diesem Zusammenhang Zustände *kollektiver Efferveszenz* (vgl. Durkheim [1912] 1994, 289, 296–301), d. h. die starken emotionalen Erfahrungen im Zuge von Ritualen, bei denen die anwesenden Teilnehmenden gewissermaßen eine Art Selbsttranszendenz erfahren und sich als Teil des Kollektivs wahrnehmen:

> »Sind die Individuen einmal versammelt, so entlädt sich auf Grund dieses Tatbestands eine Art Elektrizität, die sie rasch in einen Zustand außerordentlicher Erregung versetzt. Jedes ausgedrückte Gefühl hallt ohne Widerstand in dem Bewußtsein eines jeden wider, das den äußeren Eindrücken weit geöffnet ist. Jedes Bewußtsein findet sein Echo in den anderen.« (Durkheim [1912] 1994, 297)

Die Gleichzeitigkeit des Erlebens, der gemeinsame Aufmerksamkeitsfokus sowie die synchron ausgeübten Bewegungen und Ritualhandlungen trügen zu diesem Erleben bei. Die Emotionen der Beteiligten würden durch das kollektive Erleben verstärkt und zugleich komme es zur symbolischen Aufladung der beteiligten Objekte und Praktiken *(Sakralisierung)* (vgl. auch Albers, Moebius 2012, 772–776). Starke, kollektiv geteilte Emotionen trügen durch diese Bedeutungsaufladungen von Elementen einer Situation, auch zur Stabilisierung religiöser Ordnungen bei, indem sich rund um diese symbolisch überhöhten Elemente Erinnerungsrituale ausbilden, die zu neuerlichen kollektiv geteilten Emotionen führen (vgl. Pettenkofer 2013, 99). Während die Mitglieder traditioneller Stammesgesellschaften ihr Ergriffensein auf das Wirken übernatürlicher Mächte zurückführen, sei die eigentliche Ursache dafür aus Sicht Durkheims im Kollektiv selbst zu finden. Religion wird solcherart als ›soziale Tatsache‹ analysierbar und Prozesse der Sakralisierung, d. h. der kollektiven Aufladung von Gegenständen, Personen oder Praktiken, können auch in modernen Gesellschaften, jenseits des religiösen Bereiches, auftreten und als Folgen kollektiv erlebter Emotionen verstanden werden (vgl. zur Weiterführung dieser Ideen in der Durkheim-Schule auch Moebius 2016, 3–5).

Emotionen spielten, wie oben bereits angedeutet, auch in anderen Arbeiten Durkheims eine wichtige Rolle, so etwa in seinem Werk »*Über soziale Arbeitsteilung*« [1893], in dem er der Frage des Entstehens und der Aufrechterhaltung gesellschaftlicher Solidarität nachging, oder auch in seinem Werk »*Der Selbstmord*« [1897], in dem er die unterschiedlichen Selbstmordtypen nicht nur als ›soziale Tatsachen‹ beschrieb, sondern auch explizit damit einhergehende unterschiedliche Gefühlszustände skizzierte (vgl. Flam 2002, 75–79).

Affekt in Webers Idealtypen sozialen Handelns

Weber behandelte Emotionen beispielsweise im Rahmen seiner Idealtypen des sozialen Handelns. *Affektuelles* Handeln wird von Weber dabei als ein Handeln geschildert, das durch aktuelle Affekte oder Gefühlslagen motiviert sei, womit es sich an der Grenze zum bewusst sinnhaften Verhalten befinde. »Affektuell handelt, wer sein Bedürfnis nach aktueller Rache, aktuellem Genuß, aktueller Hingabe, aktuell kontemplativer Seligkeit oder nach Abreaktion aktueller Affekte (gleichviel wie massiver oder wie sublimer Art) befriedigt.« (Weber [1921/1922] 1956, 12) Mit der Aufnahme affektuellen Handelns in seine Idealtypen sozialen Handelns zeigte er, dass ihm die Beachtung anderer als rein zweck-rationaler Handlungsmotive zur Erklärung menschlichen Handelns notwendig erschien; allerdings räumte er der Zweckrationalität in der Moderne einen wichtigen Stellenwert ein. Auch im Rahmen seiner Herrschaftstypologie berücksichtigte Weber emotionale Aspekte (vgl. Flam 2002, 56–60), so etwa beim Typus der charismatischen Herrschaft, die durch eine gefühlsmäßige Bindung an einen Führer und den Glauben an seine außeralltäglichen Qualitäten legitimiert werde:

> »Das Charisma [...] ruht in seiner Macht auf Offenbarungs- und Heroenglauben, auf der emotionalen Überzeugung von der Wichtigkeit und dem Wert einer Manifestation religiöser, ethischer, künstlerischer, wissenschaftlicher, politischer oder welcher Art immer, auf Heldentum sei es der Askese oder des Krieges, der richterlichen Weisheit, der magischen Begnadung oder welcher Art sonst.« (Weber [1921/1922] 1956, 666)

Für die Moderne charakteristisch sei aus Sicht Webers allerdings die legale Herrschaft, die im rationalen Vollzug der Rechtsordnung ihre Legitimation findet und durch die Bürokratie als rationales Vollzugsorgan unterstützt werde (vgl. Weber [1921/1922] 1956, 833–845). Auf die Bedeutung, die dem Gefühl der Angst vor religiöser Verdammnis – als zentralem Motiv der durch die protestantische Ethik angeleiteten Rationalisierung der Lebensführung – in Webers Schriften zukam, wurde weiter oben bereits verwiesen (vgl. Barbalet 1998, 38; Flam 2002, 51).

Gefühle in Simmels relationalem Ansatz

Simmel hat sich ausführlich mit Themen beschäftigt, in denen die gefühlsmäßigen Reaktionen der Menschen aufeinander im Rahmen von Interaktionen eine wichtige Rolle spielen. Nicht umsonst ist Simmel einer jener ›Klassiker‹, die im Rahmen der Wiederentdeckung des Emotionalen durch die jüngere Soziologie ausführlich diskutiert wurden (vgl. auch Gerhards 1988, 43–51). Simmels relationaler Ansatz wird dabei vor allem verwendet, um den Nutzen einer soziologischen Perspektive auf Gefühle zu unterstreichen, die diese Gefühle als Teil der Beziehungen oder *Wechselwirkungen zwischen Individuen* konzipiert (zur Rolle Wilhelm Diltheys als Vorläufer für Simmels formalen bzw. relationalen Ansatz vgl. Acham 2013, 153; vgl. auch Morat 2008).

Aufgabe der Soziologie im engeren Sinne sei es aus Sicht Simmels, die *Formen der Vergesellschaftung* zu untersuchen, d. h. unabhängig von den konkreten gesellschaftlichen Inhalten (etwa dem Wirtschaftsleben, der Religion oder den Familienbeziehungen) die Formen, in denen sich die Wechselwirkungen der Individuen entfalten, systematisch zu analysieren. Er verglich diese Aufgabe mit jener der Grammatik, der es ebenfalls jenseits des inhaltlich Auszudrückenden darum geht, allgemeine Muster und Regelmäßigkeiten von Sprachen aufzudecken. Er beschrieb dies wie folgt:

> »Tatsächlich finden wir an gesellschaftlichen Gruppen, welche ihren Zwecken und ihrer ganzen Bedeutung nach die denkbar verschiedensten sind, die gleichen formalen Verhaltungsweisen der Individuen zueinander. Über- und Unterordnung, Konkurrenz, Nachahmung, Arbeitsteilung, Parteibildung, Vertretung, Gleichzeitigkeit des Zusammenschlusses nach innen und des Abschlusses nach außen und unzähliges Ähnliches findet sich an einer staatlichen Gesellschaft wie an einer Religionsgemeinde, an einer Verschwörerbande wie an einer Wirtschaftsgenossenschaft, an einer Kunstschule wie an einer Familie.« (Simmel [1917] 1984, 27–28)

Gefühle spielen bei all diesen Relationen zwischen Individuen eine wichtige Rolle und wurden von Simmel ganz selbstverständlich in seinen verschiedenen Schriften beachtet. Simmels Sicht der Gefühle kommt beispielsweise sehr gut in der Abhandlung *»Der Streit«* [enthalten in »Soziologie. Untersuchungen über die Formen der Vergesellschaftung«, 1908] zum Ausdruck, in der er zeigte, dass auch Feindseligkeit und Hass spezielle Formen der Vergesellschaftung darstellen (vgl. auch Flam 2002, 26–33). Er betonte nicht nur, wie unvermeidbar verschiedene Formen des Streites für das Gemeinschaftsleben sind, sondern beschäftigte sich auch ausführlich mit den den Streit begleitenden bzw. diesen verursachenden Gefühlszuständen (vgl. Simmel [1908] 2013, 197–266). Der relationale Charakter von Emotionen wird dabei ersichtlich, da diese nicht einfach nur in den Individuen vorhanden sind, sondern durch deren Bezug aufeinander erst entstehen. Weitere Emotionen, die in Simmels verschiedenen Arbeiten auf ihre soziale Einbettung (d. h. ihre sozialen Ursachen wie auch Folgewirkungen) hin erörtert wurden, sind etwa Treue, Dankbarkeit, Geselligkeit, Taktgefühl, Freundschaft, Liebe und auch Scham (zum relationalen Charakter der Emotion Treue vgl. auch Kapitel 7.2).

Simmel bietet daher bis heute zahlreiche Ansatzpunkte für emotionssoziologische Studien. Sein »*Exkurs über die Soziologie der Sinne*« [enthalten in »Soziologie. Untersuchungen über die Formen der Vergesellschaftung«, 1908] strich zudem auch früh die Bedeutung körperlicher Empfindungen im sozialen Austausch hervor und lieferte somit auch wertvolle Anregungen für die Körpersoziologie (vgl. auch Fischer 2015).

Beeinflussung der Massen

Emotionen wurden in frühen Arbeiten der Soziologie schließlich auch dann näher thematisiert, wenn ihr instrumenteller Wert für die Erreichung bestimmter (politischer) Ziele Gegenstand der Betrachtung war (vgl. auch Scherke 2009, 30–31): Auguste Comte (1798–1857) etwa, um noch einen weiteren frühen Vertreter der Soziologie zu erwähnen, ging zwar in seinem ›Dreistadiengesetz‹ von einer steten Entwicklung des Menschen auf ein ›positives‹ wissenschaftliches Stadium hin aus, wodurch metaphysische Erklärungen der Welt keine Bedeutung mehr haben und die Orientierung an beobachteten Tatsachen zum Kennzeichen aller Wissenschaften und auch der Politik werden würde (vgl. Comte [1822] 1973, 74–79). Allerdings räumte er Gefühlen im Rahmen des Überganges vom metaphysischen zum positiven Stadium insofern Relevanz ein, als die (vor allem künstlerische) Fantasie den Übergang ins positive Stadium beschleunigen würde, indem sie für die Masse eine *gefühls*mäßige Ausmalung einer besseren Zukunft ermögliche:

> »Man wird niemals die Masse der Menschen für irgendein System leidenschaftlich erregen, indem man ihnen beweist, daß es dasjenige ist, dessen Einführung der Gang der Kultur seit seinem Beginn vorbereitet hat und welches dieser Gang heute erfordert, um die Gesellschaft zu leiten. Eine derartige Wahrheit spricht zu einer viel zu kleinen Anzahl von Köpfen und erfordert selbst von deren Seite eine allzu lange Reihe intellektueller Operationen, als daß sie jemals die Leidenschaften erregen könnte. [...] Das einzige Mittel, um diese letzte Wirkung hervorzubringen, besteht darin, den Menschen das lebendige Bild der Verbesserungen vorzulegen, welche das neue System im menschlichen Zustande hervorrufen muß [...] Dieses ist insbesondere die Aufgabe, welche den schönen Künsten bei der allge-

> meinen Unternehmung der sozialen Reorganisation zufällt.« (Comte [1822] 1973, 113–114)

Comte vertrat hier eine durchaus elitäre Auffassung, bei der Gefühle lediglich für die Überzeugung der Masse eine wichtige Rolle spielen, da dieser die vernunftgemäße Einsicht in den Gang der Geschichte nicht zugetraut wurde. Die Instrumentalisierung von Gefühlen für die Massenagitation und politische Propaganda wurde in weiterer Folge von verschiedenen Autor*innen erkannt und auch kritisiert. Für viele spielte dabei das Anknüpfen an bzw. die Abgrenzung von Ideen der Massenpsychologie Gustave Le Bons eine wichtige Rolle. Soziologische Elitentheorien interessierten sich für politische Prozesse in modernen demokratischen Gesellschaften und erörterten dabei das Verhältnis der herrschenden Elite zum zu regierenden Volk durchaus kontrovers. Erwähnt seien hier etwa Vilfredo Pareto (1848–1923), Robert Michels (1876–1936) oder Theodor Geiger (1891–1952). Alle drei erwähnten Emotionen als Teil der politischen Aktivierung von Massen.

Pareto subsumierte Gefühle in seinem »*Trattato di sociologia generale*« [1916] unter die sogenannten ›Residuen‹, d. h. jene Faktoren, die Menschen von logischen Handlungen abhalten. Logische Handlungen sind bei Pareto solche, bei denen die subjektive Ziel-Mittel-Beziehung auch mit den objektiv zu beobachtenden Gegebenheiten einer Situation übereinstimmt. Pareto betonte allerdings, dass dies bei einem Großteil menschlicher Handlungen nicht der Fall sei. Menschen würden lediglich im Nachhinein versuchen, ihre eigentlich von Residuen angeleiteten Handlungen als logisch und rational erscheinen zu lassen. Zu diesem Zweck würden sogenannte ›Derivationen‹ erzeugt, d. h. Argumentationsmuster, die die eigentlichen Handlungsantriebe verschleiern und das Handeln als rational erscheinen lassen. Insbesondere Eliten würden zur Überzeugung der Masse des Volkes auf solche Derivationen zurückgreifen (vgl. Bach 2019, 189–291; Mikl-Horke 1997, 62–64).

Michels widmete sich in seiner Schrift »*Zur Soziologie des Parteiwesens in der modernen Demokratie*« [1911] der organisierten Form der Masse in Form von politischen Bewegungen und Parteien, denen aufgrund von Organisationsnotwendigkeiten eine Tendenz zur Oligarchisierung, d. h. der Herrschaft einiger weniger, innewohne, die zudem auch durch psychologische Bedürfnisse der Akteur*innen gestützt werde. Die Masse des Volkes wurde dabei als emotionsgetrieben und für Demagogie vonseiten der ›Führer‹ anfällig dargestellt (zu den verschiedenen Phasen in Michels Werk vgl. Genett 1999, insbesondere 117–119).

Theodor Geiger beschrieb in seiner Schrift *»Die Masse und ihre Aktion. Ein Beitrag zur Soziologie der Revolutionen«* [1926] die Masse als spezifischen Typ einer sozialen Gruppe und interessierte sich für die destruktiven und konstruktiven Aspekte von Massenbewegungen. Geiger plädierte für eine soziologische Analyse der Masse und ihrer Funktionsweise und unterschied im Hinblick auf die moderne Arbeiterbewegung zwischen deren organisierten Formen (etwa Gewerkschaften) und der revolutionären Masse (vgl. Geiger 1926, 47). Letzterer komme die Funktion zu, die alte Ordnung aufzubrechen, während die organisierte Form des Proletariats zum Aufbau einer neuen Ordnung beitrage. Emotionen würden für die Aktivierung von Massen eine wichtige Rolle spielen, allerdings werden diese durch einschneidende Ereignisse ausgelöst und nicht durch Führerfiguren initiiert, die aus Geigers Sicht selbst Teil der Masse sind und deren Energie mitunter nur in eine bestimmte Richtung lenkten (vgl. Geiger 1926, 117, 146; vgl. auch Borch 2006, 7–10).

Heute spielt die Frage der Manipulierbarkeit von Massen vor allem im Zusammenhang mit der Analyse populistischer Rhetorik eine wichtige Rolle (vgl. hierzu die Ausführungen in den Kapiteln 7.2 und 7.5).

Zusammenfassung

Die Beispiele in diesem Kapitel sollten illustrieren, dass Emotionen in der Entstehungszeit des Faches Soziologie selbstverständlich berücksichtigt wurden. Allerdings ging es Durkheim, Weber, Simmel und anderen vor allem darum, die soziologische Denkweise (weiter) zu entwickeln und die soziale Einbettung von Emotionen war daher nicht ihr Hauptfokus. Eine explizite ›Soziologie der Emotionen‹ findet sich in der Fachgeschichte der Soziologie erst in der zweiten Hälfte des 20. Jahrhunderts, als eine zunehmende Spezialisierung und Ausdifferenzierung des Faches stattfand. Zusammenfassend möchte ich festhalten, dass Emotionen in den hier kurz besprochenen frühen Arbeiten der Soziologie unter folgenden Aspekten diskutiert wurden: Zum einen wurde eine Zurückdrängung der Gefühle und emotionalen Reaktionsweisen in der Moderne konstatiert. Rationalität würde dem modernen Menschen die Bewältigung seines Alltages ermöglichen (wobei z. T. auch die Nebeneffekte und negativen Konsequenzen dieser Dominanz der Rationalität thematisiert wurden, wenn etwa Weber auf die Verselbstständigung bürokratischer Mechanismen im Bereich der legalen Herrschaft hinwies). Zum anderen wurden Emotionen einer näheren Betrachtung unterzogen, wenn es um die Erklärung konkreten menschlichen Handelns ging, das ohne seine affektiven Komponenten nicht vollständig beschreibbar galt (wie beispielsweise der Typus des affektuellen Handelns bei Weber oder auch die Beschäftigung mit *kollektiver Efferveszenz* durch Durkheim zeigen). Emotionen spielten zudem bei der Analyse von politischen Massenphänomenen eine wichtige Rolle.

Trotz des hier kurz skizzierten Interesses an Emotionen im weitesten Sinne in der Frühphase des Faches entwickelten sich in weiterer Folge vor allem soziologische Ansätze weiter, die Emotionen nur noch geringe Aufmerksamkeit zuteilwerden ließen (einige Gründe dafür wurden weiter oben bereits skizziert). Die Menschenbilder des Homo Oeconomicus (der Nutzen kalkulierenden und rational agierenden Akteur*innen) und des Homo Sociologicus (der Normen befolgenden Akteur*innen) begannen das Fach zu dominieren (vgl. dazu auch Kapitel 7.1). Erst in den 1970er Jahren sollte sich dies wieder ändern.

4. Emotionssoziologie im Feld der interdisziplinären Emotionsforschung

Dimensionen des Emotionsgeschehens als Orientierungshilfe

Die Emotionssoziologie existiert nicht im ›luftleeren‹ Raum, d. h. die Entwicklungen in anderen Disziplinen und unterschiedlichen »studies« (vor allem *cultural studies, affect studies*), die zum Teil selbst auf frühe emotionssoziologische Konzepte reagiert und diese weiterentwickelt haben, werden von ihr beachtet und fruchtbar weiterentwickelt. In jüngerer Zeit wäre etwa auf die Arbeiten von Sara Ahmed zu verweisen, die als kulturwissenschaftlich orientierte Emotionsforscherin wichtige Gedanken zur Debatte beisteuert und damit auch in soziologischen Arbeiten Widerhall findet (vgl. Ahmed 2004; Ural 2022). Ein anderes Beispiel wäre die praxeologische Sichtweise der Kulturwissenschaftlerin Monique Scheer, die ihr Emotionsverständnis an Bourdieu anknüpfend und unter Bezugnahme auf den historischen Wandel von Emotionspraktiken entwickelt (vgl. Scheer 2012; Schäfer 2016, 15). Oder, um noch ein weiteres Beispiel zu nennen, die Arbeiten des Historikers William M. Reddy zu ›*emotional regimes*‹, d. h. zu politisch motivierten Prägungen des Gefühlsmanagements, die für emotionssoziologische Analysen fruchtbar gemacht werden können (vgl. Reddy 2001; Beyer 2022, 64). Mitunter sind es lediglich unterschiedliche Akzentsetzungen, die emotionssoziologische von kulturwissenschaftlichen oder historischen Ansätzen unterscheiden. Im interdisziplinären Feld der Emotionsforschung sind selbstverständlich auch psychologische und neurowissenschaftliche Arbeiten zu beachten, die auch in emotionssoziologischen Ansätzen berücksichtigt werden. Eine Einführung in die Emotionssoziologie muss auf diese interdisziplinären Hintergründe verweisen. Die Unterscheidung der nachfolgend beschriebenen Dimensionen kann meines Erachtens hilfreich sein, um sich im Feld der interdisziplinären Emotionsforschung zu orientieren und die Akzentsetzungen unterschiedlicher Ansätze, jenseits rein disziplinärer Zuordnungen, miteinander zu vergleichen.

Dimensionen des Emotionsgeschehens

Es können auf der Ebene des Individuums folgende das Emotionale betreffende Dimensionen unterschieden werden, zu denen vonseiten unterschiedlicher Ansätze Forschung betrieben wird bzw. die Ansatzpunkte für entsprechende Forschungen liefern: Körper, Ausdruck, Erlebnis, Bewertung, Handlung – wobei bei allen diesen Dimensionen die Einbettung in den sozio-kulturellen Kontext zu beachten ist (vgl. Scherke 2009, 38–40):[3]

Körper

Erstens, die *körperliche Dimension*, die sich auf alle im Zusammenhang mit Emotionen stehenden physiologischen Prozesse bezieht (hierbei sind etwa neuronale, muskuläre oder endokrinologische Aspekte zu berücksichtigen).

Die Neurowissenschaften haben sich in jüngerer Zeit ausführlich mit Emotionen befasst und deren Befunde fanden auch Eingang in emotionssoziologische Überlegungen, etwa bei Jack Barbalet (1998). Frühere biowissenschaftliche Arbeiten zur Rolle von Hormonen im Zusammenhang mit dem Emotionsgeschehen wurden etwa von Theodore D. Kemper (1978) beachtet (vgl. hierzu auch die Ausführungen in Kapitel 6.1.2). In jüngerer Zeit betonen auch Arbeiten der *affect studies* die körperliche Dimension des Emotionsgeschehens (siehe dazu auch Kapitel 8).

Ausdruck

Zweitens, die *Ausdrucksdimension*, die sich auf das für andere Personen sichtbare körperliche Erscheinungsbild einer Emotion bezieht, das teilweise aktiv von der betroffenen Person beeinflusst werden kann (indem z. B. ein ›fröhliches Gesicht aufgesetzt wird‹ und ein Lächeln gezeigt wird, obwohl der betroffenen Person nicht zum Lächeln zumute ist; wobei derartige Anpassungsschritte auch quasi automatisch, als erlernte habituelle Praktiken, gesetzt werden können, ohne dass das Individuum bewusst darüber reflektiert).

Das Erscheinungsbild einer Emotion ist in Interaktionen mit anderen Akteur*innen wichtig, da diese die Signale des Emotionsausdrucks interpretieren und darauf aufbauend eigene Handlungen setzen, wie etwa symbolisch-interaktionistische Ansätze betonen. Vereinfacht gesagt: ein als fröhlich interpretierter Gesichtsausdruck wird zu anderen Reaktionen der Interaktionspartner*innen führen, als ein als traurig oder wütend interpretierter. Wobei zwischen der Interpretation der Interaktionspartner*innen und dem emotionalen Ausdrucksbild des Individuums keine Deckungsgleichheit bestehen muss – Fehlinterpretationen sind immer möglich, haben aber gemäß des Thomas-Theorems ebenfalls Auswirkungen auf den weiteren Verlauf einer Situation (das Thomas-Theorem unterstreicht: Wenn Menschen eine Situation als real interpretieren, sind auch deren Konsequenzen real; vgl. Thomas, Thomas 1928, 572). Hinzu kommt, dass manche Emotionen mit ähnlichen Ausdrucksbildern einhergehen (man denke etwa an Lachen und Weinen, die bei unterschiedlichen Gefühlszuständen auftreten können; etwa als Tränen der Trauer, Freudentränen oder Tränen der Wut, oder als fröhliches Lachen, Lachen aus Schadenfreude oder aus Verlegenheit, womit jeweils sehr unterschiedliche Gefühlszustände und Situationen markiert werden; vgl. Scherke 2014, 218–219). Wieder andere Emotionen weisen insgesamt wenig spezifische, äußerlich sichtbare Merkmale auf, weshalb für den Verlauf der Interaktion nicht das Ausdrucksbild selbst, sondern dessen Interpretation sowie die Interpretation der Situation durch die Interaktionspartner*innen bedeutsam sind.

Drittens, die *Erlebnisdimension*, die sich auf das Erleben einer Emotion durch die Person, die sie verspürt, bezieht. Dieses Erleben kann im Sinne eines bewussten Reflektierens und dann auch Benennens der Emotion (vgl. Scheer 2012, 212) stattfinden (und damit kognitive Aktive enthalten), es kann sich aber auch – im Sinne der Leiblichkeit des Menschen (vgl. Burkitt 2014, 13) – auf ein subjektives Gefühl beziehen, das zunächst nicht verbal kategorisiert wird. Erlebnis

Das Erleben einer Emotion ist eine Voraussetzung, um (später) über die Empfindung mit anderen sprechen zu können, was beispielsweise für den Einsatz von Interviews als Methode der Emotionssoziologie wichtig ist. Die Emotionssoziologie muss dabei beachten, dass es Personen mitunter schwerfällt, ihr Empfinden (insbesondere ihr leibliches Empfinden) zu verbalisieren oder es klar einzelnen Emotionsbegriffen zuzuordnen (zu Fragen der empirischen Forschung siehe auch Kapitel 5). Bei der Versprachlichung von emotionalem Erleben wird häufig auch auf kulturelle Muster zurückgegriffen (etwa aus Romanen oder Filmen bekannte Formen der Gefühlsbeschreibung), die auch, ohne dass ein ›reales‹ entsprechendes Erleben stattfindet, dem Sprachrepertoire eines Individuums zur Verfügung stehen und in sozialen Situationen zum Einsatz gebracht werden können. Auch die Verwendung derartiger kultureller Muster für die Beschreibung von Gefühlserlebnissen ist für die Emotionssoziologie interessant, da es dieser ja um die Analyse der sozialen Einbettung von Emotionen geht (vgl. etwa Eckert 2020, 161). Anders ausgedrückt: Es ist nicht so sehr relevant, ob ein Erleben ›objektiv‹ so war, wie es beschrieben wird, sondern die Art der Darstellung des Erlebens selbst gibt auch wichtige Hinweise auf die soziale Prägung von Emotionen, d. h. entsprechende Erwartungshaltungen und Gefühlsregeln sowie die dahinterliegenden gesellschaftlichen Strukturen.

An dieser Stelle sei noch auf die Unterscheidung von ›Leib‹ und ›Körper‹ verwiesen, mit der etwa bei Helmuth Plessner in der phänomenologischen Philosophie der Umstand zum Ausdruck gebracht wird, dass Menschen einen (biologischen) Körper nicht nur haben, sondern diesen auch im Sinne eines Bewusstseinsaktes als Leib spüren können (vgl. Lindemann 2017, 63; Jäger 2005, 108–116). Das Spüren des Leibes geschieht dabei nicht einfach entlang der dreidimensionalen Ausdehnung des Körpers, sondern setzt Schwerpunkte, abhängig von der aktuellen Situation des Individuums und seines konkreten Weltbezugs. Lindemann hat darauf hingewiesen, dass dieses Spüren des Leibes daher auch durch kulturell vermittelte Bilder (etwa des biologischen Körpers) strukturiert und geprägt werden kann (vgl. Lindemann 2017, 65). Die Fähigkeit des Menschen, das eigene Erleben zum Gegenstand der Reflexion zu machen, ist dabei entscheidend. Plessner beschreibt dies folgendermaßen:

> »Im Akt der Reflexion, des Aufmerkens, Beobachtens, Suchens, Erinnerns bringt das lebendige Subjekt auch seelische Wirklichkeit zustande und diese wirkt selbstverständlich auf die zum Objekt gemachte Wirklichkeit etwa eines Wunsches, einer Liebe, einer Depression, eines Gefühls ein. Unter den Blicken des Erlebnissubjekts kann sich das Innenleben stark verändern wie die empfindliche Sicht der photographischen Platte im Licht.« (Plessner [1928] 1975, 297)

Für die jüngeren Debatten der Körper- und Emotionssoziologie spielen neben dem Leibbegriff von Plessner vor allem auch die entsprechenden Überlegungen von Maurice Merleau-Ponty und Hermann Schmitz eine Rolle (vgl. Lindemann 2017, 57; Gugutzer 2022, 521; Julmi 2018, 107; Schirgi 2023, 238–254).

Viertens, die *Bewertungsdimension*, die den über Emotionen hergestellten Bezug zwischen Individuum und Umwelt zum Thema hat. Emotionen werden hierbei als Einstufungen der Umwelt des Individuums betrachtet, durch die äußere Reize im einfachsten Sinne als angenehm/unangenehm bewertet werden (wobei dies bewusst oder unbewusst stattfinden kann). Bewertung

Vertreter*innen der Bewertungstheorie der Emotionen in der Psychologie (etwa Magda Arnold oder Richard S. Lazarus; vgl. Ulich, Mayring 1992, 40) gehen davon aus, dass die Bewertungsfunktion das Hauptcharakteristikum von Emotionen ist (nicht zuletzt auch aufgrund der angenommenen evolutionär adaptiven Funktion von Emotionen; vgl. Rothermund, Eder 2011, 176). Emotionen werden aber auch in verschiedenen anderen Ansätzen als Hinweise dafür verstanden, welche Bedeutung eine Situation für ein Individuum hat. Arlie R. Hochschild verweist beispielsweise auf diese Signalfunktion von Gefühlen (vgl. Hochschild 1990, 47; vgl. dazu Kapitel 6.1.1). David Heises *Affect Control Theory* bezieht sich ebenfalls auf affektive Interpretationen und Bewertungen von Situationen (vgl. dazu die Ausführungen in Kapitel 5). Auch in relationalen Ansätzen der Emotionssoziologie spielt die Bewertungsfunktion von Emotionen implizit eine Rolle. Emotionen werden darin als Ergebnis der Beziehungen zwischen Individuen betrachtet, die gemeinsam eine Situation herstellen und dabei auch wechselseitig bewerten. Von Interesse ist in diesen Ansätzen allerdings die Relation zwischen den Individuen (und nicht die emotionalen Zustände ›in‹ den Individuen; vgl. Burkitt 1997, 52–53; Burkitt 2014, 2).

Handlung

Und schließlich, fünftens, die *Handlungsdimension,* die sich auf die aus einer Emotion folgende Motivation oder Tendenz zu einem bestimmten zukünftigen Verhalten bezieht. Dieses Verhalten oder Handeln kann dabei zielgerichtet auf andere Akteur*innen oder die materielle Umwelt ausgerichtet sein, oder aber auch auf das Individuum selbst (indem beispielsweise Emotionsmanagement [Hochschild 1990, 100–106] erfolgt und Aktivitäten gesetzt werden, die eine Veränderung des eigenen Empfindens beabsichtigen, etwa die Eindämmung von Angst zur Folge haben sollen).

Sozio-kultureller Kontext

Der *sozio-kulturelle Kontext* eines Individuums (inkl. seiner historischen Veränderungen) spielt bei allen genannten Dimensionen des Emotionsgeschehens eine wichtige Rolle und ist von zentralem Interesse für die Emotionssoziologie: Wir reagieren auf unsere soziale Umgebung, indem wir diese emotional bewerten, und wir handeln in dieser Umgebung auf der Grundlage unserer emotionalen Gestimmtheiten, wobei die anhand gesellschaftlicher Diskurse erlernten sozialen und kulturellen Regeln und die aktuelle soziale Position eine wichtige Rolle für die Art und Weise unserer Bewertungen und Handlungstendenzen spielen. Worüber wir uns beispielsweise ärgern, hängt eng mit den von uns erlernten Gerechtigkeitsvorstellungen zusammen, deren Verletzung in einer sozialen Situation erst zu unserem subjektiven Gefühl des Ärgers und den damit verbundenen physiologischen Mechanismen führt. Ob es sodann gestattet ist, diesen Ärger offen auszuleben, oder ob wir gezwungen sind, ihn zu unterdrücken, hängt ebenfalls von der Zeit und Gesellschaft, in der wir leben, ab. Die aus dem Ärger resultierenden Handlungen haben sodann selbst Einfluss auf die soziale Umgebung des Individuums und können etwa zur Bestätigung oder Veränderung entsprechender Gerechtigkeitsvorstellungen und damit verbundener Gefühlsnormen beitragen (vgl. Scherke 2009, 40). Insgesamt ist auf den prozesshaften Charakter des Emotionsgeschehens im sozio-kulturellen Kontext zu verweisen, in dem für Individuen stets die Notwendigkeit besteht, bei der Ausgestaltung des eigenen Erlebens und des Gefühlsausdrucks kreativ auf entsprechende Gefühlsnormen und die Verhaltensweisen der Interaktionspartner*innen zu reagieren. Gesellschaftliche Machtverhältnisse und soziale Strukturen (ebenso wie historisch überlieferte Diskurse und materiell-kulturelle Artefakte) bilden dabei den Hintergrund der Handlungen und Interaktionen der Individuen miteinander und werden von jenen ständig neu hervorgebracht bzw. modifiziert. Im Rahmen der Analyse des sozio-kulturellen Kontextes und seiner Beziehung zum menschlichen Emotionsgeschehen kommen im Übrigen die bekannten Unterschiede verschiedener soziologischer Theorietraditionen zum Tragen, weshalb es emotionssoziologische Beiträge sowohl aus symbolisch-interaktionistischer Perspektive, austauschtheoretischer oder etwa auch systemtheoretischer Perspektive gibt. Abhängig von der zugrundliegenden soziologischen Theorietradition wird sodann auch mehr oder weniger Gewicht auf die oben von mir beschriebenen wechselseitigen Interpretationen der Interaktionspartner*innen und die dabei erfolgende Aushandlung der Situation gelegt.

Abbildung 1: Dimensionen des Emotionsgeschehens

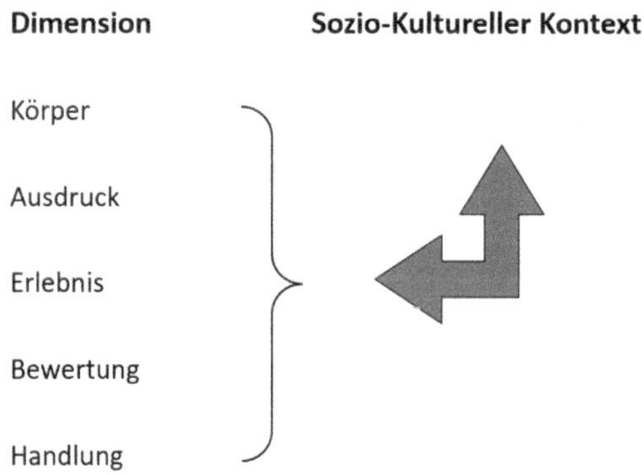

Zusammenhang der Dimensionen

Auch wenn in emotionssoziologischen (und anderen) Ansätzen mitunter nur einzelne der Dimensionen beachtet werden, darf dies nicht über deren insgesamt gegebenen komplexen Zusammenhang hinwegtäuschen. Die fünf Dimensionen sind auf unterschiedliche Art und Weise miteinander verknüpft. Die körperliche Dimension ist zwar – aufgrund der Körperlichkeit des Menschen – naturgemäß mit allen anderen Dimensionen verknüpft, allerdings kann keine einseitige Wirkung ihrerseits auf die anderen Dimensionen festgestellt werden. So basiert das Ausdrucksbild einer Emotion (etwa in der Mimik) natürlich auf physiologischen Voraussetzungen (etwa der Gesichtsmuskulatur und ihrer Steuerung durch neuronale und endokrinologische Prozesse). Die Facial-Feedback-These und die Arbeiten der Psychoneuroimmunologie (vgl. Rothermund, Eder 2011, 172, 174; Pert 2001, 268–270; Hennig 1998, 32ff.) legen aber nahe, dass auch die willentliche Präsentation eines bestimmten Ausdrucksbildes (bei der bestimmte Gesichtsmuskeln bewegt werden, ohne dass aktuell ein entsprechendes Gefühl vorliegt) bestimmte physiologische Mechanismen und schließlich auch das Erleben der damit assoziierten Gefühle auslösen kann. Ausdrucks- und Erlebnisdimension wiederum müssen nicht miteinander übereinstimmen, wie etwa die Studien Arlie R. Hochschilds (1983) zur Manipulation des Gefühlsausdrucks gemäß kultureller oder sozialer Gefühlsregeln belegen (siehe dazu auch Kapitel 6.1.1). Bewertungs- und Erlebnisdimension sind eng miteinander verknüpft; Experimente des Psychologen Robert B. Zajonc (1980) zeigen jedoch, dass auch eine emotionale Bewertung vorgenommen werden kann, ohne dass sich dies im bewussten subjektiven Erleben der Person niederschlägt. Die Handlungsdimension, d. h. die durch eine Emotion ausgelöste Verhaltenstendenz, kann ebenfalls mit einem bewussten Erleben der Emotion einhergehen bzw. von diesem ausgelöst werden, aber, wie etwa die Studien des Neurowissenschaftlers Joseph LeDouxs (2001, 167–175) zur automatischen Furchtreaktion auf konditionierte Reize zeigen, auch unbewusst ablaufen. Die Handlungsdimension ist eng mit allen anderen Dimensionen verknüpft, wobei Verhaltenstendenzen auch darin bestehen können, keine offensichtlichen Handlungsschritte zu setzen, was aber ebenfalls entscheidende Konsequenzen für Akteur*innen bzw. ihre soziale Umgebung haben kann.

Die präsentierten Dimensionen des Emotionsgeschehens sollen der Orientierung im Feld der Emotionsforschung und der Emotionssoziologie dienen, insofern als unterschiedliche Ansätze im Hinblick auf die von ihnen jeweils bearbeiteten (oder nicht-bearbeiteten) Dimensionen verglichen werden können. Einige der Dimensionen sind für die klassischerweise in den Sozialwissenschaften eingesetzten empirischen Methoden leichter zugänglich als andere, deren Erforschung eine intensivere Zusammenarbeit mit anderen Disziplinen erforderlich macht. Ansätze der Emotionssoziologie konzentrieren sich daher mitunter neben der Bewertungs- und Handlungsdimension insbesondere auf die Ausdrucks- und Erlebnisdimension. Die körperliche Dimension wird in emotionssoziologischen Arbeiten oft nur am Rande erwähnt, während sich die Biowissenschaften in den letzten Jahrzehnten eingehend mit der physiologischen Dimension von Emotionen beschäftigt haben (zu den Schwierigkeiten interdisziplinärer Kooperation zwischen Biowissenschaften und Emotionssoziologie vgl. Scherke 2009, 40). Die körperliche Dimension spielt auch in verschiedenen Varianten der *affect studies* eine wichtige Rolle, wobei – im Unterschied zu den Biowissenschaften – nicht die physiologischen Mechanismen per se im Vordergrund der Forschung stehen, sondern sozialtheoretisch der Körper zumeist abstrakt in Relation zu anderen Körpern (humanen wie nicht-humanen) gesetzt wird. Annahmen über die menschliche Physis dienen dabei nur dazu, von dieser ausgehende, quasi autonome Effekte in den Fokus zu rücken und damit auf unbewusste und jenseits des Einflussbereiches eines einzelnen Individuums liegende Phänomene aufmerksam zu machen; Affekt wird damit letztlich als freischwebende Kraft zwischen Körpern konzipiert (siehe die aufschlussreiche Kritik Margaret Wetherells an der Depersonalisierung dieser Ansätze: Wetherell 2015, 159; vgl. auch Scheer 2012, 208).

Individuum/ Kontext

Die Dimensionen wurden hier aus dem Blickwinkel des Individuums präsentiert, wobei Individuen immer als eingebettet in einen sozio-kulturellen Kontext gesehen werden müssen. Es wird auch davon ausgegangen, dass das Individuum und dessen jeweiliger sozialer Kontext das Emotionsgeschehen beeinflussen können, womit Vorstellungen einer ›Autonomie‹ der Affekte widersprochen wird (vgl. auch Albrecht Y. 2017, 79). Emotionen/Affekte folgen emotionssoziologisch betrachtet eben keinen quasi automatisch ablaufenden, physiologisch vorgegebenen Mustern, sondern entwickeln sich prozesshaft im Verlauf von sozialen Situationen, wobei sie an die Bewertungen und Handlungen von Individuen gebunden sind bzw. aus diesen herausgelesen werden können und nicht ›freischwebend‹ als externe Kräfte agieren. Die in manchen Versionen der *affect studies* betriebene Loslösung des Affektbegriffes vom Individuum mag mitunter ein interessantes Gedankenexperiment sein, ist meines Erachtens aber für empirische emotionssoziologische Fragestellungen nicht zielführend (vgl. auch Kapitel 8). Für die Emotionssoziologie sind Individuen und ihre Aussagen bzw. Handlungen wichtige Ansatzpunkte im Rahmen empirischer (qualitativer wie quantitativer) Analysen (vgl. auch Kapitel 5).

Atmosphären/ Stimmungen

Auch wenn es um kollektive Phänomene geht, spielt das Individuum eine wichtige Rolle für die empirische Erforschung des Emotionsgeschehens. Die individuelle Logik, die den hier präsentierten Dimensionen zugrunde liegt, lässt sich daher letztlich auch auf Phänomene wie kollektive Emotionen, Atmosphären oder Stimmungen anwenden, da die Beschreibung und Deutung beispielsweise der Atmosphäre (etwa eines Raumes) zumindest ein beobachtendes Individuum voraussetzen, dessen Bewertungs-, Erlebnisdimension oder Handlungsdimension bei der Erfassung der Atmosphäre im Rahmen empirischer Studien eine Rolle spielen (vgl. zur empirischen Erfassung von Atmosphären und Stimmungen auch Albrecht C. 2017; Renda 2018, 650–651).

Kollektive Emotionen

Charlotte Renda hat auf die Gemeinsamkeiten und Unterschiede zwischen Stimmungen, kollektiven Emotionen und emotionalen Klimata hingewiesen, die hier kurz erwähnt werden sollen: Das gehäufte Auftreten bestimmter Emotionen in einer Gruppe oder Gesellschaft ist von besonderem Interesse für die Soziologie und wird zumeist mit dem Ausdruck ›kollektive Emotionen‹ umschrieben (vgl. Renda 2018, 633; vgl. auch Ismer, Beyer, Scheve 2015, 89–91; Scheve, Salmela 2014, XIII–XVI). Hierbei wird u. a. untersucht, wie sich Emotionen in Gruppen bzw. der Gesellschaft verbreiten. Konzepte der ›Ansteckung‹, wie sie in der älteren Massenpsychologie (etwa von Gustave Le Bon) vertreten wurden, oder auch Émile Durkheims Idee der ›*kollektiven Efferveszenz*‹, wären in diesem Zusammenhang zu erwähnen. Geleitet werden diese Ansätze von der Idee, dass die (physische) Kopräsenz von Individuen in bestimmten Situationen dazu führt, dass sich ihre Gefühle angleichen und sie dasselbe empfinden. Renda hat auf das diesen Modellen ›kollektiver Emotionen‹ zumeist zugrundeliegende »psychologistische Paradigma« (Renda 2018, 634) hingewiesen, welches von einer einfachen Aggregation individueller Empfindungen ausgeht und sich deshalb schwertut, einzelnes abweichendes Empfinden (etwa im Zuge von Protestveranstaltungen) mit der Idee des Vorhandenseins einer kollektiven Emotion in Einklang zu bringen.

Emotionale Klimata

Der Begriff ›emotionales Klima‹ wiederum bezieht sich auf das Auftreten ähnlicher Gefühle in bestimmten Gruppen oder Milieus, das durch ähnliche Lebenslagen und strukturelle Gegebenheiten erklärt wird. Gleiches Empfinden aller ist hierbei nicht die Voraussetzung, jedoch »eine Art emotionale Disposition oder unter der Mehrheit verbreitete Gefühlslage, die sich durch aggregierte Daten quantitativer Befragungen messen lassen soll« (Renda 2018, 635; Ismer, Beyer, Scheve 2015, 93–94). Zu Recht stellt Renda gegenüber diesem, etwa von de Rivera (1992) vertretenen, Konzept emotionaler Klimata fest, dass dabei der eigentlich soziale Prozess der Mitteilung der Gefühle und davon ausgehende Wirkungen nicht berücksichtigt werden. Sie schlägt demgegenüber ein Konzept der Stimmung vor, das als »Zuschreibung einer emotionalen Einheit der Situation« (Renda 2018, 631) beschrieben wird, bei dem nicht vorausgesetzt wird, dass alle das Gleiche empfinden oder eine rein strukturell gegebene ähnliche emotionale Disposition vorliegt, sondern die Beteiligten in der Lage sind, das Gemeinsame einer Situation als Stimmung wahrzunehmen und zu kommunizieren (vgl. Renda 2018, 639–644). Die Erforschung dieser Stimmungen ist freilich komplex und die entsprechenden Diskussionen stehen erst am Anfang: »Dass Atmosphären sich nicht in Einzelemotionen der Interaktionsteilnehmer auflösen lassen, dass sie zugleich objektiv erscheinen und doch nicht dinghaft greifbar sind, macht sie zu einem empirisch schwer fassbaren Phänomen« (Renda 2018, 650). Im Zusammenhang mit den in der Emotionssoziologie eingesetzten Methoden (vgl. Kapitel 5) wird nochmals auf das Individuum als Ansatzpunkt empirischer Studien zurückgekommen werden.

Vermeidung einseitiger Emotionsdefinitionen

Die vorliegende Liste unterschiedlicher Dimensionen des Emotionalen ist meines Erachtens geeignet, um einseitigen Emotionsdefinitionen entgegenzuwirken, die Emotionen etwa vorrangig als Diskurse verstehen (und damit die subjektiv-leibliche Komponente vernachlässigen) oder Emotionen als biologisch determinierte innere Zustände betrachten (und dabei deren sozio-kulturelle Prägung vernachlässigen). Die Problematik dieser jeweils einseitigen Definitionen wurde bereits früh erkannt (vgl. etwa Burkitt 1997), dennoch spielt sie in der Emotionsforschung immer noch eine Rolle (vgl. die Darstellung bei Wetherell 2015) und erschwert mitunter die Kommunikation zwischen verschiedenen Disziplinen, die unter anderem aufgrund ihres spezifischen Methodenrepertoires den Untersuchungsfokus auf einzelne Dimensionen begrenzen (müssen).

Bei den zum Teil sehr kontrovers geführten Debatten, etwa zur Frage der Einseitigkeit von physiologischen bzw. konstruktivistischen Emotionsmodellen (oder in jüngerer Zeit zwischen den verschiedenen Varianten der *affect studies* und der Emotionssoziologie), muss man allerdings auch den historischen Kontext bedenken, in dem die jeweiligen Ansätze vorgelegt wurden (vgl. exemplarisch Albrechts Ausführungen zur Kritik und Weiterführung von Hochschilds Ansatz: Albrecht Y. 2017, 76). Einseitigkeiten oder Zuspitzungen sind oftmals auf das jeweilige ursprüngliche Anliegen der Autor*innen, zu ihrer Zeit überhaupt Aufmerksamkeit für einen bestimmten, aus ihrer Sicht vernachlässigten Aspekt des Emotionsgeschehens (z. B. dessen soziale Prägung oder dessen physiologische Fundierung) zu erreichen, zurückzuführen. Jeder Ansatz sollte daher auch vor dem Hintergrund seiner Entstehungsgeschichte und seiner Positionierung gegenüber anderen Ansätzen der jeweiligen Zeit beurteilt werden (vgl. auch Reckwitz' Ausführungen zu den verschiedenen Generationen von Praxistheorien Reckwitz 2016, 165–166). Im Nachhinein und aus einer bereits fortgeschrittenen Perspektive lesen sich manche Positionen anders als zum Zeitpunkt ihres Entstehens.

Zusammenfassung

Zusammenfassend kann man festhalten, dass der spezielle Beitrag der Emotionssoziologie zur interdisziplinären Emotionsforschung in der Analyse der sozialen Einbettung des Emotionsgeschehens liegt. Die Prägung der Emotionen durch den sozio-kulturellen Kontext spielt dabei eine wichtige Rolle, welche aber auch für andere Disziplinen, etwa die Sozialpsychologie, von Belang ist. Das Interesse der Emotionssoziologie gilt allerdings letztlich nicht dem einzelnen Individuum, sondern das Individuum und seine Emotionen (in all ihren Dimensionen) dienen als Beleg für die Gesellschaft, in der es lebt. Die Analyse individueller Emotionen (auch in aggregierter Form) soll beispielsweise Rückschluss darauf zulassen, welche Formen des Erlebens und des Ausdrucks von Emotionen in der jeweiligen Gesellschaft toleriert werden, und so dabei helfen, diese Gesellschaft und die in ihr vorhandenen Machtverhältnisse und sozialen Strukturen besser zu verstehen. Die Frage danach, wie die Gesellschaft die Emotionen des Einzelnen prägt, und die Analyse dieser Emotionen, dienen also letztlich dazu, etwas über die Gesellschaft herauszufinden (und nicht etwa das Individuum besser zu verstehen).

Darüber hinaus interessiert sich die Soziologie für die Wirkungen von Emotionen im sozialen Kontext, d. h. dafür, welche Konsequenzen das Auftreten von Emotionen für eine Interaktionssituation, eine Gruppe oder gar die Gesellschaft insgesamt haben. Welche (un-)intendierten Dynamiken ergeben sich beispielsweise durch das Auftreten von Emotionen in einer Situation? Die Frage, wie Emotionen die Gesellschaft prägen, impliziert dabei nicht, dass Emotionen als naturgegebene, präsoziale, quasi autonome Kräfte angenommen werden, sondern rückt lediglich den Fokus stärker auf die Ebene der kollektiven Konsequenzen des Emotionsgeschehens. Die hier aus Gründen der Übersichtlichkeit getrennt dargestellten Perspektiven (d. h. die soziale Prägung von Emotionen und die sozialen Konsequenzen von Emotionen) sind eng miteinander verwoben und werden in Arbeiten der Emotionssoziologie oftmals auch entsprechend verbunden bearbeitet.

5. Methoden der Emotionssoziologie

Neben sozialtheoretischen Erörterungen gibt es mittlerweile eine Vielzahl an empirischen Arbeiten aus dem Bereich der Emotionssoziologie. Hinzu kommen in den letzten Jahren vermehrt auch methodologische Erörterungen über die Frage, wie Emotionen und ihre soziale Einbettung adäquat empirisch erfasst werden können (vgl. Flam, Kleres 2015; Kahl 2019, 7; Scherke 2009, 78–80). Im Prinzip lässt sich die gesamte Bandbreite empirischer Methoden im Bereich der Emotionssoziologie finden, wobei jedoch ein Schwerpunkt auf qualitativen Methoden liegt (vgl. Kahl 2019, 3).

Die erwähnten Dimensionen des Emotionsgeschehens sind prinzipiell alle mittels empirischer sozialwissenschaftlicher Methoden zugänglich, jedoch sind dabei jeweils unterschiedliche Voraussetzungen und auch Einschränkungen zu beachten. Ich möchte dies im Folgenden kurz im Zusammenhang mit zwei häufig in der Soziologie verwendeten empirischen Methoden, der *Befragung* und der *Beobachtung*, für die einzelnen Dimensionen skizzieren:

Wenn man beispielsweise die *körperliche Dimension* heranzieht, so sind Teile dieser durchaus für soziologische Beobachtungen zugänglich (etwa das Erröten einer Person), ich kann andererseits aber Personen auch zu den körperlichen Veränderungen im Zusammenhang mit bestimmten Emotionen befragen. Allerdings finden emotionssoziologische Befragungen zu allermeist erst retrospektiv statt, d. h. beziehen sich auf bereits vergangene Situationen. Die Überlagerung der Erinnerung an eine vergangene Situation durch mittlerweile gemachte andere Erfahrungen und der Kontext des Interviews (als Ort der Selbstpräsentation der Befragten) müssen dabei in der Analyse mitreflektiert werden. Die Ergebnisse einer Befragung erlauben vor allem Aussagen über die von den Personen vorgenommenen Bedeutungszuschreibungen (indem beispielsweise bestimmte körperliche Veränderungen hervorgehoben werden, etwa die ›Schmetterlinge‹ im Bauch frisch Verliebter, andere aber keine Erwähnung finden bzw. von den Subjekten nicht erinnert oder nicht als erwähnenswert eingestuft und deswegen in Interviews auch nicht thematisiert werden). Die Bedeutungszuschreibungen orientieren sich oftmals an kulturellen Vorbildern, die bei der Einordnung der körperlichen Erscheinungen helfen können (also z. B. erlauben, bestimmte Körperreaktionen als Merkmale von Verliebtheit zu kodieren). Für soziologische Studien, die sich für die soziale Einbettung von Emotionen interessieren, sind derartige Selbstbeschreibungen der körperlichen Dimension sehr interessant, auch wenn sie nicht alle körperlichen Aspekte des Emotionsgeschehens abzubilden in der Lage sind.

Beobachtungen der körperlichen Reaktionen wiederum beziehen sich zu allermeist auf die *Ausdrucksdimension* von Emotionen (und können beispielsweise im Inneren des Körpers ablaufende Prozesse nicht erfassen, die von den Subjekten in Interviews aber sehr wohl thematisiert oder auch von den Biowissenschaften mittels physiologischer Messungen erhoben werden). Die Ausdrucksdimension von Emotionen kann auch in Interviews angesprochen werden, hier aber vor allem, wenn es um den Umgang mit Emotionen Dritter durch die Befragten geht (indem z. B. Personen, wenn es um Interaktionen in Paarbeziehungen geht, den von ihnen beim Partner oder der Partnerin wahrgenommenen Emotionsausdruck beschreiben und darlegen, was dieser bei ihnen selbst auslöste).

Die *Erlebnisdimension* wiederum ist zumeist bei Befragungen Gegenstand empirischer Erhebungen, sie kann jedoch auch in Beobachtungen registriert werden, indem anhand des Emotionsausdrucks und nachfolgender Handlungen (und verbaler Äußerungen) auf das zugrundeliegende Erleben einer Emotion rückgeschlossen wird.

Die *Bewertungsdimension* kann in ähnlicher Weise indirekt über die Beobachtung der Ausdrucks- und Handlungsdimension erschlossen werden. Personen können aber natürlich auch dazu befragt werden, wie sie eine Situation einschätzen oder wie sie in einer bestimmten Situation auf etwas emotional reagiert haben, sodass über die von den Akteur*innen vorgenommenen Sinnstiftungen auch Aussagen über deren – subjektiv empfundene und verbalisierte – emotionalen Bewertungen einer Situation möglich sind.

Die *Handlungsdimension* wiederum ist vor allem über Beobachtungen zugänglich, indem mitverfolgt wird, wie eine Situation sich entwickelt und welche weiteren Aktivitäten gesetzt werden. Subjekte können aber auch zu ihren mit einer bestimmten Emotion verknüpften Handlungsmotivationen und Praktiken befragt werden. In ähnlicher Weise wie oben ist die Selektivität und Prägung der Antworten der Befragten durch spätere Erfahrungen oder Reflexionen kein ›Fehler‹, sondern für soziologische Analysen ein wichtiger Untersuchungsgegenstand, da darin der Bezug zum sozio-kulturellen Kontext sichtbar wird. Die Emotionssoziologie, dies sei hier nochmal betont, interessiert sich eben nicht für die detaillierte Beschreibung der Emotionen eines Individuums *per se*, sondern nutzt diese und die Art, wie sie thematisiert werden, um etwas über die Gesellschaft in Erfahrung zu bringen.

Im Folgenden soll der Einsatz empirischer Methoden in der Emotionssoziologie anhand einiger exemplarischer Studien illustriert werden.

Methodenkombination

Aufgrund der Komplexität des Emotionsgeschehens werden sehr häufig *Methodenkombinationen* zum Einsatz gebracht, um das Wechselverhältnis zwischen den Emotionen von Akteur*innen und dem sozio-kulturellen Kontext erfassen zu können.

Als gutes Beispiel für eine reichhaltige Kombination von empirischen Methoden kann auf Jack Katz' Ansatz (1999) verwiesen werden. Er beschäftigt sich mit der näheren, phänomenologischen Beschreibung von im sozialen Kontext auftretenden emotionalen Zuständen, wobei er der Frage nachgeht, was eigentlich passiert, wenn wir fühlen (z. B. wenn im Rahmen einer Autofahrt Wut gegenüber anderen Verkehrsteilnehmer*innen aufkommt). Er kombiniert dabei die Analyse von Bildmaterial (Videos bzw. Fotografien) mit Gesprächstranskripten und ethnografischen Feldnotizen (Katz 1999, 8–12). Bereits Norman Denzin hatte in ähnlicher Weise für eine Methodenkombination zur Erforschung des relationalen Charakters von Emotionen plädiert (vgl. Denzin 1984; vgl. auch Winter 2022, 119). Katz verweist auf die Bedeutung von Erzählungen der Befragten, die als Formen der Selbstreflexion betrachtet werden können, in denen Personen ihren Emotionen bestimmte Bedeutung zuschreiben. Die Interviewsituation selbst als Ort der aktiven Sinnzuschreibung gegenüber Erlebtem wird dabei von ihm reflektiert. In seiner phänomenologischen Analyse richtet er die Aufmerksamkeit sowohl auf Transformationen des Körpers, die den Akteur*innen bewusst werden und durch die eine Selbstreflexion in Gang gesetzt wird (bei der es auch zur Auseinandersetzung mit den antizipierten Verhaltenserwartungen anderer Akteur*innen kommt), als auch auf die in Gesprächen generierten Erzählungen, in denen dem Emotionsgeschehen eine bestimmte Bedeutung, etwa im Hinblick auf die eigene Biografie, zugeschrieben wird (vgl. auch Albrecht Y. 2017, 83–89). Katz betont die Wichtigkeit einer natürlichen Beobachtungs- und Gesprächssituation und gibt entsprechende methodische Hinweise, die im Prinzip auch bei qualitativ-empirischen Arbeiten zu anderen Themen Beachtung finden können (vgl. Katz 1999, 84–86).

Während Katz verschiedene qualitative Methoden miteinander kombiniert, beschreibt Julie Brownlie (2011) eine Kombination qualitativer und quantitativer Methoden. Sie analysiert Daten des *British Social Attitudes Survey* (BSA) und kombiniert dies mit einer Reihe qualitativer Verfahren, um der Frage der wahrgenommenen emotionalen Unterstützung durch andere Personen und ihrer Rolle für persönliches Wohlbefinden *(The Someone To Talk To Study)* nachzugehen. Die Studie unterstreicht die Bedeutung des Vorhandenseins von Personen, an die man sich prinzipiell wenden könnte, um Probleme zu besprechen, und zeigt zugleich, dass dies nicht notwendigerweise bedeutet, dass Befragte auch regelmäßig oder extensiv mit anderen über ihre Gefühle sprechen. Offenbar stellt bereits der simple Fakt des ›Da-Seins‹ anderer *(being there)*, inklusive der körperlichen Nähe oder auch des gemeinsamen Schweigens, eine wichtige emotionale Ressource im Alltag dar, die allerdings verborgen bleibt, wenn man in quantitativen Studien nur nach (regelmäßigen) Gesprächen mit anderen oder anderen aktiven Formen der Unterstützung durch andere fragt. In der *Mixed-Methods*-Studie wurden sowohl Reflexionen im Team *(memory work)*, kognitive Interviews im Rahmen der quantitativen Befragungen, Tiefeninterviews und Follow-up-Interviews verwendet, wobei während der qualitativen Interviews auch unterschiedliche grafische Darstellungen (etwa Zeitleisten) zum Einsatz kamen, um den Befragten das Sprechen über ihre Emotionen zu erleichtern (vgl. Brownlie 2011, 464).

Qualitative Interviews unterschiedlicher Ausrichtung gehören zu den am häufigsten verwendeten Methoden in der Emotionssoziologie. Befragte werden dabei einerseits gebeten, direkt über ihre früheren oder auch aktuellen Gefühlszustände im Zusammenhang mit einem bestimmten Thema zu sprechen. Andererseits werden aus den Erzählungen der Befragten zu einem bestimmten Thema (das sich nicht direkt auf Emotionen beziehen muss) auch Rückschlüsse auf die in diesem Zusammenhang vorkommenden Emotionen gezogen.

Qualitative Interviews

Bei dem Einsatz von Interviews ist zu beachten, dass die Erinnerung an frühere Gefühlszustände von späteren Erfahrungen der Befragten überlagert sein kann (in diesem Zusammenhang ist auch auf Befunde der Gedächtnisforschung zur Zeitabhängigkeit des Gedächtnisses und zu den Prozessen der Gedächtniskonsolidierung im Lebenslauf zu verweisen, vgl. Markowitsch 2002, 84–87; Markowitsch, Welzer 2005, 131–223). Interviews geben vor allem Einblick in die aktuelle Sichtweise auf frühere Gefühle und möglicherweise entsprechende aktuelle Gefühlslagen. Auch Gefühlsregeln bzw. der Umgang damit können in Interviews gut sichtbar gemacht werden. Ein Beispiel dafür wäre etwa die Arbeit von Yvonne Albrecht zu Emotionen und Emotionsmanagement von Migrant*innen. Migrant*innen berichten in den Interviews einerseits von ihren Gefühlen etwa des Heimwehs, der Traurigkeit oder Angst, sie schildern andererseits aber auch ihren Umgang mit diesen Gefühlen und unterstreichen damit ihre bestehende Handlungsfähigkeit im Aufnahmekontext. Sie reagieren damit zugleich auf im Aufnahmekontext wahrgenommene Anforderungen, Gefühlsmanagement zu praktizieren und die eigenen Gefühle zu optimieren sowie ins Positive zu wenden (vgl. Albrecht Y. 2017, 300–303).

Eine Schwierigkeit im Zusammenhang mit Interviews liegt im Umstand, dass die Verbalisierung von Gefühlen (insbesondere von ambivalenten oder komplexen Gefühlen) nicht nur eine Reflexion des eigenen Erlebens, sondern auch ein entsprechendes sprachliches Ausdrucksvermögen voraussetzt, was nicht bei allen Befragten gegeben sein muss. Von den Befragten nicht-verbalisierbare (oder auch ihnen nicht bewusste) emotionale Erfahrungen können daher oftmals nur indirekt erfasst werden (vgl. zu Emotionen als Formen impliziten Wissens und der Schwierigkeit, dies zu verbalisieren, auch Sauerborn, Scheve 2017, 156–159). Auch milieu- und schichtspezifische Unterschiede in der Art, wie Gefühle sprachlich ausgedrückt werden, müssen dabei beachtet werden. Vage Umschreibungen eines Gefühls (›ich hatte ein komisches Gefühl‹) oder Hinweise auf körperliche Zustände (›mir lief es kalt den Rücken hinunter‹) oder die Verwendung von weiteren Metaphern und Sprachbildern müssen in der Analyse entsprechend als Hinweise auf konkrete Emotionen aufgearbeitet werden. Thomas Scheffs und Suzanne Retzingers an Helen Lewis anknüpfende Versuche, Gefühle der Scham über verbale (und auch nonverbale) ›Marker‹ in Gesprächstexten zu erfassen, können als Beispiel für derartige Analysen erwähnt werden (vgl. Scheff, Retzinger 1991; Retzinger 1995; Lewis 1971, 196–198).

Im Rahmen von Interviews wird zudem eine ganze Reihe von Methoden eingesetzt, um es Befragten zu erleichtern, über ihr Empfinden zu sprechen bzw. Narrationen zu produzieren, die in weiterer Folge näher auf die darin deutlich werdenden Emotionen hin analysiert werden können. Die Arbeit mit *Szenarios* und *Storytelling* wäre hier ebenso zu erwähnen wie etwa *Photovoice*-Techniken. Ishan Jalan beschreibt den Einsatz von Szenarios, um tabuisierten Emotionen, wie etwa Eifersucht, im Interview auf die Spur zu kommen. Befragte werden dabei gebeten zu beschreiben, wie sie in einem hypothetisch gegebenen Szenario reagieren würden, und die von ihnen produzierte Geschichte *(Storytelling)* wird in weiterer Folge näher auf die darin angesprochenen Emotionen bzw. Emotionsmanagement-Techniken hin analysiert (Jalan 2015, 83–87). Birgitt Röttger-Rössler et al. geben ein Beispiel für den Einsatz von Fotos im Rahmen einer Studie mit Schüler*innen. Die Schüler*innen erhielten dabei im Vorfeld der Interviews Kameras ausgehändigt, mit denen sie Alltagssituationen, die emotional bedeutend für sie waren, festhalten sollten; für das Interview sollten sie sodann eine beschränkte Anzahl der für sie wichtigsten Fotos auswählen. Die Fotos halfen den Befragten im Interview dabei, dichte Beschreibungen ihrer Gefühle in Alltagssituationen zu erzeugen und ihre eigenen Relevanzsetzungen in das Interview einzubringen; die Fotos wurden zudem zusätzlich zum Interviewmaterial auch separat ausgewertet (vgl. Röttger-Rössler 2019, 78–80).

Qualitative Interviews verwenden also unterschiedliche Hilfsmittel, um Befragte zur Reflexion über ihre ansonsten nicht reflektierten Verhaltensweisen und Emotionen anzuregen. Häufig ist es dabei auch wichtig, durch die Fragegestaltung bzw. entsprechende Hilfsmittel wie Fotos oder Objekte (vgl. auch Bosch 2010, 261–263) zunächst überhaupt die *Erinnerung* der Befragten zu aktivieren, um Narrationen über vergangene, mitunter alltägliche Situationen, die sonst kaum erzählt werden, zu ermöglichen. Das explizite Nachfragen nach Gefühlen in diesem Zusammenhang ebenso wie die sorgfältige Analyse indirekt angesprochener Emotionen bilden die Basis für weiterführende emotionssoziologische Analysen des Materials.

Neben dem Inhalt des Gesagten ist es bei der Analyse von Interviews wichtig, auch die Art, *wie* etwas gesagt wird, zu beachten. Änderungen der Stimmhöhe, der Lautstärke oder parasprachliche Merkmale wie Seufzen, Stöhnen o. Ä. werden dabei zu wichtigen Hinweisen auf den emotionalen Gehalt einer Interviewaussage und müssen im Rahmen der Transkription bzw. des Memoschreibens während und nach dem Interview beachtet werden (vgl. Bergman Blix 2015, 127). Hinzu kommt die Beachtung non-verbalen Verhaltens, welches in Form von Memos und ethnografischen Feldnotizen wichtige Hinweise für die Analyse der Interviews liefert, zumal wenn die Befragten selbst kaum explizit über ihre Gefühle reflektieren und daher diese auch in Interviews nicht direkt benennen (vgl. Wettergren 2015, 119).

Neben dem Gesagten ist auch das Nicht-Gesagte bzw. das Schweigen in sozialen Situationen ein wichtiges Kommunikationsmittel, das unterschiedlichste Emotionen zum Ausdruck bringen kann. Swen

Seebach, Natàlia Cantó Milà und Francesc Núñez Mosteo haben bei ihrer Analyse von Kommunikation in Intimbeziehungen solcherart unterschiedliche Formen des Schweigens und die Bedeutung, die diesem zugeschrieben wird, aufgedeckt. Schweigen kann dabei sowohl als Liebesbeweis zum Einsatz kommen (etwa in Form eines wortlosen Handdrückens, durch das Verbundenheit ausgedrückt wird), als auch zu Zwecken der Machtdemonstration verwendet werden (wenn etwa das Nichtantworten in einem Konflikt Unabhängigkeit vom Partner oder der Partnerin zum Ausdruck bringt und damit zugleich Überlegenheit über die andere Person) (vgl. Seebach, Cantó Milà, Núñez Mosteo 2015, 70–72). Bei der Analyse von qualitativen Interviews muss dem Schweigen und längeren Gesprächspausen daher ebenso Beachtung geschenkt werden.

Paar- und Gruppeninterviews

Die Notwendigkeit, neben dem Gesprochenen stets auch das nonverbale Verhalten in der sozialen Situation (etwa auch in Interviews) zu beachten, spielt vor allem bei Paarinterviews oder Gruppendiskussionen eine wichtige Rolle. Mary Holmes weist in ihrer Arbeit zu intimen Beziehungen von Paaren mit geografisch getrennten Wohnsitzen auf die Bedeutung der Interpretation von Gesten und der körperlichen Reaktionen während des Interviews hin (vgl. Holmes 2014, 47–70). Neben der Analyse von Online-Kommunikationen führte sie auch Face-to-face-Paarinterviews durch: Die während dieser Interviews gesetzten Gesten und weitere verbale wie non-verbale Reaktionen der Paare aufeinander lieferen wertvolle Hinweise auf die Art, wie diese ihre Beziehung herstellen und emotionale Reflexivität erkennen lassen. Mit ›emotionaler Reflexivität‹ beschreibt Holmes die in Interaktionen stattfindende wechselseitige, auch körperliche Reaktionen umfassende, Interpretation der eigenen Emotionen und derjenigen der jeweils anderen, durch die der weitere Fortgang der Interaktion geprägt, aber auch die Beziehung insgesamt gedeutet wird (vgl. Holmes 2015, 61; siehe auch die weiter untenstehenden Ausführungen). Im Sinne eines symbolisch-interaktionistischen Ansatzes rückt Holmes die wechselseitigen Situationsdefinitionen der Beteiligten in den Fokus, betont dabei aber deren emotional-körperlichen Aspekte. Vor allem bei unklaren Gefühlsregeln oder in Situationen, in denen die jeweils passenden Gefühlsregeln erst ausgehandelt werden müssen (wie etwa bei unkonventionellen Beziehungsformen), kommt es über emotionale Reflexivität zur wechselseitigen Herstellung einer Situationsdeutung und derartige Situationen sind für die empirische Forschung besonders interessant:

> »Textual analysis indicates that considering how to feel may be relational but joint interviews make it possible to observe the embodied aspects of emotional reflexivity as relationally exercised in interaction« (Holmes 2015, 65).

Beobachtungen

Neben Interviews werden in der Emotionssoziologie, wie nun bereits deutlich sein sollte, häufig *beobachtende Verfahren*, etwa ethnografische Feldstudien eingesetzt, um Einblick in Emotionen in Interaktionssituationen zu bekommen. In diesem Zusammenhang sollen noch einmal die oben genannten Dimensionen des Emotionsgeschehens erwähnt werden: Im Rahmen von Beobachtungen spielen insbesondere die körperliche Dimension sowie die Ausdrucks- und Handlungsdimension eine Rolle. Aus sichtbaren Veränderungen des Erscheinungsbildes einer Person (z. B. Erröten) und Aktivitäten dieser Person (z. B. Kneten der Hände) wird dabei auf das Erleben bestimmter Emotionen und die damit verbundene Bewertung der vorliegenden Situation rückgeschlossen. Bei derartigen Beobachtungen muss eine Vielzahl von Aspekten simultan erfasst und zum sozio-kulturellen Kontext in Bezug gesetzt werden. Scheer beschreibt dies wie folgt:

> »Reading emotions in faces, gestures, vocal patterns, bodily postures, or manifestations such as tears, changing skin color, or heavy breathing is a complex process that functions on a multisensory level and involves different modes of knowledge. It includes judgments, about the situational context, the actors involved, and social expectations.« (Scheer 2012, 214)

Beobachtungen sind die primäre Methode, wenn es darum geht, den Umgang mit Emotionen im sozialen Kontext zu untersuchen. Viele Aspekte unserer täglichen Praktiken werden von uns nämlich quasi automatisch ausgeführt, was auch heißt, dass wir, wenn wir danach gefragt werden, oftmals Schwierigkeiten haben, sie zu beschreiben, da sie uns quasi in Fleisch und Blut übergegangen sind (etwa das Binden einer Schleife oder einer Krawatte). Danach gefragt, wie etwas von uns ausgeführt wird, können wir dies zwar sehr wohl zeigen und vorführen, würden uns aber schwertun, es in einfach verständliche Worte zu fassen (obwohl dies prinzipiell auch möglich wäre). Ähnlich verhält es sich mit unserem Umgang mit Emotionen, der uns zwar möglicherweise prinzipiell bewusst ist, den wir anderen Personen gegenüber aber selten verbal beschreiben müssen (etwa wenn es darum geht, zu beschreiben, wie wir genau auf bestimmte Gefühlsregeln reagieren und unsere Stimmung in sozial erwünschter Weise an eine Situation anpassen). Die Begleitung von Personen im Alltag ist daher für die Sozialforschung ein wichtiger Weg, um diesen Alltags- und Emotionspraktiken auf die Spur zu kommen. Åsa Wettergren und Stina Bergmann Blix haben beispielsweise die Technik des sogenannten *shadowing* angewandt, um im Rechtssystem tätige Personen (etwa Richter*innen und Staatsanwält*innen) in ihrem täglichen Arbeitsalltag zu begleiten und dadurch Hinweise auf Emotionsmanagement in der Institution Gericht zu erlangen (vgl. Bergman Blix, Wettergren 2018, 4). Wie ein Schatten begleitet die Sozialforscherin dabei die Untersuchungssubjekte und erhält vielfältige Einblicke in deren Aktivitäten, aber auch den sozialen Kontext, in dem sie sich bewegen. Zugleich besteht die Möglichkeit, die Akteur*innen über die Gründe für ihr jeweiliges Verhalten in kürzeren Gesprächen in/kurz nach der Situation selbst oder in nachfolgenden Interviews zu befragen (vgl. Bergman Blix, Wettergren 2018, 20–21). Die Protokollierung und Reflexion dieser Begleitungen stellt hohe Anforderungen an die methodischen Kompetenzen der Sozialforscher*innen, liefert aber auch wertvolles empirisches Datenmaterial, das auf anderem Wege nicht zugänglich wäre. Bergman Blix und Wettergren konnten so die Vielzahl an Hintergrundemotionen und das komplexe Emotionsmanagement von Richter*innen im Gerichtsalltag aufzeigen, durch das erst das im modernen Rechtssystem vertretene Ideal professioneller Rationalität hergestellt wird (vgl. Bergman Blix, Wettergren 2018, 3–13).

shadowing

Jack Barbalet hat bereits darauf hingewiesen, dass für die Emotionssoziologie nicht nur die besonders auffälligen Emotionsäußerungen (etwa gut sichtbare Wut) bedeutsam sind, sondern auch die eher unscheinbaren, nicht mit auffälliger Mimik oder Gestik einhergehenden Emotionen gleichermaßen beachtet werden müssen (Barbalet 1998, 29–30). Auch die scheinbare nicht-emotionale Reaktion auf etwas erweist sich bei näherer Betrachtung nicht als nicht-emotional, sondern als Ausdruck von Emotionen, die beispielsweise mit Begriffen wie Selbstsicherheit, Gelassenheit oder Ruhe beschrieben werden können. Die empirische Erhebung derartiger emotionaler Zustände setzt eine sorgfältige Beobachtung des Körpers und seiner Veränderungen voraus, wie es auch Sylvia Terpe anhand der Beschreibung *epistemischer Gefühle* betont hat. Epistemische Gefühle, zu denen etwa Gefühle der Sicherheit oder des Zweifels hinsichtlich der Qualität des eigenen Wissens oder der Qualität der gerade verspürten Gefühle gehören, werden selten verbal ausgedrückt, sondern drücken sich in bestimmten Körperhaltungen aus (etwa Zweifel in einer Verlangsamung der Körperbewegungen) (vgl. Terpe 2016, 9–10).

Epistemische Gefühle

Allgemein kann man *epistemische Gefühle* als jene Gefühle beschreiben, die sich im Zusammenhang mit Erkenntnisprozessen ergeben. Die Bedeutung von Emotionen im Zusammenhang mit Erkenntnisprozessen lässt sich am Beispiel wissenschaftlicher Erkenntnisprozesse wie folgt schildern: Wissenschaftler*innen durchleben im Verlauf ihrer Arbeit eine Reihe von Gefühlen, die letztlich nicht, wie lange Zeit angenommen, Hindernisse für den Erkenntnisprozess darstellen, sondern einen wichtigen Beitrag zur Erreichung des Ideals wissenschaftlicher Objektivität leisten. Dieses Ideal ist u. a. durch das ständige Hinterfragen der eigenen Wissensbestände und die kritische Prüfung alternativer Denkansätze gekennzeichnet (vgl. Merton 1982b). Gefühle des Zweifels hinsichtlich der Sicherheit der eigenen Erkenntnisse sind nötig, um diesem Ideal gerecht werden zu können. Akademische Sozialisation beinhaltet daher implizit auch das Erlernen entsprechender Gefühlsregeln und Emotionsmanagementpraktiken. Neue Erkenntnisse lösen sodann nicht nur Freude aus, sondern können auch zu Schockerlebnissen hinsichtlich der Tragweite der Entdeckung führen. Zweifel verhindern in weiterer Folge die vorschnelle Akzeptanz der Entdeckung und leiten eine sorgfältige Prüfung derselben ein, womit zur Objektivierung des Erkenntnisprozesses beigetragen wird. Gefühle der Akzeptanz und letztlich auch der Freude wiederum ermöglichen den (vorläufigen) Abschluss dieses Prüfprozesses und bilden die Basis für die Verbreitung der neuen Erkenntnis und Verteidigung derselben in der *scientific community*.[4]

Nina Törnqvist und Åsa Wettergren (2023) haben im Zusammenhang mit Entscheidungen bei Gericht, die dem Ideal der Objektivität und Rationalität folgen sollen, auf die Bedeutung von epistemischen Gefühlen hingewiesen. Staatsanwält*innen durchlaufen eine *certainty-doubt spiral*, in der der Wechsel zwischen Gefühlen der Sicherheit bzw. des Zweifels eine wichtige Basis für die weitere Suche nach Beweisen bzw. die Vertretung der einmal getroffenen Entscheidung der Anklageerhebung vor Gericht bilden. »In legal professional work, doubt is essential to doing objectivity, since it serves to keep feelings of understanding, knowing, and certainty at bay until all of the available evidence is known.« (Törnqvist, Wettergren 2023, 213) Die empirische Analyse der Autor*innen stützt sich auf teilnehmende Beobachtungen, das weiter oben erwähnte *shadowing* und Interviews mit den Staatsanwält*innen. Die Autor*innen zeigen, wie der Verlauf der *certainty-doubt spiral* von früheren erfolgreich abgewickelten Anklagen oder deren Zurückweisung durch Richter*innen beeinflusst wird. Zudem unterstreichen sie die Bedeutung der institutionellen Einbettung und Unterstützung der Staatsanwält*innen durch Kolleg*innen, mit denen sie die Zweifel und Sicherheiten diskutieren können. Der relationale und kollektive Charakter epistemischer Emotionen wird dabei sichtbar (vgl. Törnqvist, Wettergren 2023, 229).

Die Erstellung von Beobachtungsprotokollen und Feldnotizen mit Fokus auf Emotionen, insbesondere auf die eben erwähnten eher ›ruhigen‹ Emotionen, erfordert hohe Reflexivität von den Forschenden. Julien Bernard hat im Zusammenhang mit seiner Studie von Trauerritualen und Emotionen von Bestattern vorgeschlagen, Beobachtungsnotizen und Feldtagebücher in dreifacher Weise zu strukturieren: Aufzeichnungen der eigenen Emotionen des Forschers/der Forscherin in einer Situation, Aufzeichnungen der bei anderen beobachteten Emotionen und mitnotierte Gespräche Dritter über die Emotionen der Beobachteten. Diese Unterscheidungen helfen dabei, im Rahmen der Feldarbeit unweigerlich stattfindende Zuschreibungsprozesse des Forschenden zu reflektieren und das Zusammenwirken unterschiedlich emotional gestimmter Akteur*innen in der Situation sichtbar zu machen (vgl. Bernard 2015, 172).

Aufgrund der Komplexität verschiedener zu verarbeitender Sinneseindrücke gehören auch *autoethnografische Methoden* (vgl. Ellis, Flaherty 1992, 2–5; Ellis, Bochner 2000, 739–743) bzw. die Reflexion über die eigenen in der Beobachtungssituation aufkommenden Emotionen bei den Forscher*innen zu wichtigen methodischen Techniken von Emotionssoziolog*innen (vgl. auch Ploder, Stadlbauer 2016). Systematische Selbstbeobachtungen können dabei helfen, Aspekte des Emotionsgeschehens zugänglich zu machen, die beispielsweise über die Befragung Dritter nicht erhoben werden könnten. Forscher*innen sind, dank ihres Forschungsinteresses, in der Lage, auf Aspekte des Emotionsgeschehens aufmerksam zu werden, die anderen Personen im Alltag nicht auffallen und die sie daher auch schwerlich in Interviews beschreiben könnten. Selbstbeobachtungen müssen dabei stets zum theoretischen Begriffsinstrumentarium in Bezug gesetzt werden und stellen dieses auf die Probe bzw. tragen zu dessen Erweiterung bei. Autoethnografie

Lange Zeit wurde der Einbezug subjektiver Erfahrungen der Forscher*innen in empirische Studien vermieden, emotionssoziologische Arbeiten haben aber den Mehrwert von introspektiven Verfahren für die Sozialforschung unter Beweis gestellt (vgl. Wettergren 2015). Emotionen der Forscher*innen werden dabei nicht als Störfaktoren in der empirischen Erhebungs- und Auswertungssituation gesehen, sondern aktiv als Werkzeug eingesetzt, um die Bedeutung von Emotionen in der jeweiligen Situation besser erfassen zu können (vgl. Bergman Blix 2015, 126). Stina Bergman Blix nutzte beispielsweise im Rahmen ihrer teilnehmenden Beobachtungen bei Theaterproben die bei ihr selbst aufkommenden Emotionen und den Unterschied zwischen diesen und den bei den Beobachteten sichtbaren Emotionen als Hinweise auf die in der Situation praktizierte professionelle Emotionsarbeit der Akteur*innen (vgl. Bergmann Blix 2010; Bergman Blix 2015, 129–131). Eigene Emotionen geben der Forscher*in wichtige Hinweise und helfen auch, bei Beobachtungen den Fokus auf besonders markante Aspekte der beobachteten Situation zu richten und systematisch Material dazu zu sammeln sowie weiterführende Fragen zu entwickeln (vgl. Bergman Blix 2015, 128–129). Wettergren hat dies anhand ihrer Studie zu Interaktionen zwischen Asylbewerber*innen und Sozialarbeiter*innen aufgezeigt und dabei betont, dass die eigenen Emotionen stets theoretisch reflektiert werden müssen, um produktiv im Forschungskontext eingesetzt werden zu können. In den Feldnotizen werden daher vor allem Situationsbeschreibungen und die spontanen Gedanken der Forscherin dazu festgehalten (wobei Emotionen mitunter nicht explizit benannt werden). Erst in der weiteren Analyse werden diese Feldnotizen im Hinblick auf die Emotionen der Forscherin und was sie über die Struktur der Situation und die Emotionen der Beteiligten aussagen, näher interpretiert (vgl. Wettergren 2015, 122). Auch eigene Sympathie oder Antipathie für die Beforschten wird dabei bewusst reflektiert und zum Ausgangspunkt für weiterführende Fragestellungen im Feld. Gedanken über die potenziellen eigenen Reaktionen, wenn man in einer ähnlichen Situation wie die Beforschten wäre, und die Kontrastierung dieser mit dem beobachteten realen Verhalten der Beforschten dienen ebenfalls der weiteren theoretischen Aufschlüsselung der Feldnotizen und bilden Ansatzpunkte für die weitere Arbeit im Feld.

Arlie R. Hochschild hat im Zusammenhang mit ihrer Arbeit zur politischen Polarisierung in den USA und der Lebenswelt von Tea-Party-Unterstützer*innen »*Strangers in Their Own Land. Anger and Mourning on the American Right*« (2016) ebenfalls auf die Notwendigkeit der Reflexion der eigenen Emotionen als Forscherin hingewiesen, um sich den Emotionen und dem Emotionsmanagement der Untersuchten annähern zu können (vgl. Hochschild 2019, 10).

In der weiter oben erwähnten *Mixed-methods*-Studie von Brownlie (2011) wurde die Rolle von Reflexionen über die eigenen Emotionen der Forscher*innen und die Frage, wie sich diese Emotionen im Kontakt mit den Befragten entwickeln, ebenfalls diskutiert. Emotionaler Reflexivität, d. h. dem systematischen Nachdenken und der bewussten Auseinandersetzung mit selbst erlebten Emotionen, kam hier auch Bedeutung für die Gestaltung der Fragen des quantitativen Surveys zu.

Emotionale Reflexivität

In diesem Zusammenhang ist auch auf die von Mary Holmes (2010) beschriebene komplexe Kombination kognitiver und emotionaler Aspekte in Reflexionsprozessen hinzuweisen. Holmes hat den lange Zeit gegebenen kognitiven Bias der Diskussionen über sozialwissenschaftliche Reflexivität kritisiert. Emotionale Reflexivität ist etwas, das Akteur*innen im Alltag ständig praktizieren (und sie spielt daher auch im Forschungsprozess eine Rolle). Anknüpfend an Überlegungen von Margaret Archer (2003) verweist Holmes auf die Bedeutung von Reflexionen, die auch die Form innerer Dialoge annehmen können, mit denen Individuen über ihre Position in der Welt und ihre Beziehungen zu anderen nachdenken und dabei auch auf die bei anderen wahrgenommenen Emotionen und die eigenen Emotionen reagieren (vgl. Holmes 2010, 142–143). Diese Reflexionsprozesse sind stets durch die emotionale Relation zu anderen gekennzeichnet, wie auch in dem weiter oben beschriebenen Beispiel von Paarinterviews bereits gezeigt wurde (vgl. auch Holmes 2015):

> »Reflexivity is an achievement that describes the mediatory process via which people react to the situation they find themselves in. Through this process people attempt to find ways through the world and a place in it. They hope that within that place they might be able to exercise some control and to be the kind of person that they want to be, within the roles available to them. These reflexive processes involve relational struggles. How and why people feel committed to their concerns is a matter of emotional relations to other things and people. [...] Feelings about and connections to others are crucial to reflexive practices, even within a climate of individualization.« (Holmes 2010, 143)

Die Erforschung dieser emotionalen Reflexivität erfordert die genaue Beobachtung, wie diese Bezugnahmen auf andere stattfinden; die autoethnografische Selbstbeobachtung kann dafür einen wichtigen Ausgangspunkt bieten.

Inhaltsanalysen

Inhaltsanalysen kommt vor allem im Zusammenhang mit der Rekonstruktion von Emotionsdiskursen, aber auch Emotionspraktiken der Vergangenheit Bedeutung zu. Ein klassisches Beispiel dafür wäre die Analyse von Manierenbüchern, die Norbert Elias im Zusammenhang mit seinen Arbeiten zum Wandel des Affekthaushaltes im Verlauf des Zivilisationsprozesses vorgenommen hat (vgl. Elias 1998, 202–222). Manierenbücher geben, ähnlich wie andere Ratgeberliteratur (vgl. Beyer 2019), direkte Hinweise auf sozial erwünschtes Verhalten, oftmals inklusive expliziter Erwähnung des erwarteten ›richtigen‹ Emotionsausdrucks in bestimmten Situationen, und sind daher eine wichtige Quelle, wenn es um die Erfassung von Gefühlsregeln geht. Manuela Beyer zeigte beispielsweise anhand ihrer Analyse des Wandels der Emotionsdiskurse in der Jugendzeitschrift *»Bravo«*, wie die jungen Frauen in den 1960er Jahren angeratene Unterdrückung von Eifersucht, aber auch Gefühlen der Verliebtheit, gängige Erwartungshaltungen dieser Zeit bezüglich weiblichen Emotionsmanagements zum Ausdruck brachten (vgl. Beyer 2019, 5).

Tageszeitungsdiskurs

Ein Beispiel für die Analyse medialer Diskurse, in denen die Konstruktion von Gefühlsregeln eine Rolle spielt, stammt von Eunike Piwoni, die die Debatte rund um das Buch von Tilo Sarrazin *»Deutschland schafft sich selbst ab«* [2010] nachgezeichnet hat (vgl. Piwoni 2020). Im untersuchten Tageszeitungsdiskurs werden unterschiedliche Gefühlsregeln für verschiedene Gruppen etabliert und damit auch Machtunterschiede zwischen diesen sichtbar. Ausgangspunkt ist die ausführliche Debatte der Thesen von Sarrazin in Tageszeitungen, in der seine Sicht einer übermäßigen muslimischen Einwanderung nach Deutschland kontrovers diskutiert wurde. Piwoni widmete sich den in den Debattenbeiträgen enthaltenen direkten und indirekten Botschaften hinsichtlich der als adäquat oder nicht adäquat empfundenen emotionalen Reaktionen auf die Sarrazin-Thesen (vgl. Piwoni 2020, 394). Sie verglich Aussagen, die sich auf die emotionalen Reaktionen muslimischer Einwanderer*innen, und solche, die sich auf die emotionalen Reaktionen ›autochthoner‹ Einwohner*innen Deutschlands bezogen. Verletzungsgefühle aufseiten der muslimischen Einwanderer*innen in Reaktion auf die Sarrazin-Thesen wurden dabei im Diskurs zum Teil als legitim anerkannt, zum Teil aber auch als unangemessene Reaktion dargestellt und mit Aufforderungen zu Emotionsmanagement aufseiten der Einwanderer*innen verbunden, die ihre Verletzungsgefühle und die daraus möglicherweise folgende Wut über die Aussagen kontrollieren und insgesamt keinen ›Opferstatus‹ einnehmen sollten (vgl. Piwoni 2020, 395–397). Im Hinblick auf die Diskursbeiträge, die sich auf die ›Deutschen‹ bezogen, fällt auf, dass in diesen Verständnis für eine allfällige positive Reaktion auf Sarrazins Thesen ausgedrückt wurde, indem die Angst der ›Deutschen‹ als legitime emotionale Reaktion auf Einwanderung gerahmt und dies auch *nicht* mit Aufforderungen zu Emotionsmanagement (etwa die Angst zu unterdrücken oder zu bearbeiten) verbunden wurde (vgl. Piwoni 2020, 398–400).

Tagebücher und Briefe

Inhaltsanalysen können auf eine Vielzahl von Materialien angewandt werden. Autobiografische Materialien, wie Tagebücher oder Briefe, können beispielsweise auf die darin thematisierten (und auch die nicht thematisierten, aber eventuell in der Situation erwartbaren oder durch andere Quellen belegten) Emotionen hin analysiert werden. Aus dem Vorkommen bzw. Fehlen von Emotionsäußerungen in Briefen, Tagebüchern oder ähnlichen Materialien kann beispielsweise auf das Wirken entsprechender Gefühlsregeln rückgeschlossen werden. Monique Scheer wies darauf hin, dass bestimmte Emotionen in derartigen Dokumenten ›fehlen‹ können, weil sie entweder besonders bedeutsam, aber tabuisiert waren und deswegen verschwiegen wurden, oder dass diese Emotionen fehlen, weil sie schlicht nicht vorhanden waren (vgl. Scheer 2012, 219). Außerdem können insbesondere mit traumatischen Erlebnissen verbundene Emotionen mintunter auch deswegen in verschiedenen Dokumenten unerwähnt bleiben, weil die betroffenen Personen sich an diese Erlebnisse und Emotionen – aufgrund ihrer traumatischen Stressreaktion – nicht bewusst erinnern können (vgl. Markowitsch 2002, 144–155; vgl. zum Trauma auch Demertzis 2020, 27–44). Es ist daher bei der inhaltsanalytischen Interpretation größte Vorsicht angebracht und es ist notwendig, stets mehrere Quellen heranzuziehen, um z. B. aus dem Verschweigen von Angst in den Briefen von Soldaten deren nichtsdestotrotz gegebene Bedeutung in kriegerischen Auseinandersetzungen ableiten zu können. Sabine A. Haring hat sich solcherart anhand von Tagebuchaufzeichnungen mit den Kriegserinnerungen von k. u. k. Soldaten im Ersten Weltkrieg befasst und dabei die Bedeutung emotionssoziologischer Analysen für die historisch-soziologische Forschung aufgezeigt (vgl. Haring 2013b). Ihre Aufmerksamkeit gilt dabei insbesondere Leerstellen, d. h. Gefühlen, die selten oder gar nicht explizit in entsprechenden Dokumenten erwähnt werden, die aber in Umschreibungen innerhalb des Textes trotzdem vorkommen. Die emotionssoziologische Analyse kann zudem auch Kontraste zwischen den in Autobiografien sichtbar werdenden Gefühlen und den in offiziellen Dokumenten zum Kriegsgeschehen verbreiteten emotionsbezogenen Narrativen aufzeigen (wenn etwa in offiziellen Regimentsgeschichten die homogene Verbundenheit zwischen allen Soldaten eines Regimentes der k. u. k. Armee betont wird, dies aber in deutlichem Kontrast zu den ambivalenten Gefühlsäußerungen einfacher Soldaten, etwa aus dem bäuerlichen Milieu, gegenüber ihren Vorgesetzten steht, vgl. Haring 2023, im Erscheinen). Fragen des zeitlichen Abstandes zwischen den eigentlichen Kriegsereignissen und deren autobiografischer Erinnerung müssen dabei methodisch ebenso reflektiert werden, wie die sich bei der Arbeit mit historischen Dokumenten oftmals stellende Frage eines schichtspezifischen Bias der erhalten gebliebenen Unterlagen (vgl. Haring 2023, im Erscheinen). Helmut Kuzmics und Sabine A. Haring thematisierten in ihrem zum Ersten Weltkrieg verfassten Buch nicht nur das bisher in der historischen und emotionssoziologischen Forschung wenig beachtete Spektrum unterschiedlicher Emotionen im Zusammenhang mit dem Kriegsalltag, sondern setzten dies auch zivilisationstheoretisch mit politischen Prozessen auf der gesellschaftlichen Makroebene in Bezug (vgl. Kuzmics, Haring 2013; vgl. auch Haring 2018, 64–72).

Schulungsunterlagen und offizielle Dokumente

Eine andere Materialsorte, die von der Emotionssoziologie inhaltsanalytisch untersucht werden kann, stellen Schulungsmaterialien oder andere offizielle Dokumente dar. Hochschild widmete sich beispielsweise den Schulungsunterlagen verschiedener Fluggesellschaften, um die Gefühlsarbeitsanforderungen für Flugbegleiter*innen aus diesen zu rekonstruieren (vgl. Hochschild 1990, 100–106). Penz und Sauer widmeten sich in jüngerer Zeit ähnlichem Material, indem sie die Arbeitsanweisungen für Mitarbeiter*innen von öffentlichen Arbeitsvermittlungsagenturen analysierten und herausarbeiteten, welche affektiven Anforderungen in der durch die Maximen des New Public Management geprägten öffentlichen Verwaltung gegeben sind. Herkömmlich als stereotyp weiblich betrachtete Verhaltensweisen (Empathie, Fürsorglichkeit usw.) wurden dabei als Bestandteile der affektiven Arbeitsanforderungen und der programmatischen Kund*innenorientierung der Agenturen sichtbar. Die Autor*innen zeigten in ihrer weiterführenden Analyse, wie unterschiedliche Typen von Arbeitnehmer*innen diese affektive und feminisierte Servicelogik umsetzen und welche Spielräume dabei gegeben sind (vgl. Penz, Sauer 2020, 346; Gaitsch et al. 2020, 15–17).

Medien

Die Inhaltsanalyse von Fotografien, Filmen oder anderen medialen Produkten nimmt in emotionssoziologischen Studien bisher noch wenig Raum ein, allerdings kann die Emotionssoziologie hier von den einschlägigen Arbeiten anderer Disziplinen profitieren (vgl. zum Beispiel Brütsch et al. 2005; Döveling, Konijn 2022). Im Zusammenhang mit Inhaltsanalysen medialer Produkte, wie etwa Tageszeitungen, Zeitschriften oder auch Kinofilmen, ist dabei stets zu beachten, für welches Zielpublikum und von wem diese medialen Produkte erzeugt wurden. Sämtliche auch aus dem Bereich der empirischen Kultursoziologie (vgl. Flicker 2019) bekannten methodischen Fragen sind hier auch im Bereich der Emotionssoziologie relevant.

Fiktionale Darstellungen von Gefühlen

Es macht beispielsweise einen Unterschied, ob fiktionale Darstellungen von Gefühlen analysiert (d. h. etwa aus Spielfilmen, TV-Serien o. Ä. Rückschlüsse auf gesellschaftliche Gefühlslagen gezogen werden sollen), oder ob die medialen Darstellungen zur Dokumentation des Gefühlshandelns von realen Individuen herangezogen werden (z. B. Videoaufnahmen von Interaktionssituationen in Schulgruppen oder Bildmaterial von Nachrichtensendungen). Im ersten Fall sind die kommerziellen Interessen der Produzent*innen der medialen Produkte zu berücksichtigen und deren Antizipationen des Publikumsgeschmacks. In der Rezeption dieser Produkte im Publikum können dabei ganz andere Lesarten des Materials eine Rolle spielen, als von den Produzent*innen angenommen (vgl. Stuart Halls Unterscheidung hegemonialer, anti-hegemonialer oder ausgehandelter Lesarten, vgl. Hall 1999). Der Rückschluss von dieser Art des Materials auf in der entsprechenden Zeit und Gesellschaft verbreitete Gefühlsregeln und -praktiken ist nur indirekt möglich und erfordert eine sorgfältige Analyse des Entstehungs-, Verbreitungs- und Rezeptionsprozesses der Filme. Lutz Hieber etwa hat auf die mögliche Verwendung der im kunsthistorischen Kontext entwickelten ikonologischen Methode Erwin Panofskys auch im Rahmen von Filmanalysen hingewiesen (vgl. Hieber 2021; siehe dazu ebenfalls die weiter untenstehenden Ausführungen zur Verwendung von Kunstwerken im Rahmen emotionssoziologischer Studien). Der Entstehungskontext von Filmen bezieht sich nicht nur auf die Rekonstruktion des Produktionsprozesses selbst, sondern es geht auch darum, »sich mit den Themen und Vorstellungen vertraut zu machen, die einem Kollektiv zu eigen sind, das den Film hervorbringt.« (Hieber 2021, 61). Gemeint ist damit das Lebensgefühl einer bestimmten Zeit oder eines bestimmten Milieus, das den Hintergrund für das Verständnis des Films bildet und es auch erlaubt, kulturspezifische Deutungs- und Rezeptionsunterschiede sichtbar zu machen, wie Hieber es beispielsweise für die deutschsprachige Rezeption des US-amerikanischen Films *»American Beauty«* (1999) aufgezeigt hat. Die Rekonstruktion dieses Entstehungs- und Rezeptionskontextes ist insbesondere für emotionssoziologische Analysen von Spielfilmen unerlässlich, da die dargestellten Emotionen und deren Rezeption durch das Publikum erst vor dem Hintergrund gesellschaftlich verbreiteter Gefühlsregeln und Verhaltenserwartungen (die im Film mitunter absichtlich durchbrochen werden) verständlich werden. Im Rahmen der Analyse von Rezeptionsprozessen ist zudem auch auf den *gemeinsamen* Konsum derartiger Produkte zu achten, der wertvolle Einsichten in die interaktive Herstellung von Bedeutungszuschreibungen gibt, die eben auch über körperliche Bezugnahmen aufeinander, etwa beim gemeinsamen TV-Konsum, erfolgen kann (vgl. auch Lünenborg, Maier 2019).

Ikonologie

Darstellungen »realen« Gefühlshandelns

Im zweiten Fall, d. h. bei der medialen Dokumentation ›realen‹ Gefühlshandelns, ist ebenfalls der Entstehungskontext des Fotos oder Videos zu beachten. Inwieweit beeinflusste beispielsweise das Faktum des Gefilmtwerdens das Verhalten der Teilnehmer*innen? Für welchen Zweck wurde das Fotomaterial erstellt? Wurde es für Forschungszwecke erstellt oder handelt es sich um private Filmaufnahmen, die erst nachträglich für wissenschaftliche Zwecke ausgewertet werden? Wie wurden die Bilder und der Nachrichtentext redaktionell miteinander verbunden und welche zusätzlichen Botschaften entstehen durch diese Bildaufbereitung? Katrin Dövelings (2007) Analyse der bildlichen Aufbereitung des Todes von Papst Johannes Paul II. kann als Beispiel für eine solche Analyse erwähnt werden, in der entsprechende Nachrichtentexte und Bilder auf die durch die redaktionelle Gestaltung den Rezipient*innen nahegelegten Verarbeitungsprozesse des Ereignisses und somit die Setzung von Gefühlsregeln hin untersucht wurden. In Anlehnung an Hochschild spricht Döveling von visuellem Emotionsmanagement, das bestimmte Gefühle beim Betrachten der Bilder wecken oder verhindern soll (vgl. Döveling 2007, 165). Im Fall des verstorbenen Papstes wurden über die Auswahl von Bildern und ihre Zusammenstellung Aspekte des ›Menschlichen‹ und des ›Transzendenten‹ des Papstes hervorgehoben und zugleich der gemeinschaftliche Aspekt der Trauer unterstrichen: »Durch diese mediale Vermittlung entstehen temporäre Gefühlsgemeinschaften, die sich zwar in räumlicher Distanz zum Geschehen befinden, jedoch in der medialen Einbindung einen Distanzverlust erleben.« (Döveling 2007, 172–173).

York Kautt (2017) hat auf die auch bei der Analyse von Dokumentarfilmen zu beachtenden Inszenierungen hingewiesen, die durch Bildschnitt, Kameraführung oder Titel und Begleittext Selektionen der Wirklichkeit vornehmen, womit der Konstruktionscharakter des Dokumentarfilms unterstrichen wird, der keineswegs ›Wirklichkeit‹ einfach abbildet, sondern diese aktiv verarbeitet (vgl. Kautt 2017, 107–108). Neben dem für die Emotionssoziologie wichtigen Einblick in interaktive Verhaltensweisen von Personen und den dabei gezeigten Emotionsausdrücken ermöglichen Dokumentarfilme auch die

Berücksichtigung der räumlichen und atmosphärischen Rahmung von Interaktionen, was bei der Analyse dieses Filmmaterials explizit beachtet werden sollte. Die räumliche Gestaltung verschiedener Orte (etwa von Schulen, Opernhäusern, Kneipen) legt den Benutzer*innen Verhaltenserwartungen nahe, die auch auf die damit verbundenen Gefühlsregeln und deren Umsetzung in der Interaktion hin analysiert werden können (vgl. Kautt 2017, 114–116). Das Zeigen von Emotionsausdrücken im Dokumentarfilm dient außerdem der Herstellung von Authentizität des Films als Dokumentation ›realer‹ Situationen; diese aktive Gestaltung ist bei der emotionssoziologischen Analyse dieses Materials zusätzlich zu reflektieren.

> »Körperausdrücke, Atmosphären, Settings oder *feeling rules* steigern die Wahrscheinlichkeit der emphatischen Teilnahme des Zuschauers und fungieren zugleich als Authentifizierungsmechanismen des Gezeigten. Dabei entfalten die Narrationen und die Darstellungsweisen des Dokumentarfilms selbst eine *feeling rule*, nämlich insofern, als die Emotionsthematisierungen den Zuschauer dazu auffordern, Darstellungen als authentisch zu *empfinden* und (auch deshalb) reflexiv als solche zu akzeptieren.« (Kautt 2017, 125, Hervorhebung im Original)

Kunstwerke und Literatur

Analysen von Gemälden oder Romanen können ebenfalls Rückschluss auf Gefühlsregeln einer bestimmten Zeit erlauben und auch Hinweise auf von Zeitgenossen in dieser Zeit verspürte Emotionen liefern. Derartige kulturelle Artefakte stellen insbesondere für die historisch-soziologische Forschung eine wichtige Quelle dar und werden bereits seit einiger Zeit auch im Zusammenhang mit emotionssoziologischen Arbeiten verwendet, wobei auch hier der interdisziplinären Zusammenarbeit mit anderen Fächern Bedeutung zukommt.

Literatur

Bereits Norbert Elias hatte sich in seinen Analysen auf literarische Werke bezogen, um den im Zuge des Zivilisationsprozesses erfolgenden Wandel des Affekthaushaltes und die damit einhergehenden geänderten Verhaltensweisen des sozialen Miteinanders zu beschreiben (vgl. z. B. Elias 1998, 106–131; auch Kuzmics, Mozetič 2003, 299–303). Helmut Kuzmics hat sich anknüpfend an die Elias'schen figurationstheoretischen Überlegungen anhand literarischer Werke mit den Emotionen und dem Habitus von Offizieren der habsburgischen Armee beschäftigt, wobei er die Analyse der Literatur mit jener von Autobiografien und anderen Quellen verbunden und auf die stets notwendige theoriegeleitete Synthese derartiger Interpretationen hingewiesen hat (vgl. Kuzmics 2010, 99; vgl. auch Kuzmics, Axtmann 2000, 17). Auf diese stets notwendige Verbindung der Analyse literarischer Texte mit einem theoriegeleiteten Blick und einer »synthetisierenden Interpretation« (Kuzmics, Mozetič 2003, 297) der Soziolog*innen hat er auch gemeinsam mit Gerald Mozetič verwiesen. Literatur kann aus Sicht von Kuzmics und Mozetič dichte Beschreibungen besonders typischer gesellschaftlicher Zustände und damit auch soziologisch relevante Einsichten liefern. Sie zeigten dies anhand der exemplarischen Analyse unterschiedlicher literarischer Werke. Theodor Fontanes Roman *»Effi Briest«* [1896] etwa kann aus Sicht der Autoren Einblick in die Gefühlslagen des preußischen Beamtenadels geben, die durch andere Quellen nur schwer rekonstruierbar sind. An Heinrich Manns Werk *»Der Untertan«* [1918] können beispielsweise zu einem autoritären Persönlichkeitstypus führende psychische Dynamiken sowie die institutionellen Rahmenbedingungen, unter denen diese sich entfalten, sichtbar gemacht werden (vgl. Kuzmics, Mozetič 2003, 288–292). Die Interpretation durch die Soziologie muss dabei, wie schon gesagt, jedoch stets auch den Kontext der literarischen Abhandlungen berücksichtigen und sich auch mit literaturwissenschaftlichen Arbeiten, etwa zu den literarischen Strategien und Regeln eines Genres, beschäftigen (vgl. Kuzmics, Mozetič 2003, 4, 293–295). Auch humoristische Übertreibungen oder ironische Anteile literarischer Werke können solcherart in der soziologischen Analyse, die durch weitere Quellen, etwa autobiografische Berichte, ergänzt wird, wertvolle Einsichten in gesellschaftliche Strukturen und Gefühlslagen einer Zeit ermöglichen (vgl. Kuzmics, Mozetič 2003, 303).

Sabine A. Haring kombinierte in ähnlicher Weise Zeitzeugenberichte, offizielle Regimentsgeschichten und literarische Darstellungen und zeigte die Bedeutung von Angst und damit verbundenen Gefühlsregeln für das Emotionsmanagement im Kriegsalltag des

Ersten Weltkrieges auf (vgl. Haring 2013b, 469–492). Das Zeigen von Angst ist zu dieser Zeit tabubehaftet, nichtsdestotrotz lässt sich die Bedeutung von Angst aus den verschiedenen Dokumenten heraus rekonstruieren. Indirekte Anspielungen in Erinnerungsdokumenten von Soldaten, wie etwa Hinweise auf ein »unheimliches Gefühl« oder »Frösteln« (Haring 2013b, 482), werden mit literarischen Verarbeitungen, etwa dem 1940 erschienenen Roman *»Doberdó«* von Lovro Kuhar, verglichen und somit ein dichtes Bild der unterschiedlichen Facetten von Angstäußerungen und Objekten der Angst (z. B. Angst gegenüber dem Feind, aber mitunter auch gegenüber dem Vorgesetzten) gezeichnet. Auch die Mischung mit anderen Gefühlen bzw. der rasche Wechsel zu diesen (etwa zur Freude) im Soldatenalltag wird dabei thematisiert. Unterschiedliche Erwartungshaltungen hinsichtlich des Zeigens/Unterdrückens der Angst für einfache Soldaten und Offiziere werden dabei ebenso sichtbar (vgl. Haring 2013b, 483).

Bildende Kunst

Hinsichtlich der Verwendung von Werken der bildenden Kunst als Quelle für die Gefühlslage bestimmter Zeiten und Milieus ist auf die Adaption ikonologischer Methoden für die Soziologie hinzuweisen, die auch für die Emotionssoziologie fruchtbar gemacht werden kann (vgl. auch Schankweiler, Wüschner 2019). Aby Warburg und insbesondere Erwin Panofsky haben Anfang des 20. Jahrhunderts die Ikonologie als Methode der kulturwissenschaftlichen Inhaltsdeutung etabliert, welche verschiedentlich auch für die Soziologie aufgegriffen wurde (etwa in der dokumentarischen Bildinterpretation bei Ralf Bohnsack [vgl. Bohnsack 2011, 25–72]; vgl. zum Folgenden auch Scherke 2004, 393–397). Warburg beschäftigte sich eingehend mit den Affekten und ihrer kulturellen Tradierung in Form von Pathosgesten. Das diesbezügliche ›Nachleben‹ der Antike in der Kultur der Renaissance war zentraler Gegenstand seiner Vorträge und Schriften, in denen jedoch die ikonologische Methode selbst nicht systematisch dargestellt wurde (vgl. Scherke 2004, 393; auf die wechselhafte Rezeptionsgeschichte Warburgs kann an dieser Stelle nicht näher eingegangen werden, vgl. dazu Treml, Weigel 2010; Schade, Wenk 2011, 135–137). Die Ikonologie wird daher heute zumeist anknüpfend an Panofskys Ausformulierung einer dreistufigen Methode beschrieben, die er 1930 erstmals vorlegte und in späteren Arbeiten ergänzte: Während in der *vorikonografischen Beschreibung* auf Basis des Alltagswissens eine erste Bildbeschreibung vorgenommen wird, die stets Kenntnisse der zur Entstehungszeit des Gemäldes typischen Darstellungsformen bzw. der Stilgeschichte zu beachten hat, widmet sich die *ikonografische Analyse* auf Basis literarischer Kenntnisse der Beschreibung des dargestellten Motivs, welche ebenfalls unter Beachtung eines Korrektivs, nämlich der Typengeschichte, zu erarbeiten ist. Die *ikonologische Interpretation* nimmt schließlich eine Einordnung der Darstellung in den geistesgeschichtlichen und gesellschaftlichen Zeithintergrund vor und legt die eigentliche Bedeutung des Bildes dar. Hierzu ist nicht nur praktische Erfahrung und literarisches Wissen notwendig, sondern eine diagnostische Fähigkeit, die Panofsky als »synthetische Intuition« (Panofsky 1978, 48) bezeichnet. Auf dieser Stufe sollen als Korrektiv Kenntnisse der Geschichte kultureller Symptome herangezogen werden, wobei ein Vergleich des Kunstwerkes mit unterschiedlichsten anderen Dokumenten der entsprechenden Zeit durchgeführt wird (vgl. Panofsky 1978, 40–48). Die eigentliche Bedeutung eines Bildes

> »wird erfaßt, indem man jene zugrunde liegenden Prinzipien ermittelt, die die Grundeinstellung einer Nation, einer Epoche, einer Klasse, einer religiösen oder philosophischen Überzeugung enthüllen, modifiziert durch eine Persönlichkeit und verdichtet in einem einzigen Werk.« (Panofsky 1978, 40)

Obwohl Analysen von Werken der bildenden Kunst in der Emotionssoziologie bisher noch kaum eingesetzt werden, können sie m. E. zusätzliche Einblicke in dominante Gefühlslagen bestimmter Zeiten und Milieus geben. Als Beispiel kann ich auf meine eigene Auseinandersetzung mit Werken Caspar David Friedrichs (1774–1840) und Ludwig Richters (1803–1884) verweisen, anhand derer zur Zeit der Romantik verbreitete Gefühlslagen nachgezeichnet wurden (vgl. Scherke 2001). Die Unterschiedlichkeit der Kunstschöpfungen Friedrichs und Richters wird dabei nicht auf persönlich-biografische Lebensumstände und subjektiv-kreative Leistungen der Künstler zurückgeführt, sondern als Ausdruck einer jeweils anderen Verarbeitungsweise der Zeitumstände verstanden. Neben der inhaltlichen Analyse der Darstellungen gilt es aber auch hier, ähnlich wie bei der Berücksichtigung literarischer Quellen, die Rahmenbedingungen, unter denen die Werke produziert wurden, und die zeitgenössische Rezeption derselben zu beachten (vgl. Scherke 1999, 196).

Quantitative Methoden

Wie schon erwähnt, überwiegen qualitative Methoden in der Emotionssoziologie. Während etwa in der (Sozial-)Psychologie häufiger quantitative Methoden (bei mitunter in experimentellen Settings recht geringer Stichprobengröße) zum Einsatz kommen, widmet sich die Emotionssoziologie seltener entsprechenden quantitativen Erhebungen bzw. Sekundärauswertungen von Datensätzen (eine Ausnahme bilden etwa Theodore D. Kempers Interpretationen verschiedener sozialpsychologischer Experimente, vgl. Kemper 1978, 174–187). Es gibt jedoch durchaus auch Umfragedaten, die zur Analyse von Emotionen und ihrer sozialen Bedeutung eingesetzt werden können, wobei vor allem die Häufigkeit bestimmter verspürter Gefühle abgefragt wird. Aufgrund der weiter oben beschriebenen Frage, ob Personen sich immer ihrer Gefühle bewusst sind bzw. ob sie deren Auftreten eingestehen, ergibt sich eine Reihe von Einschränkungen für die Interpretation dieser Daten. Dennoch können Trends und Entwicklungen auf Kollektivebene mithilfe dieser Daten sichtbar gemacht und auch Rückschlüsse auf soziale Unterschiede in der Häufigkeit des Empfindens bestimmter Gefühle gezogen werden (vgl. zum Beispiel Rackow et al. 2012). Auch politisches Wahlverhalten kann solcherart mit in Umfragen geäußerten Emotionen gegenüber bestimmten Themen (etwa der wirtschaftlichen oder politischen Situation eines Landes) und auch dem Emotionsempfinden bezüglich unterschiedlicher Politiker*innen verbunden und näher analysiert werden, wie es Saxenberg et al. kürzlich für Wahlen in der Slowakei gezeigt haben (vgl. Saxenberg et al. 2023).

Sozio-ökonomisches Panel (SOEP)

Im Folgenden soll exemplarisch eine Studie von Coline Kuche beschrieben werden, die sich anhand von Daten des Sozio-ökonomischen Panels (SOEP) mit in Deutschland verbreiteten Gefühlen beschäftigt und dabei den Fokus auf Migrant*innen (der ersten und zweiten Generation) gelegt hat. Ähnlichkeit bzw. Unterschiede in der Häufigkeit der von ihnen verspürten bzw. angegebenen positiven und negativen Emotionen wurden dabei im Vergleich zu den von ›Einheimischen‹ verspürten Gefühlen diskutiert (vgl. Kuche 2022, 93–97). Die Studie zeigt signifikante Unterschiede zwischen Personen mit und ohne Migrationshintergrund hinsichtlich der Häufigkeitsangaben der verspürten Gefühle auf, wobei die »emotionalen Unterschiede« (Kuche 2022, 176) im Zeitverlauf zunächst größer werden und dann mit der Länge der Aufenthaltsdauer zurückgehen. Angst und Trauer werden häufiger von Personen mit Migrationshintergrund geäußert, Ärger hingegen weniger oft als von Personen ohne Migrationshintergrund. Die Befunde zeigen, dass sich soziale Ungleichheit auch in der Häufigkeit des geäußerten Emotionsempfindens ausdrücken kann und der Untersuchung von Emotionen für die Integrationsforschung Relevanz zukommt. Allerdings werden auch die Einschränkungen eines Blicks auf Emotionen im Rahmen derartiger Surveys deutlich: So kann beispielsweise anhand der verwendeten Daten nicht geklärt werden, ob unterschiedliche Gefühlsregeln für die Angabe von Emotionen in Befragungen *oder* kulturelle Unterschiede hinsichtlich der Häufigkeit des Empfindens bestimmter Emotionen *oder* aber aus der Lebenssituation in Deutschland herrührende Gründe ausschlaggebend für die Befunde waren (vgl. Kuche 2022, 177).

Bei der Erfassung emotionaler Klimata werden ebenfalls quantitative Daten zum Einsatz gebracht, indem entweder das quantitativ gehäufte Auftreten ähnlicher Gefühle in einer Gesellschaft oder Gruppe oder auch Daten zu den diese Gefühle möglicherweise verursachenden strukturellen Gegebenheiten und Lebenslagen oder beides in der Analyse berücksichtigt werden. Heinz Günter Vester hat beispielsweise die Kriminalstatistik als Indikator für die Verbreitung von Wut in einer Gesellschaft herangezogen und damit die Prävalenz dieses Gefühls bzw. aggressiver Gefühle allgemein im Zeitverlauf und auch im Vergleich zwischen verschiedenen Ländern zu zeigen versucht. Um aus diesen Daten einen Rückschluss auf ein Klima der Wut innerhalb eines Landes bzw. zu einer bestimmten Zeit ziehen zu können, müssen neben der Kriminalstatistik seines Erachtens jedoch noch weitere Kontextdaten und vor allem auch Veränderungen anderer Gefühle, die in Rückkoppelung mit Wut stehen, in der Analyse berücksichtigt werden (vgl. Vester 1991, 132–147). Joseph de Rivera und Darío Páez weisen u. a. auf folgende Möglichkeiten, per Umfragen ein emotionales Klima zu erfassen, hin: Einschätzung des gesellschaftlichen Klimas durch die Befragten, Häufigkeit des Vorkommens bestimmter Emotionen unter den Befragten, Angaben zur Verbreitung bestimmter Gefühlsregeln, wobei jeweils standardisierte Erhebungen dieser *items* den Vergleich zwischen verschiedenen Ländern ermöglichen sollen. Das solcherart erhobene emotionale Klima in einer Gesellschaft kann sodann mit anderen Verhaltensweisen (etwa dem Wahlverhalten) in Beziehung gesetzt werden (vgl. de Rivera, Páez 2007, 236–241; de Rivera 1992).

International vergleichende Surveys

Ein anderes Beispiel für quantitative Erhebungen von Emotionen wären nationale Zugehörigkeitsgefühle oder etwa auch Nationalstolz. Seit vielen Jahren werden diese in entsprechenden Surveys thematisiert, allerdings ohne dass hierbei explizit auf emotionssoziologische Konzepte Bezug genommen wird. In international vergleichenden Surveys (z. B. ISSP, World Value Survey) werden Nationalstolz, Patriotismus oder auch nationale Schamgefühle zumeist in Form von Einstellungsskalen zu messen versucht. Befragte werden dabei gebeten anzukreuzen, ob sie beispielsweise »sehr«, »etwas«, »nicht sehr« oder »überhaupt nicht« stolz darauf sind, Bürger*innen eines bestimmten Landes zu sein. Die Gründe für die Unterschiede im angegebenen Nationalstolz zwischen verschiedenen Ländern sind dabei äußerst schwer zu interpretieren, wobei historische Entwicklungen der jeweiligen Länder (vgl. beispielsweise Haller, Gruber 1996, 436–439) ebenso thematisiert werden wie kulturspezifische Unterschiede hinsichtlich der Akzeptanz offen geäußerten Stolzes oder entsprechender Scham (vgl. Fleiß, Höllinger, Kuzmics 2009, 415–416). Jürgen Fleiß, Franz Höllinger und Helmut Kuzmics (2009) zeigen die Probleme derartiger Messungen unter Rückgriff auf Probing-Interviews auf, bei denen Befragte zu ihren Assoziationen und Gründen für die Ankreuzung bestimmter *items* befragt wurden. Deutlich wird dabei, dass zustimmende Antworten auf verschiedene Einstellungsfragen zur eigenen Nation nicht unbedingt Gefühle des Stolzes oder etwa nationalistische Überlegenheitsgefühle zum Ausdruck bringen, sondern eher Gefühle der Verbundenheit mit dem eigenen Land, die aber auch abhängig von kognitiven Einschätzungen der Vorzüge des Landes (etwa des Wohlstandsniveaus) gegenüber anderen Ländern sind. Die begrenzten Möglichkeiten einer Erfassung von komplexen Gefühlszuständen per Fragebogen werden in der Arbeit von Fleiß, Höllinger und Kuzmics deutlich und zugleich die Vorteile anderer methodischer Zugänge, die auch die Ambivalenz und Vielschichtigkeit nationaler Zugehörigkeitsgefühle abzubilden in der Lage sind.

Sentiment-Analysen

In jüngerer Zeit wäre im Zusammenhang mit quantitativen Methoden und *Big Data* noch auf sogenannte *Sentiment*-Analysen zu verweisen, bei denen große Datensätze von Texten (etwa Internetforen) mithilfe entsprechender Rechenleistung und auch maschinellen Lernens quantitativ ausgewertet werden und damit auf kollektiv verbreitete Stimmungen rückgeschlossen werden soll. In einfachster Form werden dabei basierend auf vorgegebenen Lexika und Wortkodierungen (oder entsprechenden Trainingsdatensätzen) in der Datenquelle verbreitete zustimmende oder ablehnende Haltungen gegenüber bestimmten Themen sichtbar gemacht. In komplexeren Analysen geht es auch um die Erhebung der Verbreitung spezifischer Gefühlslagen. Andreas Schmitz und Jakob Horneber zeigten die Möglichkeiten und Grenzen derartiger Ansätze anhand eines Vergleichs der US-amerikanischen TV-Präsidentschaftsdebatten zwischen 1960 und 2016 auf (vgl. Schmitz, Horneber 2020). Sie interessierten sich dabei vor allem für die Kommunikation von Angst in diesen Debatten und zeigten, dass der Blick auf aggregierte Daten interessante, zunächst kontraintuitive Einsichten bringen kann. Die direkte Kommunikation von Angst oder von damit in Zusammenhang stehenden Begriffen war demzufolge ab Mitte der 1980er Jahre bis in die 1990er Jahre hinein häufiger als in der Zeit nach den Terroranschlägen von 2001. Auch die Wirtschafts- und Finanzkrise von 2008 führte zu keinem Ansteigen der Angstkommunikation in den Präsidentschaftsdebatten (vgl. Schmitz, Horneber 2020, 215–217). Die Autoren legen dar, dass in dieser Zeit direkte Angstnennungen durch implizite Angstanspielungen und die Erwähnung entsprechend angstbesetzter Themen, wie Krieg und Terror, ersetzt wurden. Neben reinen Worthäufigkeiten kommt vor allem auch Wortkombinationen und dem gemeinsamen Auftreten von Begriffen Bedeutung zu. Unterschiedliche Formen des Angst-*sentiments* werden auf diese Weise in den Debatten sichtbar: mit Sorge assoziierte Begriffe, unmittelbar mit Angst assoziierte Begriffe und mit Risiko assoziierte Begriffe (vgl. Schmitz, Horneber 2020, 219). Der Beitrag von Schmitz und Horneber gibt Einblick in die sehr aufwendige Textaufbereitung und die im Vorfeld der quantitativen Textanalysen vorzunehmenden Sprachanalysen und Interpretationen (um etwa Synonyme für Angst festzulegen). Die Erforschung von Emotionsdiskursen kann von quantitativen Analysen insofern profitieren, als bestimmte Muster bei der Verbreitung von Emotionswörtern und damit assoziierten Themen in manuell ansonsten kaum bewältigbaren Quellen aufgedeckt und zum Ausgangspunkt für weiterführende Analysen gemacht werden können. Diese neuen technischen Möglichkeiten müssten aber stärker als bislang mit emotionssoziologischen Interpretationen zur Genese und Wirksamkeit von Emotionsdiskursen verbunden werden (einen Hinweis gibt hier beispielsweise die Arbeit von Judith Eckert, die auf rhetorische Verwendungen des Begriffs ›Angst‹ hinweist, die dazu dienen, andere Gefühle [etwa Ungerechtigkeitsgefühle] zum Ausdruck zu bringen bzw. bestimmte Themen, wie etwa Ablehnung von Migrant*innen, unter dem Deckmantel der Angst ausdrücken zu können. Derartige Angstrhetorik muss von gefühlter Angst unterschieden werden; vgl. Eckert 2020, 170).

Affect Control Theory

Die eben erwähnten quantitativen Auswertungen von Textdokumenten weisen hinsichtlich ihrer Fokussierung auf Sprachanalysen Ähnlichkeiten zur *Affect Control Theory* von David Heise (etwa Heise 1977; Heise 2007) auf, die hier noch kurz vorgestellt werden soll. Heise geht davon aus, dass Menschen das Bedürfnis haben, in Interaktionen Bestätigung für ihre affektiven Interpretationen und Definitionen einer Situation zu finden. Kennt man die mit den beteiligten Personen und der Situation insgesamt normalerweise in einer Kultur assoziierten affektiven Bedeutungen, kann man somit eine Vorhersage der in dieser Situation aufkommenden Gefühle und Verhaltensweisen der Akteur*innen vornehmen. Kommt es in Interaktionen zu Abweichungen von den erwarteten Verhaltensweisen und Gefühlen, werden Akteur*innen Handlungen setzen, die dazu beitragen, die ursprünglich erwarteten Gefühle zu bestätigen, und nur wenn dies nicht möglich ist, wird eine Neudefinition der Situation vorgenommen. Im Hintergrund steht die Annahme, dass kulturell geteilte Bedeutungen die Basis für das wechselseitige Verstehen und Interagieren im Alltag bilden und dass diese in konkreten Situationen des Alltags entweder bestätigt oder widerlegt werden, was zu entsprechenden Emotionen der beteiligten Individuen führt (vgl. Robinson, Smith-Lovin, Wisecup 2007, 179–181, 186; vgl. auch Schröder 2022, 264, 266–267). Heise greift Überlegungen des Symbolischen Interaktionismus zur wechselseitigen Konstruktion der Situation durch die Akteur*innen auf, ergänzt diese durch den Fokus auf Affekte und Emotionen sowie durch eine mathematische Formalisierung seiner Theorie (vgl. zum Unterschied zwischen Affekten, Emotionen und Sentiments in Heises Ansatz: Robinson, Smith-Lovin, Wisecup 2007, 181–184). Ein weiterer wichtiger Bezugspunkt für Heise ist das von Charles E. Osgood et al. (1957) entwickelte dreidimensionale Schema affektiver Wortbedeutungen: Die von einem Wort hervorgerufenen affektiven Konnotationen können dabei hinsichtlich der Komponente der Evaluation (angenehm/unangenehm), der Potenz (stark/schwach) und der Aktivierung (erregt/ruhig) beschrieben werden. Auf dieser Basis werden affektive Lexika erstellt, die die Datenbasis für Computersimulationen von sozialen Interaktionen und den darin voraussichtlich aufkommenden gefühlsmäßigen Reaktionen der Beteiligten bilden (vgl. Schröder 2022, 264). Die mathematische Modellierung von Heises Theorie bietet Anschlussmöglichkeiten für die mittlerweile stark weiterentwickelten Computerprogramme im Bereich maschinellen Lernens. Einen problematischen Aspekt der *Affect Control Theory* stellt allerdings die Annahme relativ stabiler affektiver Wortbedeutungen im Zeitverlauf und innerhalb einer Kultur dar. Es ist fraglich, ob der mittlerweile in vielen Ländern durch den Kontakt unterschiedlichster Kulturen, Milieus und Subkulturen geprägte Lebensalltag damit adäquat erfasst werden kann. Ob dieses Problem durch neue technische Möglichkeiten der Erstellung affektiver Lexika (etwa durch automatisierte Sprachverarbeitungsmethoden) und die Berechnung komplexer Situationen behoben werden kann, bleibt abzuwarten. Tobias Schröder setzt diesbezügliche Hoffnungen in die *Bayesian Affect Control Theory* (vgl. Schröder 2022, 271; vgl. auch Schröder et al. 2016). Die weiter oben beschriebenen körperlichen Aspekte der emotionalen Relationen zwischen Individuen bleiben allerdings auch bei weiterentwickelten Varianten der *Affect Control Theory* unterberücksichtigt, was mit dem in diesen Theorien eng an die sprachlich-kognitive Ebene gebundenen Emotions- und Affektkonzept zusammenhängt (vgl. auch Robinson, Smith-Lovin, Wisecup 2007, 182). Auf der Suche nach einer disziplinenübergreifend anschlussfähigen Theorie, die aufgrund ihrer formalen Modellierung auch für hypothesenprüfende Ansätze und Theorievergleiche geeignet scheint, kommt der *Affect Control Theory* nichtsdestotrotz Bedeutung zu, wie auch Rogers et al. (2014) betonen.

Abschließend möchte ich nochmals hervorheben, dass emotionssoziologische empirische Studien wichtige Beiträge zur Weiterentwicklung empirischer Methoden in der Soziologie allgemein leisten (vgl. auch Kahl 2019, 9). Vor allem die Arbeiten, die sich systematisch mit der Erhebungssituation und der Rolle der Forschenden selbst darin beschäftigen, wären hier zu erwähnen, wobei deren Ergebnisse nicht nur im Zusammenhang mit emotionssoziologischen Themen, sondern auch bei anderen Themen der empirischen Sozialforschung zu beachten sind. Wie reagiere ich als Forscher*in auf meine Untersuchungssubjekte und die Beobachtungs-/Erhebungssituation? Was lässt sich aus meinen eigenen emotionalen Reaktionen über die Merkmale der beobachteten Situation ableiten? Wie können diese Einsichten fruchtbar gemacht werden, um etwa die Erhebungssituation ›natürlicher‹ zu gestalten? Welche Bedeutung kommt Emotionen auch bei empirischen Erhebungen zu, die nicht explizit Gefühle zum Thema haben? Dies wären einige aus der empirischen Emotionssoziologie abgeleitete Fragen, deren Reflexion neben der Auseinandersetzung mit den theoretischen Konzepten der Emotionssoziologie auch Anregungen für die Soziologie insgesamt bieten kann.

6. Überblick I. Grundlegende Perspektiven der Emotionssoziologie
Emotionen als sozial geprägte und zugleich das Soziale prägende Phänomene

Wie bereits skizziert, kann man idealtypisch zwei grundlegende Perspektiven innerhalb emotionssoziologischer Ansätze unterscheiden: eine Perspektive, die die sozialen Rahmenbedingungen, die zum Aufkommen von Emotionen führen bzw. dieses begleiten, näher analysiert, und eine, die die sozialen Konsequenzen von Emotionen, d. h. ihre Folgewirkungen für die jeweilige Gruppe oder Gesellschaft, in den Vordergrund des Interesses rückt. Emotionen also einerseits verstanden als sozial geprägte Phänomene und andererseits als prägende Faktoren für soziale Situationen und Gesellschaften. In vielen emotionssoziologischen Ansätzen werden zwar beide Perspektiven beachtet, mitunter steht jedoch eine der beiden im Vordergrund. Die systematische Unterscheidung der beiden Perspektiven erlaubt es außerdem, das soziologische Interesse am Emotionsgeschehen deutlich herauszuarbeiten und somit prinzipiell in emotionssoziologisches Denken einzuführen (vgl. Scherke 2009, 58–59).

Im Folgenden sollen diese beiden Perspektiven anhand einiger mittlerweile als Klassiker*innen der Emotionssoziologie bezeichenbarer Autor*innen dargestellt werden.

6.1 Emotionen als sozial geprägte Phänomene

Die im Folgenden beschriebenen Ansätze betrachten Emotionen als entscheidend durch soziale bzw. kulturelle Faktoren geprägte Phänomene. Innerhalb der Zugänge, die sich mit der Prägung der Emotionen durch soziale Strukturen und Interaktionen beschäftigt haben, kann man einen *positivistischen* und einen *konstruktivistischen* Ansatz unterscheiden, zwischen denen Ende der 1970er/Anfang der 1980er Jahre eine ausführliche Debatte im anglo-amerikanischen Raum geführt wurde, die hier skizziert werden soll (vgl. Kemper 1981; vgl. auch Flam 2002, 117). Weitere Aspekte einer sozialen Prägung von Emotionen, die sich näher mit der Rolle sozio-kultureller Deutungsmuster und Diskurse und kollektiven Formen des Erlebens von Emotionen beschäftigen, werden in den Kapiteln 7.3 und 7.4 behandelt.

6.1.1 Der konstruktivistische Ansatz von Arlie R. Hochschild

Zunächst soll die Perspektive, Emotionen als sozial geprägte Phänomene zu betrachten, anhand der Arbeiten von Arlie R. Hochschild zum sogenannten Emotionsmanagement vorgestellt werden (vgl. zum Folgenden auch Scherke 2009, 92–105). Hochschild gilt als Vertreterin eines *konstruktivistischen* Ansatzes (vgl. Kemper 1981; Flam 2002, 127–128), demzufolge in Interaktionen zwischen den Beteiligten ausgehandelt wird, welche Emotionen jeweils empfunden werden bzw. empfunden werden dürfen. Soziale Normen und Aspekte der sozialen Kontrolle spielen dabei eine wichtige Rolle (in Form von Sanktionen anderer oder aber in Form internalisierter Selbstkontrolle, die im Laufe der Sozialisation entwickelt wird). Hochschild spricht dabei von Gefühlsregeln *(feeling rules)* (vgl. Hochschild 1979), die vorgeben, wie in einer bestimmten Situation empfunden werden sollte bzw. welche Gefühle in dieser Situation zu zeigen sind. Gefühle sind, ihrer Ansicht nach, also keine biologisch determinierten Phänomene, sondern werden in sozialen Situationen und der Interaktion mit anderen entwickelt und moduliert.

Hochschild folgt damit einer Grundannahme des interpretativen Paradigmas, dass nämlich Menschen auf der Grundlage der Bedeutung, die andere Menschen und Dinge für sie haben, handeln (vgl. Blumer 1986, 2). Die Bedeutung entsteht dabei interaktiv im Rahmen eines sozialen Aushandlungsprozesses. Allerdings werden im Alltag Bedeutungen und Situationsinterpretationen nicht immer neu ausgehandelt, sondern Akteur*innen orientieren sich oftmals aus Zeitgründen an ›vorgefertigten‹ Bedeutungsmustern, d. h. sozialen Regeln, die im Laufe der Sozialisation vermittelt wurden und zum reibungslosen Ablauf alltäglicher Interaktionen beitragen. Auch für Emotionen existieren solche Bedeutungsmuster oder Gefühlsregeln, die den Spielraum dessen, was und wie in einer bestimmten Situation gefühlt werden soll, abgrenzen. Allerdings kann es in konkreten Interaktionen immer zu einer Variation vorgegebener Muster kommen. Auch Emotionen werden daher nicht gemäß den in einer bestimmten sozialen Gruppe herrschenden Gefühlsregeln ausgelebt, sondern immer nur gemäß den Interpretationen und tatsächlichen Aktivierungen dieser Regeln durch die handelnden Akteur*innen. Im Unterschied zum weiter unten vorgestellten Ansatz Theodore D. Kempers ist daher auch eine Prognose der mit einer bestimmten Situation verbundenen Emotionen von Hochschilds Ansatz nicht beabsichtigt.

Hochschild legte ihre Ideen 1983 im Buch *»The managed heart«* (in deutscher Übersetzung 1990 erschienen) gesammelt vor und wurde damit zu einer der bis heute einflussreichsten Autor*innen der Emotionssoziologie. Sie orientiert sich u. a. an Erving Goffman, aber in ihrem Emotionskonzept und der angenommenen Signalfunktion von Gefühlen auch an Arbeiten von Sigmund Freud. Karl Marx' Konzepte der Entfremdung und Ausbeutung spielen ebenso eine Rolle für ihre Überlegungen.

Emotions-management

Menschen betreiben aus Sicht von Hochschild gemäß den in ihrem sozialen Umfeld gültigen Gefühlsregeln *Emotionsmanagement*. Wenn das eigene Empfinden nicht zu den sozial erwarteten Gefühlsäußerungen passt, werden Anpassungsschritte gesetzt (vgl. Hochschild 1990, 74–76; vgl. auch Flam 2002, 127–134). Akteur*innen versuchen, Diskrepanzen zwischen dem von ihrer Umgebung erwarteten Gefühlsausdruck und ihrem tatsächlichen Empfinden zu minimieren. Gefühlsregeln stellen Richtlinien dafür dar, welcher Gefühlsausdruck in speziellen Situationen (etwa bei einer Hochzeit oder bei einer Beerdigung) zu zeigen ist, und variieren zudem nach der jeweils eingenommenen Rolle (so gibt es etwa geschlechts-, alters- und berufsgruppenspezifische Gefühlsregeln). Ein Wandel der Rollenbilder geht zumeist auch mit einem Wandel der Gefühlsnormen einher (vgl. Hochschild 1990, 83, 134–141).

Von den weiter oben beschriebenen Dimensionen des Emotionsgeschehens werden vor allem die Ausdrucks- und Handlungsdimension, aber auch die Bewertungs- und Erlebnisdimension in den Arbeiten von Hochschild thematisiert.

deep acting/ surface acting

Hochschild unterscheidet im Rahmen des von ihr untersuchten alltäglichen Emotionsmanagements zwei grundlegende Arten von Aktivitäten: das *deep-acting* und das *surface-acting*. Ziel des *deep-acting* ist es, die erwarteten Emotionen mit der eigenen Befindlichkeit in Einklang zu bringen. Im Unterschied dazu versucht man beim *surface-acting* nur nach außen hin den Eindruck der passenden Emotion zu vermitteln (vgl. Hochschild 1990, 53). Prozesse des *deep-acting*, aber auch des *surface-acting*, spielen bei zahlreichen modernen Dienstleistungsberufen eine wichtige Rolle. Hochschild prägt den Ausdruck *Gefühlsarbeit* für diese Tätigkeiten und unterscheidet diese somit von Beeinflussungen des Gefühlsausdruckes im privaten Bereich (vgl. Hochschild 1990, 30).

Gefühlsarbeit

Beschäftigte in Berufsgruppen, die sich durch starken Kundenkontakt auszeichnen, sind besonders von der Notwendigkeit betroffen, Gefühlsarbeit zu leisten. Hochschild illustriert dies anhand des Berufs der Flugbegleiter*in. Anhand von Interviews und der Analyse von Schulungsprogrammen von Fluglinien weist sie das Vorhandensein entsprechender Gefühlsarbeitsanforderungen nach. In Schulungsprogrammen lernen Angestellte im Sinne des *deep-acting* beispielsweise Situationen umzuinterpretieren, um die von ihrer Fluglinie gewünschten Gefühle erzeugen zu können. Die kognitiv-willentliche Beeinflussung des Gefühlslebens steht hier also im Vordergrund (vgl. Gerhards 1988, 171–179). Flugbegleiter*innen werden z. B. dazu angehalten, sich vorzustellen, sie seien in der Rolle einer privaten Gastgeberin, die es sich zum Ziel mache, alle ihre Gäste zufriedenzustellen, und es als persönliches Versagen empfinden würde, wenn ihr dies nicht gelänge. In den Gesichtern der Kund*innen sollte nach Ähnlichkeiten mit Freund*innen oder Verwandten Ausschau gehalten werden, um sympathische Gefühle leichter erwecken bzw. vorspielen zu können. Belästigungen vonseiten der Fluggäste sollten als Ausdruck verdeckter Angst vor dem Fliegen und der Suche nach Aufmerksamkeit uminterpretiert werden. Gefühle des Ärgers sollten auf diese Weise in Konfliktsituationen unterdrückt und Freundlichkeit aufrechterhalten werden (vgl. Hochschild 1990, 100–106). Während Flugbegleiter*innen Beispiele für Gefühlsarbeiter*innen sind, die vorwiegend positive Gefühle erzeugen müssen, sind Angestellte in Inkassobüros oder Rechnungsabteilungen Beispiele für Berufsgruppen mit einer gegenläufig ausgerichteten Gefühlsarbeit. Für Mitarbeiter*innen von Inkassobüros überwiegt im Umgang mit zahlungssäumigen Kund*innen die Notwendigkeit, negative Gefühle auszudrücken und beispielsweise Ängste aufseiten der Kund*innen zu erzeugen, die diese zur Zahlung des fehlenden Betrages veranlassen sollen. Hochschild weist mit diesen Beispielen auf die geschlechtsspezifische Verteilung von Gefühlsarbeit hin. Traditionelle Geschlechtsrollen bereiten, aus Sicht Hochschilds, Mädchen und Jungen auf eine jeweils andere Art der Gefühlsarbeit vor. Während der Typ der von Flugbegleiter*innen geforderten Gefühlsarbeit Teil traditioneller weiblicher Sozialisation ist, erfahren Jungen in ihrer auf traditionelle männliche Tugenden der Stärke und Durchsetzungsfähigkeit abzielenden Sozialisation eher eine Vorbereitung auf die Gefühlsarbeit vom Typ des Inkassoangestellten (vgl. Hochschild 1990, 112–118, 133). Hochschilds Beispiele müssen dabei als idealtypische Ausführungen gelesen werden, die holzschnittartig die geschlechtsspezifisch unterschiedlich verteilten Formen von Gefühlsarbeit zum Ausdruck bringen sollen, die allerdings bereits zur untersuchten Zeit nicht mehr derart uniform gestaltet waren, wie die Beispiele andeuten, und die seitdem einem Wandel unterworfen waren, wie etwa Cas Wouters im Hinblick auf die veränderte Rekrutierungs- und Schulungspraxis des Personals bei Fluglinien feststellt (vgl. Wouters 1999, 146–148).

Neben der holzschnittartigen Analyse der geschlechtsspezifischen Verbreitung und Spezialisierung im Bereich der Gefühlsarbeit widmet sich Hochschild – ähnlich idealtypisch vorgehend – auch den schichtspezifischen Unterschieden hinsichtlich der Ausübung kommerzieller Gefühlsarbeit. Mitglieder unterer Schichten müssen an ihren Arbeitsplätzen zwar seltener Gefühlsarbeit im Kontakt mit Kund*innen verrichten. Ihr Emotionsmanagement besteht aber darin, an den häufig durch Monotonie und Fremdbestimmung gekennzeichneten Arbeitsplätzen Gefühle der Frustration, des Ärgers oder der Angst zu unterdrücken (vgl. Hochschild 1990, 123).

Problematik der Gefühlsarbeit

Die Problematik der Gefühlsarbeit sieht Hochschild generell in der damit einhergehenden Entfremdung der Arbeitnehmer*innen von ihrem eigenen Gefühlsleben. Sie zieht hier eine Parallele zu der von Marx thematisierten Entfremdung der Fabrikarbeiter*innen (vgl. Hochschild 1990, 31). Aus Sicht von Hochschild besteht häufig eine Diskrepanz zwischen dem tatsächlichen Empfinden der Betroffenen und den von ihnen im Berufsalltag geforderten Gefühlsdarstellungen. Das Management dieser Diskrepanz stellt einen mühevollen Prozess dar, der häufig nicht entsprechend honoriert und als *Arbeit* anerkannt wird. Hochschilds kapitalismuskritisches Anliegen kommt hier zum Tragen. Die Mühsal der Arbeit verlagert sich in vielen Dienstleistungsberufen weg von rein körperlicher hin zu psychischer Erschöpfung. Die geringe Anerkennung (und Bezahlung) dieser Leistungen als Arbeit ist es auch, die Frustrationen auslösen kann. Über längere Zeiträume hinweg kann dies zu ausgeprägten Stresserscheinungen führen (vgl. Hochschild 1990, 100).

Das beruflich ständig betriebene Gefühlsmanagement kann zudem auch den Gefühlshaushalt der Betroffenen selbst verändern, was insbesondere dann problematisch wird, wenn die Orientierungsfunktion, die Gefühle aus Sicht Hochschilds haben, auf diese Weise nicht mehr erfüllt werden kann (vgl. Hochschild 1990, 47–49). Insbesondere wenn bei der Gefühlsarbeit auf Techniken des *deep-acting* zurückgegriffen wird, d. h. die innere Einstellung verändert wird, könnte es zu Einschränkungen dieser Art kommen. Gefühle signalisieren den Einzelnen aus Sicht Hochschilds, welche subjektive Bedeutung bestimmte Ereignisse oder Wahrnehmungen für ihn oder sie haben, indem aktuelle Wahrnehmungen in Sekundenbruchteilen zum bisherigen Erfahrungsschatz in Bezug gesetzt werden. Wird mittels Gefühlsarbeit das Aufkommen bzw. Ausleben bestimmter Gefühle unterdrückt, könnten die Sensibilität für diesen Typus von Gefühlen und die damit verbundenen Informationen generell verloren gehen.

Authentische Gefühle?

Die von Hochschild vertretene Idee ›authentischer‹ Gefühle, die im eben beschriebenen Sinne eine Signalfunktion für die Einzelnen haben, wurde in der Nachfolge ebenso kritisiert wie die Überbetonung der Diskrepanz zwischen privatem Gefühlsmanagement und dem Einsatz desselben im Arbeitsbereich (vgl. Wouters 1999, 144–145; vgl. zur Kritik auch Scherke 2009, 98–105). Gemäß eines konsequent weitergedachten konstruktivistischen Ansatzes gibt es keine *nicht* durch soziale Normen geprägten Gefühle. Das Argument der Kosten der Gefühlsarbeit müsse daher eher in Richtung der oftmals nicht gegebenen Anerkennung derselben als *Arbeit* und entsprechend fehlender oder zu geringer Entlohnung verschoben werden.

Äußerungen zur Fremdbestimmtheit der Gefühlsarbeit werden bei Hochschild auch mit diskursanalytischen Argumenten über die in modernen Gesellschaften verbreiteten Selbstkonzepte eines ›authentischen Selbst‹ verbunden. In der durch raschen sozialen Wandel und dadurch bedingter Auflösung traditioneller Normen und Orientierungsmuster gekennzeichneten Gegenwart steigt aus Sicht Hochschilds die Bedeutung, die den eigenen Gefühlen als Verhaltensmaßstab beigemessen wird (vgl. Hochschild 1990, 45). Erst vor dem Hintergrund dieser Annahme werden die Kosten, die sich für ein Individuum ergeben, das scheinbar keinen unmanipulierten Zugang mehr zur eigenen Gefühlswelt hat, abschätzbar: Das gängige Selbstkonzept eines möglichst ›authentischen Ichs‹ steht im markanten Gegensatz zum Ausmaß der ständigen Manipulation von Gefühlen im Berufs- und Alltagsleben. Die Betonung von Echtheit und Spontaneität der Gefühle dürfte für jene besonders problematisch erscheinen, die einen Großteil des Tages damit verbringen, ihre Gefühle gemäß den Wünschen einer Firma zu regulieren, und denen ihre Gefühle daher als ›unecht‹ und nicht als Teil ihres Selbst erscheinen. Allerdings handelt es sich hierbei vor allem um ein Problem auf der Ebene der Idealbilder des Selbst. Es ist weniger die Frage, ob es ein

›wahres Selbst‹ wirklich gibt und wie dieses durch Gefühlsarbeit in Mitleidenschaft gezogen wird, sondern die Frage des Umgangs mit kulturellen Deutungsmustern: Wenn ein möglichst ›authentisches‹ Auftreten und das Hören auf die eigenen ›wahren‹ Gefühle als Idealbild des Selbst propagiert werden, dann wird Gefühlsarbeit als Hindernis für die Erreichung dieses Ideals empfunden werden.

Im Anschluss an Hochschilds Arbeit entstand eine ganze Reihe von Studien zur Arbeitswelt, in denen die Konsequenzen von Gefühlsarbeit für das Wohlbefinden der Arbeitnehmer*innen in unterschiedlichen Branchen und Berufsgruppen näher untersucht wurden (vgl. zur Rezeption Hochschilds auch Burkitt 2014, 124). Hierbei wurden auch Belege für die von Hochschild konstatierten negativen Folgen der Gefühlsarbeit für Arbeitnehmer*innen erbracht, etwa in psychologischen Studien zu den Folgen ständig unterdrückter Gefühle für das kardio-vaskuläre System (vgl. Rothermund, Eder 2011, 202). Zugleich wurden aber auch die Spielräume der Akteur*innen in der Art der Umsetzung der Gefühlsarbeit in den Nachfolgestudien stärker betont.

Gefühlsarbeit von Manager*innen

Helena Flam zeigt beispielsweise, dass in vielen, dem Anschein nach rationalen Organisationen ein weites Spektrum an Emotionen (inklusive ihres Managements) im Rahmen des Organisationsalltages eine Rolle spielt (vgl. Flam 2002, 175). Insbesondere auch Manager*innen von Wirtschaftsunternehmen müssen – als Repräsentant*innen der Organisation – ihren Gefühlsausdruck kontrollieren. So gehören neben dem Enthusiasmus für das Firmenziel (und der Fähigkeit, diesen an die Mitarbeiter*innen weiterzugeben) auch die Unterdrückung von Versagensängsten zu den typischerweise bei Manager*innen beobachtbaren Formen von Gefühlsarbeit, die mit ihrer Rolle in der Organisation verbunden sind (vgl. Flam 2002, 180–187; vgl. auch Flam 2000, 37). Flam zeigt auch die vielfältigen Möglichkeiten von Arbeitnehmer*innen auf, sich Emotionsarbeitsanforderungen zu entziehen bzw. Rollendistanz zu praktizieren oder lediglich *surface acting* zum Einsatz zu bringen (vgl. Flam 2002, 203; vgl. zur Emotionsarbeit in Organisationen auch Sieben, Wettergren 2010, 4–5).

Gefühlsarbeit im Gesundheitsbereich

Der Einfluss von Professionalisierungsprozessen, etwa im Hinblick auf den routinemäßigen Umgang mit entsprechenden Arbeitsanforderungen und dementsprechend gemilderten Konsequenzen derselben für die Arbeitnehmer*innen, wird beispielsweise von Marianne Egger de Campo und Stefan Laube (2008) aufgezeigt. Die Gefühlsarbeit in Call-Centern wird von ihnen dabei mit jener im Bereich der Krankenpflege verglichen. Gefühlsarbeit in Krankenhäusern bzw. im Gesundheitsbereich stellt insgesamt ein wichtiges Thema von Studien zur Gefühlsarbeit dar. Neben dem Werk Hochschilds spielt auch die Arbeit von Barney Glaser und Anselm Strauss (1968), zu Interaktionen mit Sterbenden, eine wichtige Rolle für diese Arbeiten (vgl. Strauss et al. 1980; zu Unterschieden und Gemeinsamkeiten des Verständnisses von Gefühlsarbeit bei Strauss und Hochschild vgl. auch Herbrik 2022, 589).

Gefühlsarbeit in der öffentlichen Verwaltung

Ein jüngeres Beispiel für Analysen von Emotionsmanagement wären die Arbeiten von Stina Bergman Blix und Åsa Wettergren zu Emotionsmanagement im juristischen Bereich, in denen sie die Gefühlsarbeit von Richter*innen und Staatsanwält*innen analysieren (vgl. Bergman Blix, Wettergren 2018, 4). Die kapitalismuskritische Sicht von Hochschild wurde jüngst auch von Otto Penz und Birgit Sauer (2016; 2020) aufgegriffen, die sich mit der neoliberalen Ökonomisierung von Gefühlen auseinandersetzen. Am Beispiel der privatisierten österreichischen Post werden neue Formen affektiver Arbeitsanforderungen und die Handlungsspielräume der Betroffenen nachgezeichnet.

Allgemein kann man heute von einem differenzierteren Verständnis von Gefühlsarbeit sprechen. Widersprüchliche Gefühlsregeln und insgesamt die Vielzahl von Anforderungen des Gefühlsmanagements bringen die Notwendigkeit mit sich, eine Auswahl zu treffen, welchen dieser Anforderungen gefolgt wird und welchen nicht. Die von Sighard Neckel skizzierte Idee des *emotion by design* (Neckel 2005) als Kennzeichen der spätmodernen Selbstoptimierung kommt hierbei ebenfalls zum Tragen. Die bedarfsgerechte, situationsadäquate Erzeugung von Gefühlen muss heute vor dem Hintergrund hochindividualisierter Gesellschaften verstanden werden, in denen Freiheitsspielräume vom Individuum genutzt werden, um sich als möglichst einzigartig und authentisch darzustellen. Gefühlsregeln werden dabei individuell interpretiert und umgesetzt, allerdings darf dies nicht über die nach wie vor gegebene Bedeutung von Gefühlsregeln in modernen Gesellschaften hinwegtäuschen (vgl. Neckel 2005, 426; vgl. auch Albrecht Y. 2017, 61–70).

Ökonomisierung von Gefühlen

Die zunehmende Ökonomisierung von Gefühlen im modernen Kapitalismus zeigt sich nicht nur im Bereich der Gefühlsarbeit, sondern auch im Rahmen der Kommodifizierung von Gefühlen als ›Produkten‹ im Alltagsleben. Hochschild zeigt diese ›vermarktlichten‹ Gefühle in ihren jüngeren Arbeiten u. a. anhand des Booms kommerzieller Angebote im Bereich der Erziehungsratgeber oder der Familientherapie auf, die auf die Herstellung ›passender‹ Gefühle abzielen (vgl. Hochschild 2003; Hochschild 2012; vgl. Neckel 2022, 285). Der erfolgreiche Umgang mit Emotionen im Privat- und Arbeitsleben sowie die kommerzielle Vermarktung entsprechender Schulungsprogramme und Ratgeberbücher spielten etwa bereits im Zusammenhang mit dem seit den 1990er Jahren boomenden Thema ›Emotionale Intelligenz‹ (bekanntgeworden durch das gleichnamige Buch von Daniel Goleman [engl. 1995; dt. 1996]) eine wichtige Rolle (vgl. zum Modethema ›Emotionale Intelligenz‹ im Managementbereich auch Sieben 2007, 162–197).

6.1.2 Der positivistische Ansatz von Theodore D. Kemper

Auch Theodore D. Kemper sieht Emotionen als sozial geprägte Phänomene, allerdings kann er im Unterschied zu Hochschild einem *positivistischen Ansatz* zugeordnet werden (vgl. Kemper 1981; vgl. auch Flam 2002, 117). Emotionen werden seinem Ansatz zufolge durch die sozialstrukturelle Position bzw. Relation der Interaktionspartner*innen zueinander geprägt, wobei sowohl die *realen* Positionen/Relationen als auch die *vorgestellten bzw. als zukünftig antizipierten* Positionen/Relationen (d. h. die entsprechenden Deutungen der Relationen durch die Akteur*innen) eine wichtige Rolle für die unterschiedlichen jeweils aufkommenden Emotionen spielen. Die Analyse der strukturellen Konstellation zwischen den Akteur*innen steht in Kempers Ansatz im Vordergrund, während die situative Aushandlung und Anpassung des Emotionsempfindens bzw. -ausdrucks, die bei Hochschild eine wichtige Rolle spielt, vernachlässigt wird. Kemper legte seine diesbezüglichen Überlegungen in seinem 1978 erschienenen Buch »*Social Interactional Theory of Emotions*« vor (vgl. zum Folgenden auch Scherke 2009, 82–90; Scheve 2022).

Macht und Status

Kemper definiert Emotionen im Sinne der Bewertungstheorie von Magda Arnold: »Emotion is a relatively short-term evaluative response essentially positive or negative in nature involving distinct somatic (and often cognitive) components.« (Kemper 1978, 47) Emotionen entstehen in sozialen Interaktionen, die aus Sicht von Kemper durch zwei Grunddimensionen beschrieben werden können: Status und Macht (vgl. Kemper 1978, 26–28, 36–42). Macht wird von Kemper im Sinne Max Webers als die Chance verstanden, den eigenen Willen auch gegen Widerstand anderer durchsetzen zu können. Status unterscheidet sich von Macht durch den Aspekt der Freiwilligkeit. In von Status gekennzeichneten Beziehungen tauschen Menschen Gunstbeweise miteinander aus, d. h. sie kooperieren freiwillig miteinander, was auch die zeitweilige freiwillige Unterordnung der eigenen Bedürfnisse unter jene des wertgeschätzten anderen inkludiert. In jeder Interaktion werden aus Sicht von Kemper Macht- und/oder Statusressourcen aktiviert und dabei auch entweder vermehrt oder verringert, was zu bestimmten emotionalen Zuständen bei den beteiligten Akteur*innen führt (vgl. Kemper 1978, 29–34; Kemper 1990, 211–212).

Kemper bezog zu seiner Zeit gängige Befunde anderer Disziplinen in seine Überlegungen mit ein (etwa die These einer jeweils spezifischen physiologischen, insbesondere hormonellen, Signatur unterschiedlicher Emotionen, vgl. Kemper 1978, 47, 217) und unterstrich dabei den Beitrag der Emotionssoziologie zur Emotionsforschung, den er in der Analyse der sozialen Relationen zwischen den Akteur*innen sah. Die Thesen zu unterschiedlichen physiologischen Erregungsmustern spezifischer Emotionen erwiesen sich zwar mittlerweile als veraltet (vgl. Gerhards 1988, 136–137), nichtsdestotrotz liefern die Ideen Kempers zur Bedeutung sozialstruktureller Relationen zwischen Individuen immer noch wichtige Ansatzpunkte für die Emotionssoziologie (vgl. Scheve 2022, 330).

Von den weiter oben beschriebenen Dimensionen des Emotionsgeschehens spielen in Kempers Ansatz neben der körperlichen Dimension vor allem die Bewertungs- und Handlungsdimension eine Rolle. Die Ausdrucks- und Erlebnisdimension werden hingegen vernachlässigt. Im Vordergrund steht die Beschreibung der sozialen Situation mithilfe der Macht- und Statusrelation zwischen den Akteur*innen.

Macht-Status-Relationen

Kemper unterscheidet drei Typen von Emotionen, die im Zusammenhang mit den Macht-Status-Relationen der Akteur*innen auftreten können. *Strukturelle* Emotionen leiten sich aus relativ stabilen Status- und Machtbeziehungen ab. Die Zufriedenheit oder Unzufriedenheit, die die beteiligten Akteur*innen hinsichtlich ihrer Macht-Status-Beziehung verspüren, bildet den Ausgangspunkt für die folgenden Interaktionen und färbt diese entsprechend. *Antizipatorische* Emotionen ergeben sich aus im Voraus erdachten strukturellen Veränderungen in Beziehungen, die Folge eines noch nicht in Gang gesetzten, aber geplanten Interaktionsprozesses sein können. *Resultierende* Emotionen sind schließlich das Ergebnis einer tatsächlich durchgeführten Interaktion und der sich daraus ergebenden veränderten Macht-Status-Beziehung.

Anhand der *strukturellen* Emotionen soll die prinzipielle Ausrichtung des Kemper'schen Ansatzes verdeutlicht werden. Man kann *ego* und *alter* unter dem Gesichtspunkt beschreiben, ob sie aus ihrer Sicht jeweils zu viel, zu wenig oder adäquat mit Macht/Status ausgestattet sind, und ob sie sich jeweils selbst oder den anderen für die Macht-/Statusausstattung verantwortlich machen. Kemper weist darauf hin, dass die subjektive Einschätzung der Ressourcenausstattung als maßgeblich für die entstehenden Gefühle angenommen wird, und nicht die Sicht eines an der Interaktion nicht beteiligten ›neutralen‹ Beobachters, der eventuell zu völlig anderen Beurteilungen kommen könnte (vgl. Kemper 1978, 51). Die Einschätzung der aktuellen Ressourcenausstattung wird vor dem Hintergrund von bereits erfolgten Interaktionen und deren Ergebnissen vorgenommen, d. h. bei den strukturellen Emotionen handelt es sich nur um Momentaufnahmen der sich stets im Fluss befindlichen sozialen Realität.

Empfindet *ego* zum Beispiel die eigene Machtposition als adäquat, so wird *ego* Sicherheit gegenüber *alter* verspüren, da er/sie glaubt, sich in Auseinandersetzungen auf die eigenen Ressourcen verlassen zu können (an dieser Orientierung an möglichen zukünftigen Interaktionen wird der fließende Übergang zwischen strukturellen und antizipatorischen Emotionen deutlich). Verfügt *ego* über mehr Macht als *alter* und sieht er/sie sich selbst als verantwortlich für diesen Machtüberschuss, könnte ein Gefühl der Schuld das Resultat sein. Wird hingegen *alter* als verantwortlich für das zu große Machtpotenzial von *ego* gesehen, könnte ein Gefühl des Größenwahns entstehen. Eine übersteigerte Machtposition erzeugt – eine typische Sozialisation vorausgesetzt – Kemper zufolge normalerweise Schuldgefühle. Je nachdem, wer als Auslöser für eine übersteigerte Machtposition und -ausübung gesehen wird, können diese Schuldgefühle jedoch unterschiedlich zum Ausdruck gelangen bzw. kompensiert werden. Größenwahn ist aus Sicht Kempers ein Versuch, die eigenen Schuldgefühle zu kompensieren, indem dem ›Opfer‹ eine Mitschuld am eigenen, übersteigerten Machtgebrauch attestiert und somit das unangenehme Gefühl der Schuld gemildert wird. Dies kann beispielsweise dadurch geschehen, dass das Opfer als bestrafungswürdig angesehen und *ego* selbst auf diese Weise nur zum Werkzeug der gerechten Bestrafung wird (vgl. Kemper 1978, 50–55). Neben den verschiedenen Kompensationsformen von Schuld spielt auch Angst in Situationen mit übersteigertem Machtgebrauch eine wichtige Rolle, da theoretisch jederzeit mit der Rache der unterlegenen anderen gerechnet werden muss.

Bei der Analyse der Statusdimension geht Kemper ähnlich vor wie bei der Diskussion der Machtdimension und ihrer emotionalen Konsequenzen. Je nachdem, wer als verantwortlich für die eigene mangelnde oder überlegene Ausstattung mit Status (in Form freiwilliger Gunstbeweise anderer) angesehen wird, ergeben sich unterschiedliche Gefühlszustände. Wird der eigene Status als adäquat empfunden, verspürt *ego* Freude. Dieses Adäquat-Empfinden muss aus Sicht

Kempers immer als Ausdruck eines relativen Gerechtigkeitsempfindens gesehen werden, d. h. einer Orientierung an dem, was einem im Vergleich mit gleichwertigen anderen verdienterweise zusteht (vgl. Kemper 1978, 59). Wer ein Zuviel an Status erhält, wird ein Gefühl der Scham empfinden. Status wird nämlich vor allem für persönliche Kompetenzen oder erzielte Leistungen zugewiesen. Wer allerdings ein ›Zuviel‹ an Anerkennung erhält, kann, vor dem Hintergrund der jederzeit möglichen Aufdeckung dieser falschen Statuszuweisung, Scham entwickeln. Die Scham kann dabei von unterschiedlichen Gefühlen begleitet sein, je nachdem, wer als verantwortlich für die unangemessenen Statuszuschreibungen angesehen wird. Glaubt *ego*, dass seine/ihre eigenen Leistungen und Kompetenzen nicht den ihm/ihr entgegengebrachten Status rechtfertigen, und konsumiert er/sie dennoch die entsprechenden Gunstbeweise, wird ein Gefühl der Verlegenheit verbunden mit Erniedrigung *(embarrassment-humiliation)* die entsprechende Ausdrucksform der Scham sein. Wenn der/die andere für die unangemessenen Statuszuschreibungen verantwortlich gesehen wird, kann die Scham andererseits durch Gefühle des Ärgers und der Feindseligkeit gegenüber dem/der anderen begleitet werden (vgl. Kemper 1978, 62; vgl. zum Zusammenhang von Scham und Ärger auch Kapitel 6.2.1).

Prognose von Emotionen

Die Analyse der Macht-/Statusrelation zwischen den Akteur*innen kann aus Sicht Kempers zur Vorhersage der in einer Situation aufkommenden Emotionen genutzt werden (vgl. Kemper 2002, 59–60). Kempers Berechnungen zufolge können letztendlich 252 mögliche Beziehungskonstellationen unterschieden werden, die sich rein schematisch in einer Zweierbeziehung ergeben und zu unterschiedlichen Gefühlszuständen führen können (vgl. Kemper 1978, 80). Obwohl Kemper einige Modifikationen seines Modells vorschlägt und eine Reihe von Konstellationen als vernachlässigbar bezeichnet, bleibt auch in seinem reduzierten Modell eine kaum zu handhabende Zahl an Beziehungskonstellationen übrig. Ein Problem hierbei ist, wie Kemper selbst auch feststellt, die Tatsache, dass zwar prinzipiell alle möglichen Macht-Status-Kombinationen zwischen *ego* und *alter* und die daraus resultierenden Gefühlszustände theoretisch angebbar sind, dass es jedoch schwierig sein wird, die sich in der Matrix ergebenden Gefühlszustände auch sprachlich adäquat zu benennen. Obwohl Akteur*innen ihre Beziehungen teilweise selbst unter dem Aspekt von Status- und Machtunterschieden analysieren, müssen die im Zusammenhang mit Status- und Machtveränderungen aufkommenden Emotionen ihnen keineswegs immer bewusst sein bzw. wird es ihnen – insbesondere bei gleichzeitiger Aktivierung verschiedener Emotionen – mitunter nicht möglich sein, passende Worte für ihre Gefühle zu finden und sie entsprechend zu artikulieren. Neben der prinzipiellen Frage, ob der Mensch nur dazu fähig ist, das zu fühlen, was er auch sprachlich repräsentieren kann, oder ob er auch jenseits des sprachlichen Bewusstseins gefühlsmäßige Wahrnehmungen haben kann, ergibt sich hier ein erhebliches empirisches Problem: Es fällt den meisten Menschen nicht besonders leicht, über ihre Gefühle zu sprechen; wie viel schwerer muss es ihnen erst fallen, wenn sie korrekte sprachliche Ausdrücke für die vielen von Kemper modellierten und möglicherweise tatsächlich von ihnen verspürten Gefühlsschattierungen in empirischen Befragungen finden sollen? Die von Kemper erstellte Matrix wurde vor allem im Hinblick auf die schwierige empirische Umsetzbarkeit bei der Analyse komplexer sozialer Situationen kritisiert (vgl. zur Kritik von Kempers Ansatz auch Scherke 2009, 87–90; Scheve 2022, 334–336). Sie stellt jedoch ein heuristisches Modell dar, um das Auftreten unterschiedlicher emotionaler Befindlichkeiten im sozialen Austausch theoretisch plausibel zu machen.

Universeller Anspruch

Kemper verbindet mit seinem Modell den Anspruch universeller Gültigkeit, d. h. Macht und Status sind die zentralen Faktoren bei der Erklärung von Gefühlszuständen infolge sozialer Beziehungen (unabhängig von Geschlecht, Alter, der ethnischen oder klassenmäßigen Zugehörigkeit der Akteur*innen, vgl. Kemper 1990, 224–225). Auch kulturelle Unterschiede spielen bei der Aktivierung bestimmter Emotionen durch spezifische Macht-Status-Relationen keine Rolle. Die Länge der Trauerzeit und die Art des Ausdrucks der Trauer nach dem Tod eines geliebten Menschen kann beispielsweise zwar kulturell variieren, jedoch würde aus Sicht von Kemper der Verlust (der auch einen Verlust im Hinblick auf den Status der Hinterbliebenen darstellt, da Zuwendungen materieller oder immaterieller Art vonseiten des/der Verstorbenen unwiederbringlich verloren sind) überall mit Trauer beantwortet werden. Aus Kempers Sicht sind es sozialstrukturelle Beziehungen, die Emotionen (und deren körperliche Symptome) bewirken, und nicht kulturelle Muster. Allerdings entfalten kulturelle Normen sehr schnell Wirksamkeit, indem sie unmittelbar nach einer Veränderung der Status-/Machtbeziehung unterschiedliche Umgangsweisen mit den Emotionen aktivieren (Kemper 1990, 227–228; vgl. auch Kemper 1981, 345). Obwohl Kemper die Bedeutung der Situationsdeutungen von Akteur*innen beachtete, sah er den Vorteil seines Ansatzes darin, mit der schematischen Analyse sozialer Relationen zwischen Akteur*innen eine Heuristik für die Prognose ihrer Situationsdeutungen und daraus resultierenden Gefühlszustände liefern zu können (vgl. Kemper 1981, 337, 352).

Kempers Ansatz wurde in weiterer Folge vor allem von strukturalistischen Arbeiten aufgegriffen, die ihn entsprechend weiterverarbeiteten und mit anderen relationalen Ansätzen verknüpften. Zu erwähnen wären hier etwa Jack Barbalet (1998; vgl. Kleres 2022, 47) oder Ian Burkitt (2014, 156–158) und auch Arbeiten aus dem Bereich der politischen Soziologie der Emotionen (vgl. Heaney 2011, 269–270).

Kritik des Kemper'schen Ansatzes kam aus dem Lager der interaktionistisch orientierten Soziolog*innen, die den Aushandlungsaspekt in sozialen Interaktionen stärker betonen und von daher eine fixe Verknüpfung bestimmter Emotionen mit einer bestimmten sozialstrukturellen Position der Akteur*innen ablehnen. Interaktionistische Emotionskonzepte gehen davon aus, dass die Aktivierung von Emotionen das Ergebnis eines Aushandlungsprozesses ist. Die Interaktion selbst hat einen entscheidenden Einfluss darauf, welche Emotionen gespürt und letztlich gezeigt werden, und zwar relativ unabhängig von den sozialstrukturellen (und auch physiologischen) Vorbedingungen. Es ist – verkürzt gesagt – eben nicht nur die Status-Macht-Relation, die entscheidet, welche Emotionen verspürt werden, sondern ein ganzes Arsenal an Bedingungsfaktoren, die in konkreten Interaktionen die Art der aufkommenden Gefühle und der letztlich dem Gegenüber gezeigten Emotionen beeinflussen. Status- und

Machtbeziehungen können hierbei eine wichtige Rolle spielen, jedoch sind es nicht diese strukturellen Beziehungen selbst, die bestimmte Emotionen auslösen, sondern die Interpretationsleistungen der Betroffenen im sozialen Austausch, die sich gewissermaßen als Filter zwischen die Sozialstruktur und die entstehenden Gefühle schieben (vgl. Gerhards 1988, 140; vgl. auch Scherke 2009, 87–90).

6.2 Emotionen und ihre Wirkungen in sozialen Situationen

Im Folgenden soll nun jene Perspektive vorgestellt werden, die sich mit den Konsequenzen von Emotionen in sozialen Zusammenhängen beschäftigt. Der spezifische Beitrag der Emotionssoziologie im Rahmen interdisziplinärer Emotionsforschung und die grundlegende Bedeutung emotionssoziologischer Analysen für viele soziologische Fragestellungen können anhand dieser Perspektive besonders gut veranschaulicht werden. Es sei nochmals erwähnt, dass die hier vorgenommene idealtypische Unterscheidung der beiden Perspektiven (kurz: soziale Prägung von Emotionen und soziale Konsequenzen von Emotionen) vor allem der Übersichtlichkeit dient. In konkreten Studien werden oftmals beide Perspektiven miteinander kombiniert.

Soziale Konsequenzen von Emotionen bei Erving Goffman

Ein Beispiel für einen Autor, der sich mit der Bedeutung von Emotionen in sozialen Zusammenhängen zu einer Zeit auseinandergesetzt hat, als dieses Thema im soziologischen Mainstream noch vernachlässigt wurde, ist Erving Goffman. Die erste Generation von expliziten Vertreter*innen der Emotionssoziologie in den USA (Hochschild, Collins, Scheff) wurde zudem durch seinen Ansatz nachhaltig inspiriert (vgl. Flam 2014, 322). Für Goffman erfordert das Verständnis alltäglicher Handlungsabläufe ganz selbstverständlich auch die Beachtung von Emotionen:

> »Es ist klar, daß in diesem Reaktionsablauf Emotionen eine gewisse Rolle spielen, z. B.: wenn man Schmerz ausdrückt über das, was man dem Image eines anderen angetan hat, oder Zorn über das, was dem eigenen zugefügt wurde. Ich möchte betonen, daß diese Emotionen

als Handlungsschritte fungieren und genau in die Logik des rituellen Spiels passen, so daß es schwierig würde, es ohne sie zu verstehen.« (Goffman 1986, 29)

Techniken der Imagepflege haben in Goffmans Analysen nicht nur Konsequenzen für das Selbstbild der jeweils Betroffenen, sondern dienen letztlich auch der Aufrechterhaltung und Funktionsfähigkeit sozialer Ordnung (vgl. auch Scherke 2009, 64). Emotionen können den Ablauf von Interaktionen (und damit auch die Ausgestaltung sozialer Strukturen) entscheidend prägen. Für einzelne Interaktionsteilnehmer*innen beispielsweise potenziell peinliche Situationen werden von den anderen Beteiligten ignoriert oder überspielt, um zur ›Wahrung des Gesichts‹ der Betroffenen beizutragen, ihm oder ihr Gefühle der Verlegenheit oder Scham zu ersparen und somit insgesamt zu verhindern, dass die Interaktion ins Stocken gerät bzw. vom eigentlichen Thema abgelenkt wird (vgl. Goffman 1986, 14–20; 112–123). Die Aufrechterhaltung des Anscheins einer ›normalen‹ Situation erfordert dabei von allen Beteiligten die Beobachtung und geschickte Manipulation des eigenen Auftretens und des Eindrucks, den sie bei anderen hinterlassen, wozu auch die Einnahme eines jeweils passenden Emotionsausdrucks gehört (vgl. Goffman 1998, 189–215).

Im Zentrum der im Folgenden dargestellten Ansätze steht ebenfalls die Frage, wie Emotionen den weiteren Verlauf sozialer Situationen beeinflussen, d. h. es wird beispielsweise nicht nur untersucht, wie z. B. Scham entsteht, sondern auch die Frage gestellt, wie sich eine soziale Situation entwickelt, wenn bei einem oder mehreren Akteur*innen Scham aufgekommen ist. Goffmans Arbeiten zur Imagepflege können als prägnante Beispiele für diese Art von Fragestellung genannt werden. Im Zentrum seiner Arbeiten steht die interaktive Ausgestaltung von Gefühlen, wobei es sich hierbei eben nicht nur um individuelles Emotionsmanagement handelt, sondern auch die soziale Situation durch das Aufkommen eines bestimmten Gefühls und dessen interaktiven Managements entscheidend verändert wird. Emotionen spielen eine wichtige Rolle bei der sozialen Konstruktion der Wirklichkeit (vgl. Gerhards 1988, 59–62). Jack Barbalet wies in diesem Zusammenhang auf ihre Funktion hin, Vergangenheit, Gegenwart und Zukunft miteinander zu verbinden, was in Kapitel 7.1 näher dargestellt werden wird (vgl. Barbalet 1998, 29–30). Soziale Konsequenzen von Emotionen ergeben sich dabei nicht nur auf der Mikroebene sozialer Interaktionen, sondern betreffen auch die Meso- und Makroebene, wie auch in Kapitel 7.2, das den bindenden bzw. trennenden Effekten von Emotionen im sozialen Kontext gewidmet ist, gezeigt wird.

Die an der emotionalen Konstruktion der Wirklichkeit interessierten Ansätze rücken vor allem die Handlungs- und Bewertungsdimension des Emotionsgeschehens in den Vordergrund der Betrachtung, weil über sie die Verknüpfung zwischen einer gegenwärtigen Situation und künftigem Handeln hergestellt wird. Die Erlebnis- und Ausdrucksdimension werden dabei allerdings ebenso beachtet, da sich Akteur*innen in sozialen Situationen (willentlich oder unwillentlich) ihren jeweiligen emotionalen Zustand signalisieren, dessen Interpretation durch die Gegenüber zum Ausgangspunkt für deren weitere Handlungsschritte und Interaktionen wird.

6.2.1 Das Konzept der Scham-Wut-Spirale von Thomas Scheff

Der Ansatz von Thomas Scheff eignet sich meines Erachtens besonders gut zur Darstellung der emotionssoziologischen Perspektive, die die sozialen Konsequenzen von Emotionen zum Thema macht. Zugleich wird an seinem Beispiel auch die Verknüpfung der beiden idealtypisch unterschiedenen Perspektiven sichtbar (vgl. zum Folgenden auch Scherke 2009, 108–112).

Scheff bezieht sich in seinen Arbeiten u. a. auf Émile Durkheim, Charles H. Cooley, Nobert Elias, Erving Goffman, aber auch auf psychoanalytische Konzepte (vgl. auch Adloff 2022, 499). Im Zentrum steht die Frage, wie soziale Bindungen zustande kommen, in Interaktionen aufrechterhalten bzw. auch gefährdet werden. Emotionen signalisieren den aktuellen Zustand sozialer Bindungen, gleichzeitig haben sie aber auch erhebliche Konsequenzen für den Fortbestand bzw. die Gefährdung dieser Bindungen. Emotionen fungieren in dieser Perspektive auch als Antriebskräfte für die Einhaltung sozialer Regeln (vgl. Scheff 1990a, 74–77).

Signale für den Status sozialer Beziehungen

Scheff hat sich insbesondere eingehend mit Scham und Stolz als Emotionen, die Auskunft über den Status sozialer Bindungen in einer Gemeinschaft geben bzw. zur Aufrechterhaltung sozialer Regeln beitragen können, beschäftigt. Man kann das wie folgt skizzieren: Verhält sich der/die Einzelne konform zu den Gruppennormen, wird er/sie Stolz verspüren (der nicht zuletzt aufgrund der antizipierten positiven Bewertungen des eigenen Verhaltens durch andere zustande kommt). Das Aufkommen von Stolz kann, wie Scheff betont, zugleich als Zeichen für intakte soziale Bande gewertet werden. Verstößt hingegen der/die Einzelne gegen Gruppennormen, so werden negative Bewertungen anderer die Folge sein oder zumindest von ihm/ihr als deren mögliche Reaktionen antizipiert. Ein Gefühl der Scham ist die Folge, wodurch zugleich die Bedrohung sozialer Bande sichtbar wird. Das Vermeiden dieses negativen Gefühlszustandes (was zu konformem Verhalten führt) spielt eine wesentliche Rolle für das Handeln von Akteur*innen. Cooley hat in seinem Konzept des *looking-glass-self* bereits die die Bewertungen anderer antizipierenden Gefühle angesprochen und deren Konsequenzen für das Selbstgefühl *ego's* (das beispielsweise durch Scham oder Stolz gekennzeichnet sein kann) erörtert (vgl. Cooley 1956, 179, 182–185). Elias hatte im Rahmen seiner Analyse des *Zivilisationsprozesses* ebenfalls auf die bedeutende Rolle von Scham als Mittel der Affektkontrolle hingewiesen, was auch von Scheff aufgegriffen wird (vgl. Scheff, Retzinger 1991, 9–11; vgl. auch Kuzmics 2024, forthcoming). Obwohl Gefühle des Stolzes oder der Scham in vielen alltäglichen Situationen entstehen können, sind, wie Scheff feststellt, Scham und Stolz bei Erwachsenen in modernen Gesellschaften kaum offen zu beobachten. Im Gegenteil, das offene Zeigen von Stolz führt seinerseits unter Erwachsenen manchmal zu Schamgefühlen (vgl. Scheff 1990b, 281–284). Die Ursache für diese Vermeidung des offenen Zeigens von Scham und Stolz sieht Scheff in dem einerseits gegebenen menschlichen Grundbedürfnis nach sozialen Bindungen, dessen Erfüllung aber andererseits in modernen, fragmentierten und hochindividualisierten Gesellschaften nicht gesichert ist. Diese ständige Unsicherheit sozialer Bindungen wird aus Sicht von Scheff dadurch bewältigt, dass das Bedürfnis nach denselben verdrängt und die mit ihnen assoziierten Gefühle unterdrückt werden (vgl. Scheff 1990a, 11–18). Das Eingestehen der Bedeutung sozialer Bindungen scheint in modernen Gesellschaften unangebracht.

Scham-Wut-Spiralen

Versuche, Emotionen der Scham zu unterdrücken, können nach Scheff jedoch zu sogenannten Scham-Scham-Spiralen bzw. Scham-Wut-Spiralen führen, die sowohl in *ego* selbst als auch zwischen den Akteur*innen ablaufen und somit erhebliche Konsequenzen für den weiteren Interaktionsverlauf haben können. *Ego* fühlt sich beispielsweise durch eine Bemerkung von *alter* erniedrigt, er/sie verspürt Scham (die zugleich die Bedeutung, die die Bindung an *alter* bzw. an die gemeinsame Gruppe und ihre Regeln für *ego* hat, spürbar macht). Die Verdrängung der Scham geschieht nun oftmals dadurch, dass diese durch Wut auf den ›Auslöser‹ dieser Scham ersetzt wird. *Ego* wird wütend auf *alter,* der/die diese Scham ausgelöst hat, zugleich verspürt er/sie aber auch möglicherweise Scham über diese Wut auf *alter* (etwa wenn es sich bei *alter* um eine nahestehende Person handelt, deren Bemerkung nicht per se böse gemeint gewesen sein muss, und in solchen Fällen die erlernten Verhaltensregeln eine Unterdrückung der Wut nahelegen) und sodann Wut auf sich selbst, weil er/sie sich aufgrund einer Nichtigkeit derart aufgeregt hat, was Anlass zu weiteren Schamgefühlen geben kann. Der/die Akteur*in verstrickt sich auf diese Weise in einen sehr schmerzvollen Kreislauf des Unwohlfühlens, aus dem der Ausstieg schwierig ist. Diese Scham-Wut-Spirale läuft jedoch nicht nur bei *ego* ab, sondern kann auch die weiteren Handlungen zwischen den beteiligten Akteur*innen prägen:

> »(1) A insults B who (2) is ashamed, then (3) almost instantaneously angry. As a result, (4) B insults A, who (5) is ashamend, then (6) angry. At this point, the circle can begin again.« (Scheff 1990b, 285)

Ein ähnliches Umschlagen von einer Emotion in eine andere, also hier von Scham in Wut, wurde im Übrigen auch von Luc Ciompi im Zusammenhang mit seinen Arbeiten zur Affektlogik beschrieben (vgl. Ciompi 2004, 35; vgl. auch Scherke 2009, 115–116).

Die von Scheff idealtypisch dargestellten Prozesse können im Alltag derart schnell ablaufen, dass die Schamgefühle, die letztlich den Anlass für eine ganze Reihe gegenseitiger Erniedrigungen und sich entspinnender Konflikte gegeben haben, durch die Wutgefühle gewissermaßen maskiert werden und somit unsichtbar bleiben bzw. den Akteur*innen selbst nicht bewusst sein müssen. Gerade diese ›Unsichtbarkeit‹ von Scham bereitet erhebliche Schwierigkeiten für die Lösung von Konflikten und auch die empirische Forschung. Scheff verweist auf die Arbeiten der Psychologin Helen B. Lewis, die sich mit verborgener Scham beschäftigt hat, um diesem Problem Rechnung zu tragen. Lewis unterscheidet drei Arten der Scham: jene, die dem Subjekt bewusst ist und von ihm/ihr akzeptiert wird, jene, die dem Subjekt bewusst ist, jedoch von ihm/ihr nicht als solche akzeptiert wird, und jene, die dem Subjekt nicht bewusst ist und umgeleitet wird. Vor allem die letzten beiden Formen werden im Alltag nur indirekt ausgedrückt und sind durch entsprechende non-verbale Verhaltensweisen (Erröten, Blick senken, das Gesicht berühren usw.), aber auch verbale ›Scham-Marker‹ (entpersönlichte Umschreibungen oder etwa Stottern) begleitet, die auch wichtige Ansatzpunkte für die empirische Forschung liefern (vgl. Lewis 1971, 196–198; Scheff 1990b, 287–289; Scheff, Retzinger 1991, 43–60; Retzinger 1995; vgl. auch Adloff 2022, 504).

Makro-Ebene

Scheff überträgt die These der Scham-Wut-Spirale auch auf die Makro-Ebene, wenn er annimmt, dass sich zwischen verschiedenen sozialen Gruppen oder Nationen ebenfalls solche Prozesse wechselseitiger Beschämung, daraus entstehender Revanche und neuerlicher Beschämung entspinnen können, wodurch er die Langlebigkeit mancher Konflikte (etwa jenes zwischen Deutschland und Frankreich vor und nach dem Ersten Weltkrieg) zu erklären versucht (Scheff 1990b, 286; Scheff 1994, 75–124). Das Durchbrechen solcher Scham-Wut-Spiralen ist sehr schwierig, zumal die dem Konflikt zugrundeliegende Scham häufig verborgen und daher nicht als solche in der Interaktion deutlich wird. Scheff sieht, analog zu psychoanalytischen Konzepten, einen Ausweg aus der Scham-Wut-Spirale in dem Eingeständnis der Scham und damit der wechselseitigen Abhängigkeit voneinander (Scheff 1990a, 88). Inwieweit dieser Lösungsansatz auf Konflikte auf der Makroebene, etwa Konflikte zwischen Staaten, übertragen werden kann, ist allerdings umstritten (vgl. Adloff 2022, 503; zur Kritik an Scheffs Ansatz vgl. auch Scherke 2009, 111–112).

Idealbilder des Selbst

Neckel ergänzt die Argumentation Scheffs zur in modernen Gesellschaften unsichtbaren bzw. unterdrückten Scham durch den wichtigen Hinweis auf die in diesen Gesellschaften verbreiteten Idealbilder des Selbst, die Individualität und Eigenständigkeit der Persönlichkeit zu höchsten Tugenden werden ließen und somit ein Schamtabu bewirken: Schamgefühle, die die Abhängigkeit vom Urteil anderer signalisieren, können als Beweis mangelnder individueller Souveränität gesehen werden, was jedoch den derzeit verbreiteten idealen ›Selbstkonzepten‹ zuwiderläuft (Neckel 1991, 178–182). Scham-Angst ist die Folge, da Scham einem Eingeständnis von Unterlegenheit gleichkommt. Umgekehrt werden Schamgefühle bzw. deren Weckung bei anderen in modernen Gesellschaften zu wichtigen Mechanismen der Macht, durch die soziale Ungleichheit unterstrichen bzw. festgeschrieben werden kann. Wenn danach getrachtet wird, Scham um jeden Preis zu vermeiden, steht mit der Weckung dieser Emotion (und den Ausweichstrategien, die dies bei den Betroffenen bewirkt) ein mächtiges Instrument sozialer Kontrolle zur Verfügung (zur Kritik und Weiterführung der Ideen Scheffs siehe auch Scherke 2009, 111–112; Scherke 2021).

7. Überblick II. Weitere Perspektiven und exemplarische Arbeitsfelder der Emotionssoziologie

Neben den beiden bisher vorgestellten grundlegenden Perspektiven kann das Feld emotionssoziologischen Arbeitens noch auf andere Art und Weise unterteilt werden. Ich möchte im Folgenden vier weitere Perspektiven der Emotionssoziologie skizzieren, die nicht nur dabei behilflich sein können, sich einen Überblick innerhalb dieses Forschungsfeldes zu verschaffen, sondern anhand derer auch nochmals der soziale Charakter von Emotionen aufgezeigt wird. Die Zuordnung einzelner Autor*innen oder Ansätze zu den vier Perspektiven erfolgt hier zu Illustrationszwecken, wobei zu beachten ist, dass die bearbeiteten Autor*innen mitunter mehrere der hier vorgestellten Perspektiven in ihren Werken verbinden (und deshalb auch in einem jeweils anderen Unterkapitel hätten vorgestellt werden können).

7.1 Die Verknüpfung von Vergangenheit, Gegenwart und Zukunft durch Emotionen

Emotionen sind ein soziales Phänomen, weil ihnen eine entscheidende Rolle im Rahmen menschlicher Handlungen zukommt und sie somit auch auf den sozialen Kontext des Individuums einwirken. Eine grundlegende Eigenschaft von Emotionen liegt, wie auch Jack Barbalet (1998, 183–187) betont, darin, dass sie Vergangenheit, Gegenwart und Zukunft eines Individuums miteinander verbinden. »Emotion is the basis of action; it both directs action to the future, and constructs the resources which action draws upon through the emotional apprehension of the past.« (Barbalet 1998, 186) Ereignisse der Vergangenheit führen zu einem bestimmten Gefühlszustand in der gegenwärtigen Situation, auf dessen Basis Handlungen gesetzt (oder unterlassen) werden, die die zukünftige Situation beeinflussen – und zwar nicht nur die persönliche Situation des Individuums selbst, sondern auch den sozialen Kontext. Ein Individuum reagiert emotional auf seine aktuelle Gegenwart, und zwar auf Basis in der Vergangenheit gemachter Erfahrungen und daraus folgender emotionaler Dispositionen, wobei gleichzeitig durch diese emotionalen Dispositionen auch ein bestimmtes zukünftiges Verhalten nahegelegt wird. Unterschiedliche Emotionen können daraufhin untersucht werden, wie sie Vergangenheit, Gegenwart und Zukunft miteinander verbinden und welche Implikationen dies für den sozialen Kontext der Individuen hat; die Emotionen Vertrauen und Angst sollen weiter unten entsprechend exemplarisch besprochen werden. Die prägende Wirkung von Emotionen für soziale Kontexte wird dabei ebenfalls ersichtlich. Zunächst soll die Vergangenheit, Gegenwart und Zukunft verbindende Funktion von Emotionen jedoch anhand des Handlungsmodells des ›emotional man‹ von Helena Flam vorgestellt werden.

7.1.1 Das Handlungsmodell des ›emotional man‹ von Helena Flam

In der Soziologie existieren unterschiedliche Erklärungsansätze für die Motivation und den Ablauf menschlichen Handelns; zumeist wird zwischen dem Modell des Homo Oeconomicus und dem des Homo Sociologicus unterschieden (vgl. Schimank 2000, 19–21). Menschen handeln verkürzt gesagt gemäß dem ersten Modell auf Basis rationaler Abwägungen der Kosten und des Nutzens verschiedener Handlungsalternativen, während sie gemäß dem zweiten Modell ihr Handeln vorrangig an sozialen Normen ausrichten (diese beiden Modelle haben im Laufe der Zeit zahlreiche Erweiterungen und Abwandlungen erfahren, die an dieser Stelle nicht näher dargestellt werden können; vgl. dazu Schimank 2000, 37–106; Flam 2000, 14–16; Esser 2011, 47–54; Cook, Harkness 2011, 158–164). Helena Flam zeigt, dass beide klassischen Modelle zu kurz greifen, da sie die handlungsgenerierende Funktion von Emotionen übersehen. In zwei 1990 erschienenen Aufsätzen, die im Jahr 2000 gemeinsam mit anderen Arbeiten als Buch publiziert wurden, zeigt sie die Handlungsrelevanz von Emotionen und damit letztlich auch deren verbindende Rolle zwischen Vergangenheit, Gegenwart und Zukunft auf (vgl. Flam 1990a, 1990b, 2000).

Menschen werden aus Sicht Flams weder einseitig von sozialen Normen gesteuert, noch sind sie von reiner Interessenkalkulation getrieben. Letztlich ist ein komplexes Modell vonnöten, in dem insbesondere den emotionalen Grundlagen des Handelns entsprechende Aufmerksamkeit eingeräumt und unterschiedliche Handlungslogiken (die emotionale, die normative und die rationale Handlungslogik) miteinander kombiniert werden können (vgl. Flam 2000, 13, 44; vgl. auch Kleres 2022, 181).

pure emotional man/constrained emotional man

Flam unterscheidet zwischen dem *pure emotional man* und dem *constrained emotional man*, wobei ersteres Modell weitgehend die in der Geistesgeschichte lange Zeit vorherrschende Idee einer Unbeherrschbarkeit von Emotionen zum Ausdruck bringt, indem Emotionen quasi ungefiltert Einfluss auf Individuen und soziale Situationen ausüben, während der *constrained emotional man* in der Lage ist, seine/ihre Emotionen bis zu einem gewissen Grad zu steuern und das von Hochschild beschriebene Emotionsmanagement durchzuführen, wobei diese *gemanagten* Emotionen ebenso wiederum Einfluss auf eine soziale Situation nehmen (vgl. Flam 2000, 17). Im Modell des *pure emotional man* kommt die Unberechenbarkeit und fehlende Steuerbarkeit von Emotionen zum Tragen, die den Akteur oder die Akteurin quasi überwältigen und damit wichtige Handlungsantriebe liefern, die aber auch zu Aktionen führen können, die den Interessen der Akteur*innen zuwiderlaufen, indem das Ausleben des Gefühls über die Kalkulation dessen etwaiger Folgen gesetzt wird. Wenn also etwa dem Ausdruck der Wut freien Lauf gelassen wird, ohne dass mögliche negative Konsequenzen (etwa die Revanche-Handlungen anderer, die während des Wutausbruches Beleidigungen erfahren haben) berücksichtigt werden. Im Modell des *constrained emotional man* wiederum liegt bereits eine Kombination des emotionalen Handlungsantriebes und der Berücksichtigung von sozialen Normen und Erwartungshaltungen vor (vgl. Flam 2000, 23). Das Individuum ist in der Lage, Emotionsmanagement zu praktizieren, und zwar auf Basis der erlernten Verhaltensregeln, die unter den Rahmenbedingungen einer aktuellen Situation angewandt werden, und agiert auf dieser Basis im sozialen Kontext. Wie mit aufkommender Wut umgegangen wird, ob und wie sie ausgedrückt wird und welche Handlungen daraufhin gesetzt werden, hängt in diesem Modell eng mit dem (früheren und gegenwärtigen) sozialen Kontext des Individuums zusammen. Emotionen liefern Akteur*innen wichtige Handlungsimpulse, die auf ihrer Basis gesetzten Handlungen lassen sich aber nicht eindeutig vorhersagen, sondern ergeben sich als komplexes Zusammenspiel dieser Emotionen mit erlernten Gefühlsregeln und ihrer Anwendung sowie aktuellen Interessen vor dem Hintergrund wahrgenommener Merkmale der gegenwärtigen Situation.

Zu beachten ist, dass der *pure emotional man* bei Flam vor allem als Kontrastfolie zu den Modellen rein rationaler oder rein normenbefolgender Individuen formuliert wurde und die Spontanität und Nichtvorhersehbarkeit emotionalen Handelns unterstreicht. Vor diesem Hintergrund wird erst die Bedeutung der emotionalen Handlungsmotivation des *constrained emotional man* verständlich, der zwar Normen und Interessen beachtet, nichtsdestotrotz aber auch einer emotionalen Handlungslogik folgt (vgl. Flam 2000, 17). Scheve hat auf die Gefahr hingewiesen, mit der Annahme eines rein emotional handelnden Individuums in einen Reduktionismus zurückzufallen, der Emotionen als präsoziale Phänomene betrachtet. Die von Barbalet beschriebene konventionelle Haltung, die von einer klaren Unterscheidung von Rationalität und Emotionalität ausgehe, würde im Modell des *pure emotional man* reaktiviert (vgl. Scheve 2012, 15–17). Flam hat die soziale Einbettung von Emotionen in ihren empirischen Arbeiten, etwa zu sozialen Bewegungen oder Organisationen, aufgezeigt (vgl. etwa Flam 2002a) und damit deutlich gemacht, dass die Skizzierung des *pure emotional man* eher der Schärfung ihres Arguments gegenüber den beiden Handlungsmodellen des Homo Oeconomicus und des Homo Sociologicus diente und nicht einen wie immer gearteten präsozialen Charakter von Emotionen untermauern sollte (vgl. auch Flam 2000, 43–44). Flams Modell trug dazu bei, die Bedeutung von Emotionen für menschliches Entscheiden und Handeln in einer Zeit aufzuzeigen, als diese in den (deutschsprachigen) Sozialwissenschaften noch weitgehend vernachlässigt wurden. Sie motivierte damit die Beachtung von Emotionen in zahlreichen soziologischen Themenfeldern (vgl. Kleres 2022, 183).

Soziale Bewegungen und Organisationen

Auch kollektives Handeln und das Handeln korporativer Akteure, etwa das Handeln sozialer Bewegungen oder von Organisationen, werden von Flam unter Berücksichtigung des Modells des *emotional man* näher beschrieben. Die Motivation, gemeinsam tätig zu werden, etwa in einer sozialen Bewegung oder einer Gewerkschaft, wird auf emotionale Aspekte (etwa die wechselseitige Verstärkung der Gefühle der Einzelnen im Zuge von Versammlungen) zurückgeführt, wobei die weitere Stabilisierung des gemeinsamen Handelns im Zeitverlauf durch die Entstehung entsprechender Normen und Gefühlsregeln stattfindet, die ihrerseits das Handeln der Akteur*innen prägen (vgl. Flam 2000, 27). Organisationen und die in ihnen stattfindende Institutionenbildung (vgl. Senge, Dombrowski 2019), als die man derartige Stabilisierungen von Gefühlsregeln auch beschreiben könnte, sorgen somit auch für die Entwicklung und Aufrechterhaltung von Emotionen, die bei den Individuen allein nicht aufgekommen wären oder sich ohne den kollektiven Zusammenschluss verflüchtigen würden (vgl. Schimank 2000, 118–119).

Emotionen sind bei Flam letztlich sowohl sozial bedingt als auch bedingend für soziale Situationen. Auch scheinbar rationale Entscheidungen und Handlungen erfolgen im Zusammenspiel von Emotionen (die sich aus der vergangenen und gegenwärtigen Situation der Akteur*innen ergeben), den im jeweiligen Kontext gültigen Gefühlsregeln und ihrer Anwendung durch die betroffenen Individuen sowie den Interessen der Individuen und den Rahmenbedingungen der konkreten Situation. Das Handeln von Manager*innen in Wirtschaftsorganisationen kann als Beispiel für – dem Anschein nach – rein dem klassischen Modell rationalen Kosten-Nutzen-Abwägens folgenden Verhaltens herangezogen werden, das bei näherer Betrachtung entscheidend durch Emotionen und komplexes Emotionsmanagement gekennzeichnet ist (vgl. auch Flam 2002a, 94–98; vgl. auch die Ausführungen in Kapitel 6.1.1).

Die Rolle von Emotionen für das Entscheiden und Handeln von Individuen, indem sie eine Brücke zwischen Vergangenheit, Gegenwart und Zukunft des Individuums bilden, ist nicht nur für mikrosoziologische Studien wichtig, sondern kann auch in meso- und makrosoziologischen Arbeiten beachtet werden.

Emotionen im Neo-Institutionalismus

Konstanze Senge hat diesbezüglich auf die emotionssoziologische Erweiterung des Neo-Institutionalismus hingewiesen, durch die die Rolle von Emotionen bei der Entstehung und Aufrechterhaltung von Institutionen erfasst werden kann und somit auch die Organisationssoziologie um diese Perspektive bereichert wird (vgl. Senge 2015; Senge, Dombrowski 2019). Die einseitige rationalistische Sicht von Organisationen als rational plan- und steuerbare Gebilde wurde seit den 1970er Jahren durch den soziologischen Neo-Institutionalismus (vertreten etwa durch John W. Meyer und Brian Rowan [1977] oder Paul DiMaggio und Walter W. Powell [1983]) zunächst im Hinblick auf die für Organisationen relevante Ausbildung von Konventionen und Traditionen, unhinterfragten Selbstverständlichkeiten und kulturellen Normen revidiert (vgl. Senge, Dombrowski 2019, 2–4). Organisationen funktionieren vor allem auf Basis der Anerkennung ihrer Legitimität. Die Betonung der Rationalität von Organisationen ist in dieser Sichtweise keine Beschreibung der realen Funktionsweise derselben, sondern vor allem ein Mythos, dessen Aufrechterhaltung der Legitimität der Organisationen dienlich ist (vgl. Senge, Dombrowski 2019, 6). Die nach außen und innen präsentierte formale, rationale Organisationsstruktur kann demzufolge vom realen Organisationshandeln der Mitglieder, das durch unhinterfragte Selbstverständlichkeiten gekennzeichnet ist und keineswegs immer den formalen Effizienzkriterien entsprechen muss, abweichen. Verschiedene Phasen der Entwicklung einer Organisation können dabei unterschieden werden: zunächst als Lösung konkreter Organisationsprobleme entstandene effiziente Strukturen führen mit der Zeit zu Institutionenbildung, d. h. zu für selbstverständlich gehaltenen Praktiken, die nicht weiter hinterfragt werden. Diese Einsicht wird in jüngerer Zeit im Hinblick auf die Bedeutung von Emotionen für das Handeln der Organisationsmitglieder ergänzt, um besser erklären zu können, wie es zu dieser Institutionenbildung in Organisationen und ihrer Aufrechterhaltung kommt (vgl. Senge 2015, 206–213; Senge, Dombrowski 2019, 7). Senge verweist allerdings darauf, dass Arbeiten und Konzepte der Emotionssoziologie in den neo-institutionalistischen Überlegungen bisher noch zu wenig beachtet würden und ortet in der Integration eines ausgefeilteren Emotionskonzeptes in neo-institutionalistische Arbeiten zukünftiges Forschungspotenzial (vgl. Senge 2015, 216–217). In diesem Zusammenhang kann beispielsweise auf die weiter unten beschriebenen Studien von Pixley (2004) zum Thema Vertrauen verwiesen werden, die die Bedeutung dieser Emotion für wirtschaftliches Handeln unterstrichen haben

Emotionen in der Rational Choice Theory

Wie bereits erwähnt, hat das klassische Modell des Homo Oeconomicus mittlerweile zahlreiche Ergänzungen und Abwandlungen gefunden (vgl. zur Geschichte dieses Modells auch Voss 2020). In jüngerer Zeit berücksichtigen Ansätze der Rational-Choice-Theorie, der modernen Variante des Homo Oeconomicus, auch Emotionen, wobei aber weiterhin die Idee prinzipiell rational handelnder Akteur*innen aufrechterhalten wird. Die Rahmenbedingungen, unter denen rationales Entscheiden und Handeln stattfinden kann, werden allerdings einer näheren Analyse unterzogen (vgl. etwa Schnabel 2005; Esser 2006). Bereits Jon Elster (1998) hatte in seiner Abwandlung des Rational-Choice-Modells auf die nötige Beachtung von Emotionen hingewiesen. Eine Kombination von Rationalität mit Emotionen wird vor allem im Zusammenhang mit Handlungen, die durch reinen Eigennutz nicht erklärbar erscheinen, diskutiert (vgl. auch Schnabel 2005, 287). Modifikationen von *Subjective-Expected-Utility* (SEU)-Modellen, wie etwa das Modell der Frame-Selektion von Hartmut Esser (vgl. etwa Esser 2006), nehmen eine Anpassung des klassischen Rational-Choice-Modells vor, indem vor der eigentlichen Entscheidung situationsabhängig eine Entscheidung über die Präferenzordnung und den anzuwendenden Modus der Informationsverarbeitung gefällt wird (vgl. auch Schnabel 2005, 192). Esser strebt mit seinem Modell der Frame-Selektion eine Kombination des utilitaristischen, des normativen und des interpretativen Paradigmas an (vgl. Esser 2011, 48), wobei auch eine formale Modellierung des Ansatzes vorgenommen wird, und erweitert damit das enge Rational-Choice-Modell der neo-klassischen Ökonomie u. a. durch Hinweise auf die Interpretationsleistungen von Individuen in der alltäglichen Lebenswelt. Überlegungen von Alfred Schütz und anderen Vertreter*innen des interpretativen Paradigmas werden für die Erklärung der durch die Akteur*innen vorgenommenen ›Definition der Situation‹ herangezogen (vgl. Esser 2011, 52–59; vgl. auch Esser 1991). Innerhalb dieser ›Definition der Situation‹ kommt es zur Wahl eines ›*frames*‹, d. h. eines Rahmens, unter dem die Situation generell beurteilt wird, und der Wahl eines ›Modus‹, der sich auf die Art der Informationsverarbeitung bezieht. Diese ›Wahlen‹ eines Frames bzw. eines Modus – vor der eigentlich zu treffenden Entscheidung – beruhen dabei selbst nicht auf ›rationalem‹ Abwägen und Entscheiden, sondern »auf letztlich *un*kontrollierbaren kognitiv-emotionalen Prozessen der Wahrnehmung, der Mustererkennung und der Informationsverarbeitung« (Esser 2006, 148, Hervorhebung im Original). Zur Vereinfachung der mathematischen Modellierung unterscheidet Esser nur zwischen zwei Formen des Modus der Informationsverarbeitung: einem automatisch-spontanen und einem reflektiert-kalkulierenden Prozessieren von Informationen. Diese beiden Modi variieren hinsichtlich des Ausmaßes an Zeit und Mühe, das bei der Informationsverarbeitung investiert wird. Emotionen spielen dabei im Zusammenhang mit dem automatisch-spontanen Modus eine wichtige Rolle, da sie zu raschen Entscheidungen führen, was – abhängig davon, wie wichtig die zu treffende Entscheidung ist – auch eine effiziente Form der Entscheidungsfindung darstellt (vgl. Esser 2006, 148–151). Im Rahmen von Entscheidungsprozessen werden aus Essers Sicht auf der Basis der Wahrnehmung der Situation und im Sinne einer Mustererkennung und der Erinnerung an frühere vergleichbare Situationen entweder ehemalige Entscheidungs- und Handlungsmuster wiederaktiviert und angewandt oder, falls die aktuelle Situation als abweichend vom vorhandenen Muster eingestuft wird, emotionale Reaktionen und/

oder nähere Reflexionsprozesse angestoßen (vgl. Esser 2011, 53). Esser greift dabei explizit auf Ansätze der Neurowissenschaften zurück, um sein Modell zu untermauern, und verweist auf die im Gehirn ablaufenden Prozesse der Mustererkennung und Aktivierung emotionaler Reaktionen, die durch wahrgenommene unerwartete Merkmale einer Situation ausgelöst werden (vgl. Esser 2006, 156–160; Esser 2011, 57; vgl. auch Flam 2006, 197–198).

Emotionen werden in der Rational-Choice-Theorie also mittlerweile beachtet (vgl. auch Cook, Harkness 2011, 158–164), allerdings wird dabei zumeist an der Fokussierung auf (eingeschränkt) rationales Handeln und Entscheiden, auch aus Gründen der Modellökonomie, festgehalten (vgl. zur Kritik auch Schützeichel 2008, 89–92). Die im Modell des *constrained emotional man* von Flam diskutierte Kombination des emotionalen Handlungsantriebes und der Berücksichtigung von sozialen Normen und Erwartungshaltungen für das Ausleben dieser Emotionen, in Kombination mit den Interessen der Individuen, findet dabei bisher kaum Beachtung. Das in Rational-Choice-Ansätzen verwendete Emotionskonzept ist zumeist reduktionistisch neurophysiologisch ausgerichtet und wird vor allem im Zusammenhang mit der automatisch-spontanen Informationsverarbeitung beachtet. Rationalität und Emotionalität werden dabei letztlich weiterhin als zwei unterschiedliche Formen des Weltbezuges aufgefasst und auch die Rolle von ›Hintergrundgefühlen‹ im Rahmen als ›rational‹ bezeichneter Handlungen vernachlässigt (vgl. auch Schützeichel 2011, 172; vgl. auch die Ausführungen in Kapitel 3.1). Die geringe Beachtung bisherigen emotionssoziologischen Schaffens durch Rational-Choice-Ansätze hängt vermutlich auch mit dem Ziel dieser Ansätze zusammen, eine allgemeine, auch formal modellierbare, Handlungstheorie zu entwickeln. Die häufig interpretativ-verstehend auf spezielle Ausschnitte der sozialen Wirklichkeit konzentrierten Ansätze der Emotionssoziologie sind mit einem solchen Unterfangen (zumindest auf den ersten Blick hin) nicht direkt kompatibel. Allerdings findet auch die, aufgrund ihrer formalen Modellierung an Rational-Choice-Theorien prinzipiell anschlussfähige, *Affect Control Theory*, die explizit auf die kulturell geprägte Bedeutung von Affekten/Emotionen hinweist (vgl. auch Kapitel 5), in Rational-Choice-Theorien bisher wenig Beachtung. Die Berücksichtigung eines ausgefeilteren Emotionskonzeptes, das die soziale Einbettung aller Emotionen berücksichtigt, könnte jedenfalls zur Überwindung des bisherigen neurophysiologischen Reduktionismus mancher Emotionen berücksichtigenden Rational-Choice-Theorien beitragen.

7.1.2 Vertrauen als Beispiel für eine Vergangenheit, Gegenwart und Zukunft verknüpfende Emotion

Jack Barbalet hat sich mit einer Reihe von konkreten Gefühlen beschäftigt, um zu zeigen, inwieweit Gefühle – die häufig von der Soziologie als individuelles Phänomen betrachtet wurden – tatsächlich soziale Relevanz haben und soziales Handeln bzw. soziale Strukturen beeinflussen können (vgl. zum Folgenden auch Scherke 2009, 73–75). Vertrauen wird von Barbalet eindeutig als Emotion verstanden und sein Ansatz unterscheidet sich damit von anderen Vertrauenskonzepten, die dieses eher als kognitive Einstellung oder rationale Entscheidung konzipieren und dabei den emotionalen Charakter von Vertrauen vernachlässigen (vgl. Barbalet 1998, 84–94). Barbalet orientiert sich in seiner Darstellung des Vertrauens u. a. an Ideen von Charles Darwin, John Maynard Keynes, Georg Simmel, aber auch Theodore D. Kemper. Vertrauen trägt aus seiner Sicht dazu bei, die prinzipielle Unsicherheit der Zukunft für einzelne Akteur*innen zu reduzieren und ihn/sie damit handlungsfähig zu machen (ohne dass die Rolle des Vertrauens den Betroffenen bewusst sein muss). Vertrauen kommt in sozialen Situationen dann auf, wenn Akteur*innen Akzeptanz und Wertschätzung durch andere erfahren. Je höher das Ausmaß dieser Akzeptanz, desto eher werden Akteur*innen zukünftig erneut in die entsprechenden Interaktionen eintreten (hier wird die soziale Entstehung des Vertrauens deutlich und zugleich, dass Vertrauen zwar einen bestimmten Zustand des Selbst anzeigt, damit aber auch auf konkrete andere, die die Erreichung dieses Zustandes ermöglicht haben und ›auf die man vertraut‹, gerichtet ist, vgl. Barbalet 1998, 86). Vertrauen ist nicht nur ein Hoffen auf eine günstige zukünftige Entwicklung, sondern gewissermaßen eine aus bisherigen Erfahrungen abgeleitete (Selbst-)Sicherheit, die die Basis für künftiges Handeln bildet. Ausgehend von in der Vergangenheit gemachten Erfahrungen und dem daher in der Gegenwart herrschenden Gefühlszustand wird also eine Projektion in die Zukunft vorgenommen, und zwar derart, dass eine prinzipielle Weiterführung des bisherigen Verhaltens angenommen und als möglich erachtet wird. Vertrauen verknüpft auf diese Weise Vergangenheit und Gegenwart mit der Zukunft (und hat auf diese Weise auch Konsequenzen für soziale Zusammenhänge). Wirtschaftliches Handeln beispielsweise muss dieser Sichtweise zufolge als entscheidend durch Emotionen geprägt verstanden werden. Die gemäß manchen traditionellen Vorstellungen scheinbar emotionsfreie Rationalität von Investitionsentscheidungen beruht solcherart eigentlich auf Hintergrundgefühlen des Vertrauens (vgl. Barbalet 1998, 96–102).

Kombination mit anderen Emotionen

Vertrauen tritt im Alltag häufig vermischt mit anderen Emotionen auf, weshalb sein eigenständiger Charakter als Emotion mitunter übersehen wurde, wie auch anhand des Vertrauens als Teil von Liebesbeziehungen aufgezeigt werden kann (vgl. auch Seebach, Núñez-Mosteo 2016, 4.39–4.42). Liebe kann gewissermaßen als die Gewährung eines Vertrauensvorschusses an eine bestimmte andere Person betrachtet werden, in der Art, dass die Fortdauer der Beziehung prinzipiell denkbar wird und entsprechende Handlungen gesetzt werden. Liebe kommt jedoch, wenn man etwa an von Beginn an durch Eifersucht gekennzeichnete Beziehungen denkt, auch ohne oder bei nur geringem Vertrauensvorschuss vor. Die Interaktionen der Liebenden werden in diesen Fällen jedoch die Herstellung von Sicherheit zum Ziel haben, während in von Beginn an durch Vertrauen gekennzeichneten Liebesbeziehungen die Herstellung einer derartigen wechselseitigen Vertrauenssicherung nicht im Vordergrund der Interaktionen der Liebenden stehen wird. Die Berücksichtigung der Anwesenheit oder des Fehlens von Vertrauen in sozialen Situationen (manchmal gleichzeitig mit anderen Emotionen) kann somit zum besseren Verständnis konkreter Beziehungsmuster und Interaktionsabläufe beitragen.

Vertrauen im Wirtschaftskontext

Jocelyn Pixley hat sich in ähnlicher Weise wie Barbalet mit Vertrauen bzw. generell Emotionen als Basis wirtschaftlichen Handelns auseinandergesetzt (vgl. Pixley 2004; vgl. auch Lüde 2022). In ihrem 2004 erschienenen Buch setzt sie sich mit den Rationalitätserwartungen hinsichtlich des Handelns von Finanzmanager*innen und der gleichzeitigen Emotionsgebundenheit ihrer Entscheidungen auseinander. Ausgangspunkt ist die Frage, wie vor dem Hintergrund einer prinzipiell unsicheren Zukunft überhaupt weitreichende Entscheidungen (im Finanzbereich) getroffen werden können? Neben dem Handeln einzelner Akteur*innen beschäftigt sie sich auch mit der Meso- und Makroebene wirtschaftlichen Entscheidens und Handelns. Basierend auf Interviews mit diversen Finanzakteur*innen arbeitet sie heraus, wie frühere Ereignisse und die damit einhergehenden Emotionen sowie die Erinnerung daran zur Habitualisierung bestimmter Entscheidungspraktiken beitragen. In Situationen, die schnelle Entscheidungen erfordern, werden die entsprechenden Strategien erinnert und zum Einsatz gebracht und ermöglichen somit rasches Reagieren, sind jedoch nicht als rationales Kalkulieren zu beschreiben (vgl. Pixley 2004, 66–68; vgl. auch Lüde 2022, 461). Im Unterschied zum weiter oben vorgestellten Ansatz von Esser, der sich ebenfalls für die Rolle von Emotionen im Rahmen von Informationsverarbeitungsprozessen und bei der Aktivierung früherer Verhaltenspraktiken interessiert, berücksichtigt Pixley auch die interaktive Herstellung und Adaption von Emotionen im sozialen Kontext, bei der Deutungsmuster entstehen und tradiert werden (z. B. Vorstellungen zur Rolle der Zentralbanken), die entscheidenden Einfluss auf das weitere Vertrauen oder Misstrauen sowie Agieren der Finanzmarktteilnehmer*innen haben (vgl. Pixley 2004, 136–163).

7.1.3 Angst als Beispiel für eine Vergangenheit, Gegenwart und Zukunft verknüpfende Emotion

Während Vertrauen also ein Gefühl ist, das Handlungen ermöglicht, wird Angst in der Literatur häufig als Hindernis für Handlungen angesehen, da sie zu Erstarrung und Passivität führen kann. Auf diese

Weise verknüpft aber auch Angst Gegenwart und Zukunft miteinander und hat entscheidenden Einfluss auf die gesetzten (bzw. nicht gesetzten) Handlungen in einer Situation (vgl. zum Folgenden auch Scherke 2009, 75–78). Neben der Erzeugung von Passivität kann Angst, wie schon Darwin feststellte, aber auch entweder zur Flucht oder zum Kampf führen. Barbalet zeigt zudem, dass es daneben noch eine weitere Handlungsmöglichkeit gibt, nämlich Aktionen, die der Eindämmung der Angst dienen (vgl. Barbalet 1998, 151). Angst wurde lange Zeit vor allem als Reaktion auf physische Gefahren im weitesten Sinne diskutiert, weshalb ihre Bedeutung für soziale Situationen, in denen oftmals weder Kampf noch Flucht adäquate Handlungsmöglichkeiten sind, übersehen wurde.

Objekt der Angst/ Ursache der Angst

Aus Sicht Barbalets ist es notwendig, zwischen dem Objekt der Angst und der Ursache der Angst zu unterscheiden. Das Objekt der Angst ist dasjenige, worauf man in dem Zustand der Angst konzentriert ist. Die Ursache der Angst liegt nicht in den Eigenschaften dieses Objektes, sondern in der Unfähigkeit, mit der potenziell von ihm ausgehenden Gefahr umzugehen – also letztlich im Selbst und seinem (Handlungs-)Potenzial. Auch das Gefühl der Angst schlägt eine Brücke in die Zukunft, allerdings ist es im Gegensatz zum Vertrauen in diesem Fall eine *negative* Haltung der Zukunft gegenüber, die aus einer gegebenen Situation folgt. Befürchtungen, eine Situation nicht bewältigen zu können, beruhen dabei auf bisherigen Erfahrungen der Akteur*innen (vgl. Barbalet 1998, 154–157).

Sozial ist das Gefühl der Angst nicht nur, weil bisherige Interaktionen, die eine schwache Position des Akteurs/der Akteurin zur Folge hatten, an dessen Entstehung beteiligt sind bzw. weil die soziale Position des Akteurs/der Akteurin bedroht sein kann, was Angst erzeugt. Sozial ist das Gefühl der Angst auch, weil sein Auftreten in einer Gruppe zur Verstärkung der von den Gruppenmitgliedern verspürten Gefühle führen kann bzw. weil es zur Entstehung eines entsprechenden emotionalen Klimas kommen kann. Angst hat, so verstanden, auch Konsequenzen auf der makrosozialen Ebene, indem beispielsweise kollektives Handeln, und damit sozialer Wandel, durch sie eingeleitet werden (vgl. Barbalet 1998, 160).

Angst und sozialer Wandel

Barbalet führt das Beispiel der Angst vor Arbeitslosigkeit an, die durchaus verbindende Funktionen für die Gruppe der Arbeiter*innenschaft haben und etwa zur Gewerkschaftsgründung führen kann. Angst kann jedoch auch Passivität und Resignation der Individuen zur Folge haben, abhängig von der jeweiligen konkreten historischen Konstellation und den vorhandenen oder nicht vorhandenen vorhergehenden Erfahrungen erfolgreicher kollektiver Bewältigung der Ursachen der Angst (vgl. Barbalet 1998, 160–161). Angst kann auch aufseiten der eigentlich sozial Stärkeren verspürt werden, wie Barbalet feststellt. Es handelt sich dabei um die Furcht vor dem Verlust der eigenen dominanten Position, die sich aus einer *relativen* Verschiebung in den zur Verfügung stehenden Ressourcen zwischen Machthabenden und Untergebenen ergibt. Auch hier sehen die Konsequenzen dieser Angstgefühle unterschiedlich aus, abhängig von der bisherigen Konstellation und den Handlungsmöglichkeiten der Akteur*innen (vgl. Barbalet 1998, 161–168; vgl. auch Kleres 2022, 51). Angst, und dies muss aus meiner Sicht betont werden, motiviert die Machthabenden zu entsprechenden, die Angst eindämmenden Handlungen, *noch bevor* ein realer Verlust ihrer Position eingetreten ist, und zwar auch dann, wenn ein derartiger Verlust nicht unbedingt wahrscheinlich ist. Als Beispiel bezieht sich Barbalet auf die Umgestaltung der Sozialgesetzgebung Großbritanniens während des Ersten Weltkrieges, die in Reaktion auf die zu dieser Zeit gewerkschaftlich organisierten Arbeiter*innen, deren Streikpotenzial als Bedrohung der Machtposition der Regierung angesehen wurde, zustande kam (vgl. Barbalet 1998, 161–168).

Angst und soziale Bewegungen

Während Barbalet eher an den makrosozialen Folgen der Angst interessiert ist und hierbei ein Schwergewicht auf durch Angst induzierten sozialen Wandel legt, widmet sich Flam dem mikrosozialen Bereich und hier vor allem der Frage, wie Entscheidungen von Individuen durch Angstgefühle in eine bestimmte Richtung gelenkt bzw. auch gehemmt werden (vgl. Flam 2000, 54–65). Flam hat sich ausführlich mit der Entstehung der polnischen Oppositionsbewegung in den 1980er Jahren beschäftigt und gezeigt, dass Emotionen bzw. Emotionsmanagement (allen voran dasjenige der Angst) eine wichtige Rolle bei der Konstruktion eines alternativen Welt- und Moralentwurfs durch die Opposition spielten. Angst hielt beispielsweise manche Akteur*innen davon ab, ihren normativen Überzeugungen entsprechende Entscheidungen zu treffen, wie Flam in Interviews mit ehemaligen Mitgliedern der Kommunistischen Partei Polens feststellte. Die betroffenen Akteur*innen zeigten ein weites Spektrum an Strategien der Rollendistanz, die ihnen dabei half, ihr Selbstbild als jemand, der die Probleme des Regimes erkannt hat und den Entschluss zum Parteiaustritt treffen müsste, mit dem aufgrund der Angst vor Repressionen immer wieder verzögerten Handeln (d. h. dem nicht vollzogenen Parteiaustritt) in Einklang zu bringen. Flam weist darauf hin, dass der Gehorsam der Partei gegenüber auch mit den materiellen und ideellen Interessen der Individuen zusammenhängt, d. h. mit Vorteilen, die innerhalb des Regimes zu erreichen waren, oder aber mit dem Wunsch, das bisherige Selbstkonzept aufrechtzuerhalten. Die Entscheidung, eine oppositionelle Rolle einzunehmen oder nicht einzunehmen, kann nicht nur durch ein rationales Abwägen dieser Interessen erklärt werden, sondern muss die aufseiten der Akteur*innen verspürten Gefühle der Angst mitbeachten. Nichthandeln in Situationen, die ein bestimmtes Handeln aufgrund verinnerlichter normativer Überzeugungen nahelegen, kann eine Bedrohung für das Identitätsgefühl des Einzelnen sein. Je nachdem, welche Form der Angst überwiegt: jene vor dem Verlust des Selbstrespekts oder jene vor möglichen Repressionen, wird ein anderes Verhalten die Folge sein. Der Kontakt zu anderen Abweichenden kann den Entscheidungsprozess erleichtern, da dadurch eine (neue) Bezugsgruppe zur Verfügung steht, die zur Quelle von Selbstachtung werden kann (vgl. Flam 2000, 54–65). Ob Angst zu Handlungen führt, die letztlich sozialen Wandel einleiten können, hängt also auch bei Flam, ähnlich wie in Barbalets Beispiel, von der bisherigen sozialen Konstellation und den zur Verfügung stehenden sozialen Bezügen ab (vgl. Flam 2000, 68–93).

Weitere Wirkungen von Angst werden im nächsten Abschnitt beschrieben werden.

7.2 Bindende und trennende Funktionen von Emotionen

Emotionen sind auch ein soziales Phänomen, weil sie Individuen zueinander in Relation setzen. Der Fokus bei dieser Perspektive liegt nicht auf der zeitüberbrückenden Funktion von Emotionen für Individuen, durch die diese gewissermaßen zu ihrem früheren und zukünftigen Ich (und damit zu dessen sozialer Umwelt) in Bezug gesetzt werden, sondern auf den über Emotionen gestifteten *gegenwärtigen* Relationen zu anderen Menschen (und mitunter auch Dingen). Emotionen können solcherart verbindende und trennende Wirkungen haben (vgl. auch Flam 2000, 18; vgl. auch Kleres, Albrecht 2015), womit nochmals die sozialen Konsequenzen von Emotionen sichtbar werden.

Simmel hatte bereits den relationalen Charakter von Emotionen aufgezeigt und spielt daher in jüngeren Ansätzen, die sich für die verbindenden und trennenden Funktionen von Emotionen interessieren, eine wichtige Rolle (vgl. Flam 2002, 16–42; Kleres, Albrecht 2015, 3; Cantó-Milà 2016, 132). Hervorzuheben ist in Simmels Ansatz, dass nicht nur Emotionen wie Treue und Dankbarkeit verbindend wirken, sondern auch während eines Streits aufkommende Emotionen, etwa Neid oder Hass, zur Vergesellschaftung beitragen. Emotionen können zugleich trennende und bindende Funktionen haben, indem sie etwa durch die emotionale Abgrenzung zu einer anderen Gruppe zugleich die Kohäsion innerhalb der eigenen Gruppe unterstützen.

Treue

Als Beispiel für den sozialen und zugleich relationalen Charakter von Emotionen verweise ich auf Simmels Auseinandersetzung mit Treue. Simmel interessiert sich dafür, wie Wechselwirkungen zwischen Menschen einen dauerhaften Charakter bekommen, und unterstreicht dabei die Rolle von Emotionen. Treue ist für Simmel ein wichtiges verbindendes Gefühl, das zur Haltbarkeit von sozialen Beziehungen beiträgt, und zwar auch dann, wenn die die Beziehung ursprünglich stiftenden Gründe oder Emotionen, etwa Liebe, nicht mehr vorhanden sind: »Man könnte die Treue als das Beharrungsvermögen der Seele bezeichnen, welches sie in einer einmal eingeschlagenen Bahn festhält, nachdem der Anstoß, der sie überhaupt in diese Bahn geführt, vorbeigegangen ist.« (Simmel [1908] 2013, 455) Treue entsteht erst in einer sozialen Beziehung und geht ihr nicht vorher. Zugleich ist Treue ein auf den Erhalt dieser Beziehung ausgerichtetes Gefühl und damit untrennbar mit dieser verbunden, wodurch sich dieses Gefühl von anderen unterscheidet, die auch als Zustände einer einzelnen Person vorkommen können, noch bevor bzw. ohne dass eine Wechselwirkung mit anderen gegeben ist (vgl. Simmel [1908] 2013, 458–459).

(Romantische) Liebe

(Romantische) Liebe kann als klassisches Beispiel für eine Verbindung herstellende Emotion beschrieben werden, wie auch Swen Seebach und Francesc Núñez-Mosteo im Rahmen einer empirischen Studie zu Liebesbeziehungen zeigen (vgl. Seebach, Núñez-Mosteo 2016). In qualitativen Interviews und Fokusgruppendiskussionen in Spanien und Deutschland fragten die Autor*innen u. a. danach, wie Liebe definiert wird. Zudem ließen sie sich zahlreiche Alltagssituationen beschreiben und untersuchten, auf welche Weise die Befragten im Zusammenhang mit diesen von Liebe sprachen. Deutlich wird der Einfluss der Kulturindustrie, an deren Darstellungen von romantischer Liebe sich die Befragten in ihren Beschreibungen und Definitionen von Liebe orientieren, diese aber auch kritisch diskutieren (vgl. Seebach, Núñez-Mosteo 2016, 4.34–4.37). Liebe wird im Verlauf des 20. Jahrhunderts immer wieder in Filmen, Werbeeinschaltungen oder Musik thematisiert und die entsprechenden Darstellungen und Vorstellungsbilder finden daher auch Eingang in die Liebesvorstellungen der Subjekte, worauf bereits Eva Illouz (2003) hingewiesen hatte. Seebach und Núñez-Mosteo zeigen aber, dass die Befragten in ihren Narrationen durchaus Unterschiede zwischen kulturellen Vorstellungsbildern und ihren Liebeserfahrungen im Alltag ansprechen und auch die jeweilige persönliche Situation der Befragten zu Unterschieden bei der Thematisierung von Liebe führt (etwa zwischen jenen, die aktuell in einer Beziehung leben, und jenen, bei denen dies nicht der Fall ist). Romantische Liebe wird zumeist sowohl als Gefühl in bestimmten Augenblicken als auch als Teil der Alltagspraxis der Liebesbeziehung beschrieben. Liebe ist eben nicht nur ein Gefühl der einzelnen Akteur*innen, das auf den/die jeweils andere/n als Objekt projiziert wird; ihre bindende Funktion zwischen Individuen in Alltagssituationen hängt mit dem gleichzeitigen Erleben der Beteiligten, der Reziprozität des Gefühls zusammen, das einen romantischen Augenblick in den Augen der Liebenden überhaupt erst zu einem solchen macht. »In fact, the feeling of the other and the synchronicity of experiencing love was the very condition for being able to experience love at all.« (Seebach, Núñez-Mosteo 2016, 4.25) Seebach und Núñez-Mosteo weisen unter Bezug auf Simmel auf den sich selbst verstärkenden Charakter von Liebe hin, indem aus dem reziprok verspürten romantischen Gefühl gewisse Erwartungshaltungen und Normen im Hinblick auf die Dauerhaftigkeit dieses Gefühls erwachsen, die zudem durch geteilte Liebesnarrationen verstärkt werden (vgl. Seebach, Núñez-Mosteo 2016, 5.8):

> »Romantic love is mean and end, linking emotion, institution and legitimizing story for both being linked by it. Therefore romantic love establishes and re-establishes itself as an institution continuously. This makes it different from other linking emotions because unlike them, romantic love is mediated by other linking emotions like trust and shame.« (Seebach, Núñez-Mosteo 2016, 5.9)

Emotionen im Krieg

Im Unterschied zum verbindenden Gefühl der Liebe sind es Gefühle des Hasses oder der Verachtung, die trennende Wirkungen im sozialen Kontext haben und daher beispielsweise auch im Kriegsalltag bei der Konstruktion von Feindbildern eine wichtige Rolle spielen bzw. durch entsprechende Propaganda aktiv zu wecken versucht werden, wie Sabine A. Haring am Beispiel des Ersten Weltkrieges aufzeigt und dabei zugleich den Kontrast zu aus unterschiedlichen verbindenden Emotionen, wie Sympathie und Vertrauen, gespeisten Wir-Gefühlen deutlich macht (vgl. Haring 2013a, 282–285, 300–303; vgl. auch die Ausführungen zur Rolle von Emotionen im Kriegsalltag und den Möglichkeiten ihrer historisch-soziologischen Erforschung in Kapitel 5).

Ressentiment

Die trennende Funktion von Emotionen spielt insgesamt im Bereich der Politik eine wichtige Rolle. Nicolas Demertzis plädiert für die Etablierung einer politischen Soziologie der Emotionen (vgl. Demertzis 2020, 1–5), in der die allgemeinen Forschungsinteressen der politischen Soziologie mit der mittlerweile stark gewachsenen Expertise der Soziologie der Emotionen eine Verknüpfung finden sollen. Besondere Aufmerksamkeit kommt dabei der Rolle der Medien und insgesamt dem öffentlichen Diskurs zu, in dem (politische) Emotionen verhandelt werden, wobei prinzipiell jede Emotion politisch relevant werden kann (vgl. Demertzis 2020, 8–14). Demertzis hat dies u. a. anhand der komplexen Emotion des Ressentiments dargelegt, wobei die trennende Wirkung dieser Emotion gut sichtbar wird. Er widmet sich sehr detailliert *resentment* und *ressentiment* und zeigt den Unterschied dieser im Englischen oftmals synonym verwendeten Emotionsbegriffe auf (vgl. Demertzis 2020, 113; vgl. auch Meltzer, Musolf 2002, 241–245). Es handelt sich bei beiden um *moralische Emotionen,* da sie aus einem sozialen Vergleich heraus entstehen, der aber zu je unterschiedlichen Konsequenzen führen kann.

Moralische Emotionen

An dieser Stelle ist ein kurzer allgemeiner Hinweis zum Thema *moralische Emotionen* angebracht: Moralische Emotionen sind Emotionen, die sich aus der Befolgung oder dem Durchbrechen sozialer Normen ergeben (wie etwa Stolz und Scham), oder die als Resultate von sozialen Vergleichsprozessen entstehen (wie etwa Neid). Mitunter werden auch Gefühle, die Voraussetzungen für moralisches Handeln bilden oder dieses motivieren (wie etwa Mitgefühl), unter dem Begriff »moralische Emotionen« subsumiert (vgl. zur Uneinheitlichkeit der Verwendung des Ausdrucks »moralische Emotionen« auch Reisenzein 2010, 268–269). Jonathan Haidt schlägt eine Unterscheidung von vier Familien moralischer Gefühle vor: andere abwertende Emotionen (Verachtung, Wut, Ekel), mit anderen mitfühlende Emotionen (Mitleid), andere lobende Emotionen (Dankbarkeit und Hochachtung) und auf das Selbst bezogene Emotionen (Scham, Verlegenheit und Schuld) (vgl. Haidt 2003, 852). Moralische Emotionen stellen jedenfalls einen Bezug zu anderen Personen und sozialen Situationen her, der zusätzlich durch die Bewertung der Relation oder Situation als (moralisch) richtig oder falsch gekennzeichnet ist, sie können dabei sowohl bindende als auch trennende Funktionen haben (vgl. zur Geschichte des Konzeptes moralischer Emotionen auch Thome, Terpe 2012, 266–269).

Demertzis erörtert unter Bezugnahme auf David Hume, Adam Smith, Friedrich Nietzsche, Max Scheler und andere Gemeinsamkeiten und Unterschiede von *resentment* und *ressentiment. Resentment* kann als Groll beschrieben werden, der aufgrund ungerechter Behandlung entsteht und der mit Vergeltungsgefühlen verbunden ist, wobei sich der Groll gegen einen als verantwortlich für die ungerechte Behandlung empfundenen anderen richtet, der/die prinzipiell für diese Ungerechtigkeit zur Rechenschaft gezogen werden kann (vgl. Demertzis 2020, 114–118). Der relationale Charakter der Emotion wird in Demertzis Darstellung sichtbar und zugleich das mobilisierende Potenzial dieses Grolls, der auch kollektiv, etwa als Klassengegensatz, empfunden werden kann, wie er unter Bezugnahme auf entsprechende Thesen Barbalets feststellt (vgl. Demertzis 2020, 118–119). Demertzis weist allerdings auf die notwendigen Voraussetzungen für das politisch Wirksam-Werden dieser Emotion hin, die darin bestehen, dass prinzipiell eine Veränderung der ungerechten Situation als möglich erachtet werden muss. Ist dies *nicht* der Fall, entsteht eher Neid anstelle des Vergeltungsgefühles. Wenn zudem zeitgleich eine bestimmte andere Person/Gruppe als verantwortlich für die Unmöglichkeit der Veränderung gesehen wird, entsteht Ressentiment (vgl. Demertzis 2020, 120). *Ressentiment* kann in Anlehnung an Nietzsche und Scheler als komplexer emotionaler Zustand beschrieben werden, der sich durch Groll auszeichnet, der aufgrund von Ohnmachtsgefühlen nicht ausgelebt werden kann und zu einer Umwertung des Ungerechtigkeitsgefühls in Form von Vorurteilen und Verachtung führt (vgl. Scheler [1919] 1972, 37–47; Demertzis 2020, 120–140). Das Ressentiment speist sich dabei laut Scheler aus einer ganzen Reihe anderer Emotionen, wie etwa Rachegefühlen, Neid und Bosheit, die nicht direkt ausgelebt und damit überwunden werden können (vgl. Scheler [1919] 1972, 41; vgl. auch Schoeck 1973, 186–191). Ressentiments können auch auf kollektiver Ebene wirksam werden: »It becomes a sociological issue when large numbers of people share the sting of frustrated hopes, thwarted plans, and helpless victimization and are prevented from overt expression.« (Demertzis 2020, 122) Im Unterschied zu *resentment* zeichnet sich *ressentiment* durch den empfundenen Zwang

Kombination verschiedener Emotionen

zur Passivität aus, der Scheler zufolge im Laufe der Zeit zu einer Umwertung von Werten führt und sich in (generalisierter) Feindseligkeit und Negierung des einst Wertgeschätzten, aber letztlich nicht Erreichbaren, niederschlägt (vgl. Scheler [1919] 1972, 59–61). Demertzis beschreibt dies wie folgt:

> »I consider *ressentiment* to be an unpleasant complex moral sentiment with no specific addresses, experienced by inferior individuals including a chronic reliving of repressed and endless vengefulness, hostility, hatred, envy, and resentment due to the powerlessness of the subject in expressing them, and resulting, at the level of moral values, in the disavowal of what is unconsciously desired.« (Demertzis 2020, 132)

Politische Instrumentalisierung

Ressentiment-Gefühle können, obwohl sie oftmals individuell aufgrund einer unterlegenen Position zunächst nicht ausgelebt werden, politisch instrumentalisiert und auf diese Weise in sozialen Zusammenhängen wirksam werden, wie Demertzis etwa am Beispiel des griechischen Populismus aufzeigt (vgl. Demertzis 2020, 159–167). In ähnlicher Weise argumentiert auch Detlef Pollack, der unter Ostdeutschen bestehende Ressentimentgefühle, welche etwa von der AfD aufgegriffen werden, zur Erklärung rechtspopulistischen Wahlverhaltens heranzieht (vgl. Pollack 2020, 210–212). Auch Eva Illouz unterstreicht im Hinblick auf die populistische Politik Benjamin Netanjahus in Israel die Bedeutung von Ressentimentgefühlen (vgl. Ilouz 2023, 121–150). Das Aufgreifen von Emotionen bzw. der Versuch, dieselben im Publikum zu wecken, kann generell als ein Kennzeichen populistischer Rhetorik beschrieben werden. Neben Ressentiment, Groll, Wut und Hass kann dabei auch Nostalgie eine Rolle spielen (vgl. Demertzis 2020, 155–156; vgl. auch Scherke 2018 sowie Kapitel 7.5). Auch Scham bzw. die Aktivierung von Scham-Wut-Spiralen ist in diesem Zusammenhang zu beachten (vgl. auch Scherke 2021). Ob Scham ebenso Teil des komplexen Emotionsgemisches von Ressentiment-Gefühlen ist, wurde von Demertzis und von Scheve gemeinsam mit Salmela kontrovers diskutiert (vgl. Demertzis 2020, 159). Während von Scheve und Salmela unterdrückter Scham als Teil von Ressentiment-Gefühlen im Zusammenhang mit rechtem Populismus Bedeutung einräumen, da diese Scham durch populistische Politik in Wut auf bestimmte Zielgruppen, etwa die ›Elite‹ oder auch Migrant*innen, umgeleitet werden kann, betont Demertzis den möglichen direkten, nicht durch Scham katalysierten Zusammenhang zwischen Unterlegenheitsgefühlen und entstehender Wut. Ressentiments können zudem im Sinne des von Scheler beschriebenen Umwertungsprozesses auch Passivität anstelle politischer Aktivierung zur Folge haben (vgl. Demertzis 2020, 165).

Nationale Wir-Gefühle

Die Frage, wie politische Zugehörigkeitsgefühle entstehen, ist ein weiteres wichtiges Anwendungsfeld für eine emotionssoziologische Perspektive, die sich für die verbindenden (und trennenden) Funktionen von Emotionen interessiert. Studien zu Nationalgefühlen und auch Nationalcharakteren sind hier zu erwähnen.

Nationale Zugehörigkeitsgefühle werden seit längerer Zeit auch quantitativ empirisch zu erfassen versucht (vgl. die Ausführungen in Kapitel 5). Emotionssoziologisch interessant ist in diesem Zusammenhang, wie derartige nationale Wir-Gefühle entstehen bzw. sich verändern und welche Rolle dabei gesellschaftliche Strukturen und Machtverhältnisse spielen. Zivilisationstheoretische Arbeiten in der Nachfolge von Norbert Elias können als Beispiele für derartige Fragestellungen genannt werden. Dieter Reicher (2013) widmet sich beispielsweise dem Phänomen des Nationensports und der Frage, wie über diese moderne Form des Wettkampfs zwischen Staaten in Friedenszeiten eine neue Form des sogenannten ›leeren Nationalismus‹ entsteht. Er zeigt, wie sich vor dem Hintergrund der Globalisierung neue Formen nationaler Wir-Gefühle entwickeln. Gefühle nationaler Zugehörigkeit werden dabei nicht von staatlicher Seite zu aktivieren versucht, sondern ergeben sich als Nebeneffekte der kommerziell ausgetragenen Sportwettkämpfe und ähnlicher, ebenfalls auf den friedlichen Wettstreit von Nationen angelegter Phänomene, wie etwa des European Song Contests (vgl. Reicher 2013, 24, 304–307; vgl. auch Reicher 2011). Im Unterschied zum Nationalismus des 19. Jahrhunderts, der u. a. die ethnische Besonderheit der eigenen Nation und Kultur unterstrich, entwickelt sich der ›leere Nationalismus‹ vor dem

Hintergrund universell akzeptierter Maßstäbe des (sportlichen oder kulturellen) Wettkampfs. Reicher weist darauf hin, dass »[s]owohl die sportlich und massenmedial generierten Symbole, die diversen nationalen Stellvertreter, wie auch die ›nationale Stimmung‹ als Grundelement dieses ›Nationalismus‹ [...] austauschbar« (Reicher 2013, 304–305) sind. Die Entstehung von Wir-Gefühlen, etwa das auf die ›eigene‹ Mannschaft gerichtete Mitfiebern bei Wettkämpfen, verläuft in verschiedenen Ländern entlang ähnlicher Muster und wird vor allem massenmedial hergestellt (vgl. Reicher 2013, 321–325). Reicher zeigt dies etwa anhand des Wandels der Sportberichterstattung in Zeitungen auf, die aufgrund sich angleichender Darstellungsformate länderübergreifend zu ähnlichen national geprägten Wettkampfbotschaften führen (vgl. Reicher 2013, 179–180).

affective citizenship

Arbeiten aus dem Bereich *affective citizenship* widmen sich einem ähnlichen Themenfeld wie Studien zu nationalen Zugehörigkeitsgefühlen, wenn sie der Frage nachgehen, wie der Status von Bürger*innen eines Staates auch über Emotionen hergestellt wird, und zwar sowohl als aktives gourvernmentales Projekt vonseiten staatlicher Akteur*innen als auch als Herstellung von *citizenship* durch die Bürger*innen selbst (vgl. de Wilde 2015, 129; Ayata 2019, 330–331). Ähnlich wie bei Studien zum Nationalgefühl interessieren sich *Affective-citizenship*-Forschungen für Emotionen der Nähe und Zugehörigkeit, wobei hier ein Fokus darauf gelegt wird, wie diese durch staatliches Handeln auch für bisher aus unterschiedlichen Gründen in diese ›Wir-Gefühle‹ nicht inkludierte Personengruppen aktiv hergestellt werden. Bilgin Ayata beschreibt dies wie folgt: »What one grieves about, fears, enjoys, cheers for, or cherishes becomes part of proper citizen conduct. The lines of demarcation between insider and outsider are thus affectively (re)drawn.« (Ayata 2019, 333) Es wird auch nach den unerwünschten Nebeneffekten einer aktiven Herstellung von Identifikationsgefühlen gefragt, wie etwa im Beitrag von de Wilde (2015), die anhand eines Amsterdamer Nachbarschaftsprojektes zeigt, wie das aktive Bemühen um Einbezug beispielsweise von Frauen mit Migrationshintergrund und der damit einhergehende Wandel der nachbarschaftlichen Aktivitäten hin zur Thematisierung positiver Emotionen und einer Art Wohlfühlatmosphäre gleichzeitig von bisher bürgerschaftlich aktiven Personengruppen als Ausschluss empfunden werden kann, da in deren Augen die Etablierten-Außenseiter-Figuration (vgl. Elias, Scotson 1993) durch diese staatlichen Interventionen scheinbar zugunsten der Außenseiter gewendet wird (vgl. de Wilde 2015, 141). Der von Norbert Elias und John L. Scotson in den 1960er Jahren entwickelte Begriff der Etablierten-Außenseiter-Figuration beschreibt die ungleiche Machtbalance zwischen Gruppen, die sich u. a. aus der Dauer der miteinander als Gruppe verbrachten Zeit und dem daraus resultierenden stärkeren Zusammenhalt einer der beiden Gruppen ergibt. Der aktive Eingriff in derartige Machtfigurationen und Zugehörigkeitsgefühle kann – wie de Wilde illustriert – zwar neue Bindungsgefühle schaffen, aber auch neue trennende exkludierende Effekte haben.

Nationaler Habitus

Helmut Kuzmics und Roland Axtmann (2000) weisen darauf hin, dass Nationalstaaten besonders intensive Formen der Zugehörigkeitsgefühle oder der »Wir«-Gefühle hervorbringen können, dass allerdings begrifflich zwischen diesen Zugehörigkeitsgefühlen und einem nationalen Habitus unterschieden werden muss. Nationale Gefühle, die situativ in unterschiedlichen Intensitäten auftreten können, müssen von längerfristigen Prägungen des Affekthaushaltes im Sinne von Nationalcharakteren oder eines nationalen Habitus unterschieden werden (vgl. Kuzmics, Axtmann 2000, 13–14). Kuzmics und Axtmann widmen sich daher an Elias anknüpfend der Frage, wie sich langfristig relativ stabile Nationalcharaktere entwickeln. In einem Vergleich Englands und Österreichs zwischen 1700–1900 zeigen sie, dass in beiden Ländern sehr unterschiedliche Staatsbildungsprozesse und Machtverhältnisse zwischen sozialen Gruppen vorlagen, die zu entsprechend anderen Habitualisierungen im Affekthaushalt führten. Bis heute bestehende Charakteristika im Umgang mit Emotionen, etwa ein eher kühler, emotionsvermeidender Habitus in England und ein durch stärkere Emotionen (und auch große Unterschiede des Verhaltens gegenüber verschiedenen sozialen Klassen und Milieus) kennzeichenbarer Habitus in Österreich, können solcherart als langfristige Nachwirkungen von makrosozialen Veränderungen interpretiert werden (vgl. Kuzmics, Axtmann 2000, 10–11, 14–16). Der englische und österreichische Nationalcharakter werden von Kuzmics und Axtmann dabei anhand der Analyse literarischer Werke erarbeitet, da Literatur aus ihrer Sicht in der Lage ist, Gefühlsschattierungen prägnant auf den Punkt zu bringen und damit soziologisch relevante Einsichten zutage zu fördern (vgl. Kuzmics, Axtmann 2000, 17, 21–23; vgl. auch Kuzmics, Mozetič, 2003, 288–303; vgl. auch die Ausführungen zu Methoden der Emotionssoziologie in Kapitel 5).

7.2.1 Emotionen und soziale Bewegungen

Forschungen zu sozialen Bewegungen sind weitere Beispiele für Arbeiten, die die verbindende bzw. trennende Rolle von Emotionen thematisieren. Soziale Bewegungen sind insgesamt ein wichtiges Themenfeld innerhalb der Emotionssoziologie (vgl. Flam 2005a, 1–3). Emotionen spielen für soziale Bewegungen nicht nur eine Rolle, um den inneren Zusammenhalt und Fortbestand der Bewegung zu sichern, sondern sie sind auch für die Generierung öffentlicher Aufmerksamkeit und Mobilisierung bisher Nicht-Beteiligter wichtig (vgl. auch Flam 2005b, 19–20). Ich illustriere dies im Folgenden anhand einiger Beispiele.

Stabilisierung von Bewegungen

Andreas Pettenkofer etwa hat die Rolle von Emotionen für die Stabilisierung und Aufrechterhaltung einer sozialen Bewegung, auch angesichts eines zunächst ausbleibenden politischen Erfolges, aufgezeigt. Anhand der deutschen Anti-Atomkraft-Bewegung der 1970er Jahre illustriert er, dass die Entscheidung, sich (weiterhin) an Protestaktionen zu beteiligen, nicht als rationale Kosten-Nutzen-Abwägung der Beteiligten beschrieben werden kann, sondern dass durch gemeinsame Erlebnisse generierte Emotionen wesentlich zur Ausformung einer Gruppenidentität und der weiteren Beteiligung am Protest beitragen (vgl. Pettenkofer 2006, 270–277). Auch gemeinsam erlebte, eigentlich negative Emotionen wie Furcht angesichts des Polizeieinsatzes bei Großdemonstrationen (beispielsweise in Brokdorf 1976) können dabei eine verbindende Wirkung haben und zur Stabilisierung der Bewegung beitragen. Pettenkofer verweist auch auf die Rolle von ritualartig zelebrierten Erinnerungen an diese gemeinsamen Erlebnisse, die diese symbolisch aufladen und so auch noch nach Jahren zur Stabilisierung der Bewegung beitragen können (vgl. Pettenkofer 2006, 277–279).

Die Rolle von Ritualen, in denen *kollektive Efferveszenz* im Sinne Durkheims erzeugt wird, wird auch von Erika Summers-Effler betont, die sich mit den Strategien des Emotionsmanagements innerhalb einer US-amerikanischen katholischen Hilfsorganisation beschäftigt hat. Gemeinsames Lachen und regelmäßige Interaktionen innerhalb der Gruppe tragen dabei wesentlich zur Verbindung der Gruppe und zur Aufrechterhaltung des Engagements der Einzelnen auch angesichts widriger äußerer Umstände bei (vgl. Summers-Effler 2005, 141–147). Emotionen spielen aber nicht nur für die innerhalb einer Bewegung ablaufenden Prozesse und die Frage ihres Zusammenhaltes eine Rolle, sie werden auch durch die soziale Bewegung bei den Zusehenden bzw. der allgemeinen Öffentlichkeit (absichtlich) erzeugt und tragen damit entweder zur Grenzziehung zwischen Protestierenden und Zusehenden oder zur Mobilisierung neuer Mitglieder bei.

Protestaktionen als Krisenexperimente

Bisherige Selbstverständlichkeiten und die unhinterfragte soziale Ordnung werden im Rahmen von Protestaktionen zu durchbrechen versucht, wodurch heftige emotionale Reaktionen der Zusehenden erzeugt werden (vgl. Flam 2005a, 5–6, 12). Tova Benski zeigt dies am Beispiel der *Women in Black* in Israel, die mit ihren regelmäßigen Freitagsversammlungen an wichtigen Verkehrskreuzungen nicht nur gegen die Okkupation der Palästinensergebiete protestieren, sondern zugleich auch die patriarchalen Strukturen der israelischen Gesellschaft infrage stellen und dabei emotionale Reaktionen der Wut, des Ekels oder der Verachtung bei den Zuseher*innen provozieren (vgl. Benski 2005, 60–64). Benski analysiert den Ablauf der Protestaktionen in Analogie zu Garfinkels Krisenexperimenten (vgl. Garfinkel [1967] 2020, 78–80), bei denen selbstverständliche Alltagsroutinen infrage gestellt und dadurch Mechanismen der sozialen Konstruktion der Wirklichkeit sichtbar werden. Im Fall der *Women im Black* sind es sowohl die weibliche Besetzung des öffentlichen Raumes, noch dazu an einem traditionellen häuslichen Tätigkeiten vorbehaltenen Tag, als auch die inhaltlichen Slogans der Protestierenden gegen die Okkupation der Palästinensergebiete, die einen Bruch mit der gegebenen sozialen Ordnung darstellen.

> »Many men feel threatened by this feminine display of power and the inverted social order. And they react in the same manner that subjects in Garfinkel's breaching experiments reacted: with surprise, anger and outrage and attempts at re-establishing routine social order and power.« (Benski 2005, 64)

Die wütenden emotionalen Reaktionen der (zumeist männlichen) Öffentlichkeit machen dabei nicht nur die bisherige Machtrelation sichtbar, sondern markieren auch eine Trennung zwischen der Gruppe der protestierenden Frauen und den ›anderen‹. Benski analysiert die von den Frauen im Zeitverlauf der Proteste entwickelten Strategien des Emotionsmanagements im Umgang mit den heftigen Reaktionen der Zusehenden und zeigt, wie die gemeinsame stressvolle, auch mit Emotionen der Furcht vor den verbalen und körperlichen Attacken verbundene, Erfahrung die Frauen als Gruppe zusammenschweißt (vgl. Benski 2010).

Protestformen

Der Bruch mit Selbstverständlichkeiten und der bisherigen sozialen Ordnung kann auch durch den Einsatz von Ironie oder Humor im Rahmen von Protesten stattfinden, wobei auch moralisch schockierende Effekte beabsichtigt sein können (vgl. Wettergren 2005). Flam zeigt den Einsatz von Humor im Zusammenhang mit den Protestbewegungen der 1980er Jahre gegen die sozialistischen Regime der DDR und Polens auf (vgl. Flam 2005a, 13–14). Deutlich wird dabei auch der Unterschied der Protestformen in demokratischen und nicht-demokratischen Regimen, die mit jeweils anderen Arten des Emotionsmanagements konfrontiert sind. Satirische und humorvolle Aktionen erlauben in repressiven Regimen die Präsenz im öffentlichen Raum, reduzieren für die Teilnehmer*innen die Angst vor Repressionen und Übergriffen durch die Polizei und ermöglichen zugleich ironische Kritik am Regime. Im Rahmen von Festivals und kulturellen Events wird dabei nicht nur (direkte und indirekte) Kritik am Regime geäußert, sondern auch über in Ritualen erzeugte positive Emotionen der

Freude eine Stabilisierung der sozialen Bewegung erreicht (vgl. Flam 2005a, 14).

Mobilisierungsstrategien

Während die von Benski beobachteten emotionalen Reaktionen eher die Trennung zwischen Protestierenden und der Öffentlichkeit sichtbar machen, die aber nichtsdestotrotz öffentliche Aufmerksamkeit für die Protestbewegung erzeugen, widmen sich Åsa Wettergren und Jochen Kleres auch den zum Beitritt und zur Unterstützung einer sozialen Bewegung motivierenden Emotionen bzw. den diesbezüglich verwendeten emotionalisierenden Strategien von Bewegungen. Am Beispiel von Vertreter*innen der Klimawandelprotestbewegung in den nordischen Ländern (Dänemark und Schweden) im Vergleich zu jenen aus dem globalen Süden zeichnen sie die unterschiedliche Bedeutung von Furcht, Ärger, Hoffnung und Schuldgefühlen in den Mobilisierungsstrategien dieser Bewegung nach (vgl. Kleres, Wettergren 2017, 510–517). Während in den nordischen Ländern zum Zeitpunkt der Untersuchung die Folgen des Klimawandels noch nicht direkt spürbar waren und daher Kampagnen, die auf die Angst vor dem Klimawandel setzen, aus Sicht der Aktivist*innen kaum motivierende Wirkungen für andere haben, spielt Angst für die Motivation der Aktivist*innen *selbst* durchaus eine Rolle. Durch gemeinsame Aktionen entsteht zudem Hoffnung, der auch mobilisierende Wirkungen für bisher Nicht-Beteiligte zugesprochen wird. Hoffnung trägt vor allem auch zum Weitermachen und somit zur Stabilisierung der Bewegung im Inneren bei. »Hope is articulated here as a catalyst that transforms potentially paralyzing fear into action-oriented anger.« (Kleres, Wettergren 2017, 514; vgl. auch die von Liv Halperin beschriebene Rolle der Hoffnung für die israelisch-palästinensische Friedensbewegung Halperin 2023). Ärger kann motivierende Wirkungen haben und die von Angst potenziell ausgehende Passivität ausgleichen. Die Zuschreibung von Schuld an für den Klimawandel politisch Verantwortliche kommt als zusätzlicher Katalysator zum Tragen, um Angst in Ärger umzuwandeln. Nach außen hin werden diese ›negativen‹ Emotionen des Ärgers und der Schuldzuschreibungen allerdings nur vorsichtig eingesetzt. Aus Sicht der interviewten Aktivist*innen sollen insbesondere Bürger*innen für ihr klimaschädliches Handeln nicht beschuldigt, sondern eher durch ›positive‹ hoffnungsvolle Emotionen zum gemeinsamen Handeln motiviert werden. Die Vermeidung von Ärger und Schuldzuweisungen in den nach außen gerichteten Strategien der Protestierenden wird von Kleres und Wettergren u. a. durch das in den Ländern des Nordens verbreitete neoliberale konsensorientierte emotionale Regime erklärt (vgl. Kleres, Wettergren 2017, 515). Im Unterschied dazu werden von Klimaaktivist*innen aus dem globalen Süden sehr wohl mobilisierende Strategien eingesetzt, die auf aus Angst entstehenden Ärger setzen. Die Folgen des Klimawandels sind in diesen Ländern bereits deutlicher spürbar und die Furcht vor dem Klimawandel ist somit auch in breiteren Bevölkerungskreisen vorhanden. Schuldzuschreibungen gegenüber dem globalen Norden werden hier, neben der direkten Artikulierung von Ärger, ebenfalls als mobilisierende Strategien eingesetzt. Hoffnung kommt in den Strategien der aus dem globalen Süden stammenden Klimaaktivist*innen die Rolle zu, angesichts der aus den sichtbaren Folgen des Klimawandels erwachsenden Furcht überhaupt handlungsfähig zu bleiben und nicht in Resignation und Passivität zu verfallen. Der von den aus dem Norden stammenden Aktivist*innen betonte positive Charakter der Hoffnung für die Mobilisierung weiterer Unterstützer*innen spielt in den Äußerungen aus dem Süden hingegen kaum eine Rolle (vgl. Kleres, Wettergren 2017, 516).

Seit dem Erscheinen des Beitrages von Kleres und Wettergren hat die Klimaprotestbewegung in verschiedenen Ländern an Fahrt aufgenommen. Bewegungen wie Fridays-for-Future setzen dabei mittlerweile vermehrt auch in den Ländern des globalen Nordens auf Strategien des offen gezeigten Ärgers und der Schuldzuweisungen. Hinzu kommen Protestaktionen, wie etwa Straßenblockaden von Mitgliedern der »Letzten Generation« (vgl. auch Rucht 2023), die geeignet sind, bei Nicht-Beteiligten Ärger und Wut auf die Klimaktivist*innen hervorzurufen. Anhand dieser neueren Phase der Klimaproteste kann das Zusammenwirken unterschiedlicher Emotionen beim Zustandekommen bzw. der Stabilisierung sozialer Bewegungen und den nach außen und innen gerichteten bindenden bzw. trennenden Wirkungen von Emotionen deutlich beobachtet werden.

Bruch etablierter Gefühlsregeln

Die bisherigen Beispiele zeigen gut, dass es vom jeweils spezifischen historisch-politischen Kontext abhängt, welche Emotionen von Protestbewegungen bei den Zusehenden hervorgerufen bzw. in ihren Mobilisierungsstrategien hervorzurufen beabsichtigt werden (vgl. auch Flam 2005a, 6). Flam weist außerdem darauf hin, dass auch eine Analyse jener Emotionen, durch die ein spezifisches politisches Regime aufrechterhalten wird, notwendig ist. Erst vor diesem Hintergrund lassen sich die gewählten Protestformen einer sozialen Bewegung, die dabei jeweils erzeugten Emotionen und überhaupt die Voraussetzungen für das Aufkommen von Protest vertiefend verstehen (vgl. Flam 2005b, 19–20). Protestbewegungen thematisieren nicht nur spezifische inhaltliche Kritik, sondern richten sich dabei auch gegen etablierte Gefühlsregeln und erwartete Umgangsformen.

> »As challengers to the *status quo*, social movements re-interpret specific aspects of social reality, call for new, obligatory emotions and feeling rules and wish to draw on these to mobilize individuals for collective action whose aim it is achieve social change.« (Flam 2005b, 19)

Flam verweist dabei auf die unterschiedliche Wirkung beispielsweise von Hoffnung und Ärger, je nachdem, ob eine soziale Bewegung in einem repressiven oder einem demokratischen System aktiv ist. In demokratischen Systemen wird normalerweise das offene Zeigen von Ärger nicht gefördert bzw. bleibt den jeweils Mächtigeren vorbehalten (vor diesem Hintergrund sind auch die eben beschriebenen Ausführungen von Kleres und Wettergren zum seltenen Einsatz von Ärger als Strategie der Klimaaktivist*innen des globalen Nordens zu verstehen). Soziale Bewegungen können hier allerdings auch ansetzen und eine Umdeutung entsprechender Gefühlsregeln vornehmen, indem sie das Zeigen von (gerechtfertigtem) Ärger neu legitimieren. »Social movements try to teach the powerless to reconquer or *re-appropriate* this emotion for themselves.« (Flam 2005b, 26) Ärger hilft dabei, aktiv zu werden, allerdings vor allem dann, wenn durch die soziale Bewegung eine Deutung des bestehenden Systems als ungerecht etabliert wird (bzw. eine solche als möglich erachtet wird) und Vertrauen in die prinzipielle Akzeptanz öffentlicher Protestäußerungen besteht. Demgegenüber versuchen Protestbewegungen in repressiven Systemen weniger stark zu offen gezeigtem Ärger aufzurufen, sondern setzen hauptsächlich auf Hoffnung oder Verachtung als mobilisierende Emotion. »They fear that open, angered opposition would lead to bloody confrontations with the power-holders and their representatives, cause harm to bodies and lives, and spell ultimate defeat.« (Flam 2005b, 28) Außerdem werden Mechanismen des Emotionsmanagements innerhalb der Protestbewegung entwickelt, die beim Umgang mit der Furcht vor Repressionen des Regimes helfen sollen und ebenfalls zur Aufrechterhaltung des Protestes beitragen (vgl. Flam 2005b, 28–29). Satire und Humor können, wie oben erwähnt, diesbezüglich eine wichtige Rolle auch innerhalb der Protestbewegung spielen und nicht nur Teil ihrer öffentlichen Aktionen sein.

Bei der Analyse trennender und bindender Wirkungen von Emotionen ist es wichtig, auf die wechselseitige Verstärkung oder auch Blockade verschiedener Emotionen zu achten. Zu unterscheiden ist auch zwischen nach innen gerichteten emotionalen Erwartungen und nach außen, an potenzielle neue Mitglieder gerichteten emotionalisierenden Botschaften. Ärger kann beispielsweise innerhalb einer Bewegung motivierend wirken, nach außen hin aber unterdrückt werden und durch eher hoffnungsvolle Botschaften ersetzt werden, wie das Beispiel der von Kleres und Wettergren beschriebenen Klimaprotestierenden zeigt. Hinzuweisen ist auch darauf, dass die mobilisierende Wirkung von Angst, Ärger, Hoffnung und anderen Emotionen nicht nur im Zusammenhang mit sozialen Bewegungen eine Rolle spielt, sondern insgesamt im politischen Bereich von Bedeutung ist. Studien zum Wahlverhalten (vgl. etwa Saxenberg et al. 2023) und auch zur politischen Rhetorik (populistischer) Parteien, die auf Emotionen zur Mobilisierung von Anhänger*innen setzen (vgl. etwa Salmela, Scheve 2017), belegen dies.

7.3 Gesellschaftliche Diskurse über Emotionen

Emotionen sind auch deshalb ein soziales Phänomen, weil sie – wie schon oben ausgeführt – durch die Gesellschaft geprägt werden. Emotionssoziologische Arbeiten interessieren sich daher auch für die Frage, wie *gesellschaftliche Diskurse über Emotionen* Einfluss auf das Handeln von Individuen nehmen. Soziale Normen regeln die Frage, wie wir uns in bestimmten Situationen fühlen bzw. welche Emotionen wir in diesen zeigen sollen (etwa also die bereits erwähnten Gefühle der Trauer auf Beerdigungen und Gefühle der Freude auf Hochzeiten). Im Rahmen der Sozialisation verinnerlichen Individuen diese gesellschaftlichen Vorgaben über den in bestimmten Situationen erwarteten Gefühlsausdruck und praktizieren diesen im Alltag sodann häufig quasi automatisch und unbewusst. Diese sozialen Normen, auch *feeling rules* (Hochschild 1979) genannt, werden u. a. durch mediale und öffentliche Diskurse geprägt und verbreitet. In kulturellen Artefakten wie Filmen, Büchern oder Kunstwerken finden die Deutungsmuster für den passenden Gefühlsausdruck zudem eine Speicherung und Weiterverarbeitung und wirken somit auch situations- und generationsübergreifend auf das Handeln von Individuen ein. Emotionssoziologische Analysen interessieren sich dafür, wie diese kulturellen Deutungsmuster zustande kommen, unter welchen Machtbeziehungen sie reproduziert und modifiziert werden und wie sie in das Alltagshandeln von Individuen Eingang finden und dieses prägen.

Norbert Elias' zivilisationstheoretischer Zugang und seine Konstatierung eines Wandels des Affekthaushaltes im Verlauf der Moderne ([1939] 1998/1999) wäre ein prototypisches Beispiel für diese Art von Studien. Wobei Elias den Wandel von Diskursen (etwa in Manierenbüchern) als Indikator für einen dahinterliegenden Wandel des Gefühlshaushaltes insgesamt heranzieht, der mit sozio-ökonomischen und politischen Veränderungen in Zusammenhang stehend analysiert wird. Manierenbücher werden von Elias als Quellen verwendet, um den Wandel des Affekthaushaltes im Verlauf des Zivilisationsprozesses nachzuzeichnen, zugleich tragen sie aber auch selbst dazu bei, veränderte Verhaltensmaßstäbe zu stabilisieren und weiter zu verbreiten.

In jüngerer Zeit können Eva Illouz' (1997) Arbeiten zur Entstehung der Idee romantischer Liebe unter den Rahmenbedingungen kapitalistischen Wirtschaftens als weiteres Beispiel für diese Art emotionssoziologischer Interessen beschrieben werden, wobei sich Illouz im Unterschied zu Elias auf die Nachzeichnung des Diskurses konzentriert und längerfristigen sozialen Wandel dabei nur am Rande thematisiert.

7.3.1 Der Wandel des Affekthaushaltes im Laufe des Zivilisationsprozesses aus Sicht von Norbert Elias

Die Analyse kultureller Deutungsmuster für Emotionen spielt im Werk von Norbert Elias eine wichtige Rolle, dessen Thesen zum Wandel des Affekthaushaltes hier kurz vorgestellt werden sollen. Norbert Elias hat Überlegungen zum langfristigen Wandel des Affekthaushaltes in seinem zweibändigen Werk *»Über den Prozeß der Zivilisation«* erstmals 1939 dargelegt (vgl. Elias 1998; Elias 1999; vgl. Kuzmics 2024, forthcoming). Die Untersuchung des Affekthaushaltes wird dabei mit einer Analyse der sich wandelnden Sozialstruktur der Gesellschaften und veränderten politischen Machtverhältnissen verbunden und als in einem interdependenten Wechselverhältnis mit diesen stehend beschrieben. Im ersten Band widmet sich Elias der detaillierten Nachzeichnung von Verhaltensänderungen anhand einer Analyse unterschiedlicher Dokumente. Manierenbücher, aber auch Kunstwerke und Romane, werden im Hinblick auf die sich darin niederschlagenden Verhaltenserwartungen analysiert. Es entsteht somit ein dichtes Bild des Wandels der Verhaltenskodizes vom ausgehenden Mittelalter bis ins 18. Jahrhundert.

Verfeinerung der Sitten

Elias zeigt dabei, dass von körperlichen Verrichtungen wie Spucken, Schnäuzen usw. in Anwesenheit anderer, etwa bei Tisch, zunehmend abgeraten wird und diese Aktivitäten mit Scham und Peinlichkeit belegt werden. Ebenso verändert sich der Umgang mit der Nahrung. Das Zerlegen ganzer Tiere bzw. von Fleisch, was früher direkt bei Tisch geschah und zu den erwarteten Fähigkeiten eines Ritters gehörte, wird zunehmend in andere Räume verlagert und es tritt insgesamt eine Verfeinerung der Esssitten ein, durch die jeder Hinweis auf das gewaltsame Töten von Tieren in Adelskreisen zunehmend unsichtbar gemacht wird (vgl. etwa Elias 1998, 252–255). Der Wandel der Esssitten und Verhaltensweisen steht dabei aus Sicht von Elias im Zusammenhang mit dem sich ausbildenden stabilen Gewaltmonopol. Das Gewaltmonopol des Zentralfürsten führt zur Befriedung des Alltags und zur Verdrängung von allem, was an Gewalt erinnern könnte, aus dem höfischen Alltag. Die europäischen Oberschichten durchliefen in dieser Zeit einen Zivilisierungsprozess »vom wilden Krieger zum gesitteten Höfling« (Kuzmics, Axtmann 2000, 4), der als eine Zunahme von Affektkontrolle dargestellt werden kann.

Verlängerung der Handlungsketten

Die Verlängerung der Handlungsketten, in die die Einzelnen eingebunden sind, sorgt für eine stärkere Abhängigkeit voneinander und damit entsteht die Notwendigkeit, das eigene Handeln auf dasjenige anderer abzustimmen und entsprechende Langsicht zu entwickeln, durch die eine Vorausplanung von Handlungsschritten möglich wird. Elias zeigt, wie sich das ausgeklügelte Lehenssystem des Mittelalters allmählich zum zentralistischen System des Absolutismus hin entwickelt, wobei u. a. das Bevölkerungswachstum sowie der Wandel wirtschaftlicher Abhängigkeiten berücksichtigt werden.

Je mehr sich im Laufe der Zeit die gesellschaftlichen Funktionen differenzieren, umso größer wird auch die Zahl der Menschen, von denen der/die Einzelne abhängig ist. Er/sie muss sein/ihr Verhalten immer stärker regulieren und auf andere abstimmen:

> »Und Hand in Hand mit diesem allmählichen Wandel der gesamten, gesellschaftlichen Funktionen und Institutionen geht – zunächst bei den Spitzengruppen des Adels, wie des Bürgertums – ein Wandel der psychischen Selbststeuerung in der Richtung einer größeren Langsicht und einer strengeren Regelung der triebhaften Augenblicksimpulse.« (Elias 1999, 406)

Gewaltmonopol und Selbstkontrollapparatur

Wichtig ist hierbei, dass die Regelung des Verhaltens von den Individuen nicht bewusst vollzogen wird, sondern durch eine Art automatischen Selbstzwang ausgeführt wird. Erst das Aufkommen von

Gewaltmonopolen ermöglicht die Ausbildung einer solchen »Selbstkontrollapparatur« (Elias 1999, 352). In Gesellschaften mit stabilen Gewaltmonopolen sind meist auch die Funktionsteilungen und die Abhängigkeiten der Einzelnen groß. Das Individuum ist vor plötzlicher körperlicher Gewalt weitgehend geschützt, es muss aber gleichzeitig auch selbst die eigenen Leidenschaften, d. h. etwa den eigenen Willen zur Gewalt, unterdrücken. Es wird für Einzelne immer wichtiger, ihre spontanen Affekte zu dämpfen und die Wirkung ihrer Handlungen über längere Zeit voraussehen zu können. Die »courtoisen« Umgangsformen sind ein Beispiel für die stärkere Zügelung der Leidenschaften, die durch die enge Verflechtung der Menschen an den großen Feudalhöfen nötig geworden sind. Im höfischen Bereich, der im Wesentlichen frei von körperlicher Gewalt war, entstehen neue, andere Formen des Zwangs. Die Menschen befinden sich in stärkerer Abhängigkeit von der Gunst des Königs und dadurch in ständiger Konkurrenz untereinander. Überlegung, Berechnung, Intrigen sind nun die Mittel, die zur Zielerreichung führen. Das Verhalten des Individuums steht in ständiger Wechselwirkung zu seinem Kurswert. Der Kurs richtet sich nach der Gunst, die er/sie beim König genießt bzw. nach seinem/ihrem eigenen Einfluss bei Hofe. Die Angst vor der Minderung des Prestiges ist ein wichtiger Motor zur Umwandlung der Fremdzwänge in Selbstzwänge. Hieraus resultiert auch die besondere Vorsicht, zu der der/die Einzelne im Leben bei Hofe gezwungen ist, jedes falsche Verhalten würde seine/ihre Stellung und damit sein/ihr Prestige gefährden. Die genaue Beobachtung des Verhaltens anderer ist eine Voraussetzung, um die eigene Position zu wahren. Es kommt zu einer Art »psychologischen« Betrachtung des Menschen: Jede/r wird in seinen/ihren Beziehungen zu anderen beobachtet und seine/ihre Motive werden vor diesem Hintergrund rekonstruiert. Erst auf dieser Basis ist die Abstimmung des eigenen Verhaltens auf das der anderen möglich. Die aufkommende »Rationalisierung« hängt ebenfalls mit diesem Zwang zur Voraussicht und der Berechnung des eigenen Verhaltens zusammen (vgl. Elias 1999, 380–407). Die sozialen Beziehungen, die sich an den großen Fürstenhöfen ausbilden, führen zu einer strengeren Regelung der Triebe und zu friedlicheren Um-

Psychologisierung/ Rationalisierung

gangsformen. Die Beziehungen der Geschlechter zueinander wandeln sich in dieser Zeit ebenfalls. Hatte sich das Leben beider vorher gewissermaßen in separaten Bereichen vollzogen, bei völliger Unterordnung der Frau unter die Gewalt des Mannes, wird an den großen Feudalhöfen nun die kriegerische Funktion der Männer von unkriegerischer Verwaltungsarbeit zurückgedrängt. Es bildet sich eine Art gemeinsamer Lebensraum von Männern und Frauen. In der Folge steigt auch die gesellschaftliche Stellung der Frau (vgl. Elias 1999, 112–131).

Elias weist jedoch darauf hin, dass die Verfeinerung der Manieren sich nur auf eine Elite bezieht. Das Gros der kleinen Ritter lebte weiterhin in den naturalwirtschaftlichen Verhältnissen und dementsprechend abseits des Beziehungsgeflechts der großen Feudalhöfe. Sie sind solange noch nicht zu jener Rücksicht und Regelung der Affekte gezwungen, bis sie selbst in diese Handelsketten miteinbezogen werden (vgl. Elias 1999, 104–110). Die Ausbildung der »courtoisen« Umgangsformen im Kreis der großen Fürstenhöfe stellt nur einen Schritt in einem Prozess dar, durch den immer größere Gebiete (erst einzelne Territorien, dann ganze Staaten) zu Einheiten werden. Die gesellschaftlichen Funktionen werden durch die Einbeziehung von immer mehr Individuen differenzierter und die Aktionsketten länger. Das Geflecht der Abhängigkeiten, in dem der/die Einzelne sich befindet, wird größer und dementsprechend auch die Nötigung zu größerer Rücksicht und Zurückhaltung der eigenen Affekte (vgl. Elias 1999, 124–125).

Im Laufe der Zeit verringern sich die Verhaltensunterschiede zwischen den einzelnen Schichten. Einerseits werden alle, auch die Mitglieder der Oberschicht, in den Arbeitsprozess mithineingezogen, andererseits erhöht sich auch bei den Mitgliedern der Unterschicht die Verwandlung von Fremdzwängen in Selbstzwänge:

> »Diese Verringerung der Kontraste in der Gesellschaft, wie in den Individuen, diese eigentümliche Durchdringung und Mischung von Verhaltensweisen, die ursprünglich extrem verschiedenen, sozialen Lagerungen entsprechen, ist für die ganze Entwicklungsrichtung der abendländischen Gesellschaft nicht wenig charakteristisch.« (Elias 1999, 355)

Informalisierung

Auf Kritik und Weiterführungen der Zivilisationstheorie von Elias kann an dieser Stelle nicht im Detail eingegangen werden (für Näheres siehe Kuzmics 2024, forthcoming). Es soll hier lediglich ergänzend auf die Informalisierungsthese von Cas Wouters verwiesen werden. Wouters hat die Thesen von Elias aufgegriffen und den weiteren Wandel des Affekthaushaltes im 20. Jahrhundert vor diesem Hintergrund analysiert. Wouters widmet sich u. a. der Analyse von Etikette-Büchern, bezieht aber auch andere Quellen, etwa Erziehungsratgeber oder Stellenanzeigen, in seine Überlegungen mit ein. Insgesamt konstatiert er eine zunehmende Lockerung der Affektregeln, was er unter der Bezeichnung *Informalisierung* zusammenfasst. Diese Lockerung ist seines Erachtens aber nur möglich angesichts des stabil ausgebildeten und sich weiter verfeinernden Selbstkontrollapparates des Menschen. Erst vor diesem Hintergrund können sich beispielsweise eine neue Offenheit im Umgang mit Nacktheit und entsprechend gewandelte Kleidungsregeln ergeben. Die scheinbare Lockerung der Sitten und Umgangsformen seit den 1960er Jahren wird damit als differenzierte Fortsetzung des Zivilisationsprozesses im Sinne von Elias fassbar, wobei Phasen der Formalisierung und der Informalisierung einander abwechseln (vgl. Wouters 1999, 13, 54–63). Der über unterschiedliche Quellen von Wouters, ähnlich wie bereits von Elias, nachgezeichnete Wandel der Verhaltenserwartungen, welcher in öffentlichen Diskursen sichtbar wird, wird somit zum Indikator für die Veränderung gesellschaftlicher Strukturen und des damit eng verbundenen Affekthaushaltes der Individuen.

7.3.2 Die Kommodifizierung von Gefühlen aus Sicht von Eva Illouz

Ein anderes Beispiel, durch das die soziale Prägung von Emotionen über Diskurse geschildert werden kann, bilden die Arbeiten von Eva Illouz, die sich insbesondere auch für die ökonomischen Rahmenbedingungen interessiert, unter denen gesellschaftliche Diskurse über Emotionen heute entstehen und ablaufen. Die moderne kapitalistische Arbeits- und Lebensweise trägt aus Sicht von Illouz wesentlich zur sozialen Prägung von Emotionen bei. Gefühle werden heutzutage nicht nur als Produkte im Rahmen von Dienstleistungen vermarktet, sondern kapitalistische Produktions- und Konsumpraktiken tragen auch zur Entstehung und zum Wandel von Gefühlsregeln und entsprechenden Verhaltenserwartungen bei. Eva Illouz hat dies im Anschluss an Überlegungen Hochschilds, aber auch Perspektiven der Kritischen Theorie und Pierre Bourdieus u. a. für die Entstehung der Idee romantischer Liebe gezeigt (vgl. zum Folgenden auch Scherke 2009, 104–105).

Romantikdiskurs

Romantische Liebe ist ein relativ junges Konzept, das sich seit Ende des 19. Jahrhunderts unter dem Einfluss kapitalistischer Konsumpraktiken verbreitete, wie Illouz in ihrem 1997 auf Englisch und 2003 in deutscher Übersetzung erschienenen Buch *»Der Konsum der Romantik. Liebe und die kulturellen Widersprüche des Kapitalismus«* analysiert (zu Entstehung und Wandel der Liebessemantik vgl. auch Saße 1996, 13–59). Der prägende Einfluss des Sozialen – insbesondere der Ökonomie – für die Art und Weise, wie Emotionen ausgelebt und etwa Liebesbeziehungen gestaltet werden, steht im Vordergrund ihrer Überlegungen. Die Alltagspraktiken in Liebesbeziehungen werden aus Sicht von Illouz durch über Massenmedien verbreitete ›Liebesvorstellungen‹ und Diskurse geprägt. Über Filme und Werbung wird ein enger Zusammenhang zwischen romantischer Liebe und Konsumhandlungen hergestellt. Ein breites Spektrum an Waren und Dienstleistungen (reichend von romantischen Abendessen, Geschenken bis hin zu Reisen) wird mit der Idee romantischer Liebe verbunden, wodurch der entsprechende Konsum auch zum zentralen Bestandteil von Liebesvorstellungen wird (vgl. Illouz 2003, 42–45). Aufgrund der in der Gesellschaft unterschiedlich verteilten Realisierungschancen eines derartigen Konsums erhält das in den Medien verbreitete Bild der romantischen Liebe klassenspezifischen Charakter. Illouz stützt ihre Analysen auf umfangreiches empirisches Material in Form von Interviews, in denen die Befragten zu ihren eigenen Liebeserfahrungen und Vorstellungen darüber, was ›romantische Liebe‹ sei, Stellung nehmen. Liebe erweist sich als wandlungsfähiges Konzept und ist im Zeitverlauf keineswegs gleichbleibend. Illouz geht es um die Darstellung des Zusammenhanges von kapitalistisch organisierter Medienwelt und den Liebespraktiken von Individuen, wobei aus ihrer Sicht die gesellschaftlichen Machtverhältnisse sich stets nur gebrochen in Alltagspraktiken widerspiegeln. Eine rein am Warencharakter der romantischen Liebe und ihren klassenmäßigen hegemonialen Hintergründen orientierte Kritik übersieht aus Illouz' Sicht mitunter die Vielfalt gesellschaftlicher Praktiken (vgl. Illouz 2003, 143–146). Es geht ihr nicht nur darum zu untersuchen, wie die von der Kulturindustrie verbreiteten Vorstellungen romantischer Liebe das Fühlen der Menschen beeinflussen, sondern auch zu analysieren, wie sich diese Gefühle wiederum in ökonomische Praktiken umsetzen, wie sie ausgelebt werden und dabei wiederum soziale Konsequenzen zeitigen (vgl. Illouz 2003, 27; vgl. auch Seebach, Núñez-Mosteo 2016).

Glücksdiskurs

In ähnlicher Weise widmet sie sich in jüngerer Zeit dem Diskurs über Glück und den vom neoliberalen Kapitalismus verbreiteten Vorstellungen individueller Selbstverantwortlichkeit für das eigene Glück, durch die strukturelle Rahmenbedingungen und soziale Unterschiede in der Realisierbarkeit der Glücksvorstellungen verdeckt werden. Cabanas und Illouz (2019) beschreiben den Trend zur Selbstverantwortung für das eigene Glück anhand des Booms von Coaching-Programmen und psychologischer Ratgeberliteratur, durch deren massenhafte Verbreitung und Konsumption dieser Trend befördert wird.

> »Das wachsende Angebot an und die wachsende Nachfrage nach Glückstherapien, -produkten und -dienstleistungen der vergangenen Jahre ist unserer Ansicht nach ebenso Ausdruck wie Ursache dieses kulturellen Großtrends: Man soll den Blick nach innen richten und dort die psychologischen Schalter und die nötige Willenskraft finden, um mit Ungewissheit und Machtlosigkeit zurechtzukommen und grundlegend verunsichernde Situationen zu meistern.« (Cabanas, Illouz 2019, 80)

Die »Glücksindustrie« (Cabanas, Illouz 2019, 18) ist aus ihrer Sicht Ausdruck und Motor des neoliberalen Trends, das Individuum als selbstverantwortlich für sein eigenes Glück zu konzipieren und dadurch objektive Ursachen für Glücksunterschiede, wie etwa soziale Ungleichheit und nach wie vor gegebene Klassenunterschiede, zu verschleiern. Auf das anomische Potenzial der gegenwärtigen Ökonomisierung der Gefühle verweisen auch von Scheve und Dehne, die auf den Widerspruch zwischen gemäß kultureller Vorgaben erwünschten positiven Emotionen und den sozialstrukturell ungleich verteilten Chancen zu deren Realisierung hinweisen (vgl. Scheve, Dehne 2016, 40).

Die Analyse gesellschaftlicher Diskurse über Emotionen bzw. emotionaler Verhaltenserwartungen kann einerseits Hinweise auf den (veränderten) gesellschaftlichen Umgang mit Emotionen liefern, andererseits sind dabei auch von diesen Diskursen ausgehende Wirkungen auf das Alltagshandeln der Individuen zu berücksichtigen, die somit bestimmte Trends verstärken oder auch selbst hervorbringen können.

7.3.3 Emotionsdiskurse und Gegenwartsdiagnosen

Gegenwartsdiagnosen sind eine spezielle Form des gesellschaftlichen Diskurses über Emotionen, die einerseits für eine Zeit typische Gefühlslagen verdichtet zu beschreiben versuchen, und andererseits selbst auch zur Verstärkung dieser konstatierten Gefühlslagen beitragen können. Gegenwartsdiagnosen sind mitunter ein sehr auflagenstarkes literarisches Genre und werden auch außerhalb akademischer Kreise nachgefragt, womit sie ein entsprechend verbreitetes gesellschaftliches Orientierungsbedürfnis sichtbar machen und durch die von ihnen vorgenommenen Schwerpunktsetzungen auch zur weiteren Bewusstmachung oder auch Verstärkung der konstatierten Phänomene beitragen können. Obwohl in diesen Werken selbst bisher eher selten explizit auf die Emotionssoziologie Bezug genommen wird, stellen Gegenwartsdiagnosen eine interessante Quelle für emotionssoziologische Studien dar. In den letzten Jahren sind vor allem Arbeiten zur Angst zu erwähnen, in denen eine Zunahme dieser Gefühlslage oder überhaupt ein gesellschaftliches Klima der Angst diagnostiziert wird (vgl. auch Dehne 2017, 74–104).

Kennzeichen von Gegenwartsdiagnosen

(Soziologische) Gegenwartsdiagnosen zeichnen sich allgemein gesprochen dadurch aus, dass sie zwar häufig empirische Beobachtungen zum Ausgangspunkt nehmen, sich jedoch von herkömmlichen empirischen Studien insofern unterscheiden, als sie eine Zuspitzung auf bestimmte, als problematisch empfundene Entwicklungen der Gegenwartsgesellschaft in den Vordergrund rücken (vgl. auch Schimank 2000, 17–19). Gegenwartsdiagnosen arbeiten dabei mit »theoretischen Plausibilisierungen und Extrapolationen« (Schimank 2000, 17) und können durchaus wichtige Einsichten in den Zustand von Gesellschaften liefern, sie geben dabei aber vor allem auch Einblick in zu bestimmten Zeiten verbreitete Deutungsmuster in diesen Gesellschaften, die auch die Alltagswahrnehmungen von Akteur*innen prägen.

Angst

Heinz Budes »*Gesellschaft der Angst*« (2014) oder Zygmunt Baumans »*Liquid Fear*« (2006; dt. 2021) wären Beispiele für Gegenwartsdiagnosen, die Angst als dominantes Gefühl aktueller Gesellschaften thematisieren, wobei nicht unbedingt das Anwachsen konkreter Ängste (etwa vor Terror, Klimawandel oder Wirtschaftskrisen), sondern vor allem das Anwachsen eines generalisierten Gefühls der Angst als allgemeines Lebensgefühl konstatiert wird, das zur Erklärung unterschiedlichster Phänomene (z. B. Fremdenfeindlichkeit, Rechtspopulismus) herangezogen wird (vgl. zur historischen Entwicklung des Angstdiskurses Biess 2019). Beschleunigter sozialer Wandel und gesellschaftliche Krisen werden in Gegenwartsdiagnosen ebenso wie die Verbreitung von Sicherheitstechnologien und Vorsorgemaßnahmen als Ursachen des angenommenen verbreiteten Angstgefühls beschrieben (vgl. auch Martin 2020, 1–7). Die Kritik an derartigen Zeitdiagnosen weist u. a. auf die mangelnde empirische Basis dieser Diagnosen hin (vgl. Delhey, Lübke 2019, 13). Der dichten Beschreibung von allgegenwärtiger Angst in den Gegenwartsdiagnosen wird entgegengehalten, dass kein Anstieg konkreter Sorgen und Ängste empirisch feststellbar sei und diffuse Ängste bisher schwer zu operationalisieren seien (vgl. Delhey, Lübke 2019, 24–25). Es wird zudem darauf hingewiesen, dass eventuell nicht das Gefühl ›Angst‹ selbst zugenommen habe, sondern vor allem die Kommunikation über Angst (vgl. Martin 2020, 15), wobei dieser Diskurs – folgt man emotionssoziologischen Überlegungen – auch Auswirkungen auf das reale Empfinden und Handeln von Akteur*innen haben kann. Illouz beschreibt dies im Hinblick auf die in Israel verbreitete Rhetorik, die die Sicherheitslage zum Thema hat, wie folgt:

> »Angst, eingebildete wie begründete, ist ein mächtiges politisches Werkzeug. Sie sticht alle anderen Gefühle und Erwägungen aus und setzt sich über sie hinweg. Sie planiert die gesamte politische Bühne und rechtfertigt die Aussetzung von Grundrechten und bürgerlichen Freiheiten.« (Illouz 2023, 55)

Undemokratische Emotionen

Angst bildet aus Sicht von Illouz zusammen mit Ressentiment, Abscheu und »sorgsam kultivierter Liebe zum Land« (Illouz 2023, 28) einen Komplex *undemokratischer Emotionen,* die das Entstehen autokratischer und illiberaler Politik begleiten, wie sie anhand des Beispiels Israel zu zeigen versucht. Sie untersucht dabei entsprechend angstgeprägte politische Diskurse und die Resonanz derselben in den Aussagen individueller Akteur*innen (vgl. Illouz 2023, 32–78).

Emotionsrhetorik/gefühlte Emotionen

Gegenwartsdiagnosen, die die Verbreitung bestimmter Gefühlslagen beschreiben, können, unabhängig davon, ob sie reale gesellschaftliche Tendenzen thematisieren oder Zuspitzungen einzelner Phänomene vornehmen, reale Auswirkungen auf die Gefühlslage und das weitere Handeln von Individuen haben. Die Emotionssoziologie kann zum besseren Verständnis dieser Zusammenhänge beitragen, indem sie vor allem den Unterschied zwischen Emotionsrhetorik oder Diskursen über Emotionen und gefühlten Emotionen näher herausarbeitet. Judith Eckert (2020) hat dies im Zusammenhang mit den aktuellen Gegenwartsdiagnosen der Angst näher diskutiert. Auf Basis qualitativer Leitfadeninterviews zum Unsicherheitsempfinden in Deutschland konnte sie dabei die vielfältigen anderen Gefühlslagen und Motive aufzeigen, die sich hinter geäußerter Angst verbergen. Durch die Äußerung von Angst kommt es ihrer Studie zufolge zu einer Selbstpräsentation der Individuen, die auch Gefühlsregeln dafür folgt, was bestimmte Personen in bestimmten Situationen zu fürchten haben, unabhängig davon, ob sie diese Furcht auch wirklich empfinden (vgl. Eckert 2020, 163). Mit dem Begriff ›Angst‹ wird zudem eine Reihe von Unwohlgefühlen zum Ausdruck gebracht; allen voran Ungerechtigkeitsempfindungen und auch Ressentiments gegenüber bestimmten gesellschaftlichen Gruppen, etwa Migrant*innen, die nicht direkt angesprochen, aber mithilfe der Angstrhetorik (›man fühle sich durch eine bestimmte Gruppe bedroht‹) eine als legitim anerkannte und nicht mehr kritisierbare Form der Äußerung finden können (vgl. Eckert 2020, 167–169). Eckert führt dies auf die verstärkte Aufmerksamkeit für alles Emotionale seit den 1970er Jahren zurück, durch die die Äußerung von Emotionen als authentische, nicht weiter hinterfragbare Form der Selbstpräsentation gerahmt wird (vgl. auch Biess 2008, 52–55). In der Sprache der Angst können sodann unterschiedlichste Themen ausgedrückt werden, was auch von populistischen Parteien für die eigene Agenda aufgegriffen wird, indem diese als Sicherheitsanliegen und Reaktion auf Angstgefühle der Bevölkerung gerahmt wird (vgl. Eckert 2020, 170–173). Diese »Kommunikationskultur der Angst« (Eckert 2020, 173) kann somit reale Effekte für das Handeln von Individuen und die politische Situation haben, unabhängig vom konkreten Empfinden von Angst durch die Einzelnen. Die Emotionssoziologie kann dabei helfen, die sich hinter dem Label ›Angst‹ verbergenden unterschiedlichen Emotionen und ihre Wechselwirkungen aufzuzeigen, so etwa die den Angstbotschaften mitunter zugrundeliegenden Hassgefühle deutlich zu benennen (vgl. zum verschleierten Hass auch Bröckling 2016). Emotionssoziologische Konzepte sind außerdem hilfreich, um zu zeigen, dass die in Gegenwartsdiagnosen konstatierten Angstgefühle zu durchaus unterschiedlichen Reaktionen und Handlungen von Individuen führen können, und zwar abhängig vom jeweiligen sozio-kulturellen Kontext. Sowohl Resignation als auch Mobilisierung können die Folge von Angst sein, wie etwa Barbalet darlegte und auch Forschungen zu sozialen Bewegungen vielfach gezeigt haben (vgl. die Ausführungen in Kapitel 7.2.1 sowie Barbalet 1998, 151). Die von Illouz betonten undemokratischen Effekte von Angst sind vor allem auf die Kombination der Angst mit anderen Gefühlen und das populistische

Aufgreifen dieses Emotionskomplexes zurückzuführen. Frank Biess zeigte, dass in anderen historischen Konstellationen, konkret der BRD in den 1960er Jahren, Angst auch für mögliche Gefahren für die Demokratie sensibilisieren und somit auch zu demokratischer Mobilisierung führen kann, wie er am Beispiel des Protestes gegen die von der Bundesregierung damals geplante Notstandsgesetzgebung schildert (vgl. Biess 2019, 19–21, 227–228).

7.4 Kollektives Erleben von Emotionen

Emotionen sind schließlich auch deswegen ein soziales Phänomen, weil sie kollektiv empfunden und dabei mitunter auch verstärkt werden können (vgl. auch Flam 2000, 25). Das gemeinsame Erleben von Emotionen, etwa im Rahmen von (Alltags-)Ritualen, erzeugt andere Konsequenzen als das einzelne Emotionserlebnis. Derartige Phänomene werden u. a. auch unter den Begriffen kollektive Emotionen, emotionale Klimata oder Stimmungen verhandelt, wobei die Definition und begriffliche Abgrenzung dieser Phänomene mitunter unterschiedlich ausfällt (vgl. Renda 2018, 633). Kollektive Formen des Erlebens von Emotionen sollen im Folgenden anhand einiger exemplarischer Ansätze besprochen werden; zunächst anhand des Ansatzes von Randall Collins.

7.4.1 Das Konzept *Emotionaler Energie* von Randall Collins

Aus Sicht von Collins tragen Emotionen entscheidend zum Zusammenhalt und zum Funktionieren von Gruppen und Gesellschaften bei, wodurch er zugleich auch deutlich macht, dass Emotionen nicht nur in sozialen Zusammenhängen entstehen, sondern diese auch entscheidend beeinflussen:

> »What holds a society together – the ›glue‹ of solidarity – and what mobilizes conflict – the energy of mobilized groups – are emotions; so is what operates to uphold stratification – hierarchical feelings,

whether dominant, subservient, or resentful. If we can explain the conditions that cause people to feel these kinds of emotions, we will have a major part of a core sociological theory. There is of course a structural part of such a theory, and a cognitive part, but the emotional part gives us something essential for a realistic theory on its dynamics.« (Collins 1990, 27–28)

Collins orientiert sich in seinen Arbeiten u. a. an Vertreter*innen des interpretativen Paradigmas (allen voran Erving Goffman), aber auch an Émile Durkheim (vgl. vgl. Collins 2004, 3–25; vgl. zum Folgenden auch Scherke 2009, 67–70). Von den oben unterschiedenen fünf Dimensionen des Emotionsgeschehens spielen die Erlebnis-, Bewertungs- und Handlungsdimension eine besondere Rolle in seinem Ansatz, die körperliche Dimension und auch die Ausdrucksdimension werden dabei mitbeachtet.

Emotionen sind für Collins das Bindeglied zwischen der sozialen Makro- und der Mikroebene. Wenn man versucht, makrosoziologische Phänomene auf ihr Zustandekommen hin zu analysieren, ist man Collins zufolge genötigt, auf real stattfindende Interaktionen und deren Konsequenzen zurückzugreifen. Der Ablauf dieser Interaktionen wird wesentlich durch Emotionen gesteuert. Neben den kurzfristig wirksamen Emotionen (z. B. Angst oder Zorn) beeinflusst laut Collins vor allem das Maß *Emotionaler Energie* den Verlauf sozialer Situationen (vgl. Collins 1990, 30–31). *Emotionale Energie* wird im Rahmen von (Alltags-)Ritualen erzeugt und dieser Aspekt der *kollektiven Erzeugung* Emotionaler Energie soll hier näher betrachtet werden.

Emotionale Energie

Emotionale Energie kann entstehen, wenn sich mindestens zwei Menschen in unmittelbarer physischer (unter Umständen auch medial-virtueller) Gegenwart zueinander befinden, ihre Aufmerksamkeit auf ein gleiches Objekt oder eine gemeinsame Tätigkeit richten und sich dieser gemeinsamen Ausrichtung bewusst sind (vgl. Collins 2004, 53–64). Durch diese gemeinsame Ausrichtung der Aufmerksamkeit, die Ausübung gleicher Verhaltensweisen und dabei ablaufender physiologischer Prozesse können sich die gefühlsmäßigen Stimmungen der Akteur*innen aneinander angleichen (vgl. Collins 2004,

23–24, 35–36, 48). Gelingt dieses Einschwingen auf eine gemeinsame Stimmung, werden nicht nur die Gefühle der Einzelnen verstärkt, sondern auch Gruppensolidarität hergestellt. Beispielsweise können Beerdigungen, bei denen Gefühle der Trauer durch die einzelnen Akteur*innen ausgedrückt werden, gerade durch das gemeinsam ausgeführte Ritual nicht nur die Trauergefühle der Einzelnen verstärken, sondern auch Solidarität innerhalb der Trauergemeinde erzeugen bzw. festigen. Das langfristige Ergebnis der Interaktionen eines Rituals ist die Verstärkung der Gruppensolidarität (inklusive der positiven Aufladung von Gruppensymbolen). Der Einfluss Durkheims wird in dieser von Collins vorgenommenen Beschreibung von Interaktionsritualen besonders deutlich. In seinen religionssoziologischen Schriften hatte Durkheim bereits die Rolle *kollektiver Efferveszenz* als Basis für den Zusammenhalt (religiöser) Gemeinschaften in ähnlicher Weise herausgearbeitet (vgl. Kapitel 3.2). Collins verweist auf die Erhöhung der sogenannten *emotional energy* der Individuen als Resultat erfolgreich durchgeführter Rituale (vgl. Collins 2004, 36–38; Collins 1990, 32). *Emotionale Energie* wird dabei wie folgt beschrieben: »a feeling of confidence, elation, strength, enthusiasm, and initiative in taking action.« (Collins 2004, 49) Diese *Emotionale Energie* hält auch noch an, wenn das Ritual längst beendet ist, und wird zu einem wesentlichen ›Motor‹ für zukünftige soziale Interaktionen.

Der Begriff der *emotional energy* wurde von verschiedenen Autor*innen aufgrund seiner Diffusität kritisiert (vgl. Gerhards 1986, 767; Greve 2022, 84–85; vgl. auch Scherke 2009, 69–70). Collins versteht darunter eine allgemeine Antriebskraft menschlicher Handlungen, die aus der aktiven Teilnahme an erfolgreichen Gruppenritualen resultiert und deren ›Konservierung‹ auch über den ursprünglichen Entstehungskontext hinaus möglich ist (vgl. Collins 2004, 150).

Interaktionsrituale

Collins verwendet einen breiten Ritualbegriff, der sich nicht nur auf religiöse Zeremonien bezieht, sondern auch alltägliche Zusammenkünfte (etwa das gemeinsame Zigarettenrauchen) umfasst, in denen sich ritualhaft Interaktionsabläufe wiederholen und Gruppenzusammenhalt sowie Abgrenzung der Gruppe nach außen hergestellt werden:

»Lifestyle rituals in the realm of leisure sociability have been especially important in the modern era, adding new boundaries to the older dimensions of class, religion, and ethnicity, and often displacing them in the subjective consciousness of modern people with the rituals of situational stratification.« (Collins 2004, 297)

Emotionale Energie ist eine erstrebenswerte Ressource für Individuen, die deshalb auch immer wieder bereit sind, an entsprechenden Interaktionsritualen von Gruppen zu partizipieren, wobei von Collins der Erfolg von Gruppenritualen in einer Art Zirkelschluss durch das Auftreten *Emotionaler Energie* bestimmt wird (vgl. Collins 2004, 51; vgl. zur Kritik Scherke 2009, 69–70). Individuen ziehen Collins zufolge quasi ›Nutzen‹, in Form *Emotionaler Energie*, aus Interaktionen mit anderen:

»I would suggest, [...] that the most important feature of human biology is that humans are hard-wired not simply for genital pleasure or the tendency to propagate one's genes but, above all, for the kinds of pleasure in emotional entrainment and rhythmic synchronization that make humans pursuers of interaction rituals.« (Collins 2004, 227)

Das Maß der von einem Individuum gesammelten *Emotionalen Energie* und sein dadurch bewirktes weiteres Interaktionsverhalten werden von Collins einer Logik der Nutzenmaximierung folgend herangezogen, um sowohl soziale Unterschiede zwischen Individuen erklären zu können, als auch makrosoziologische Phänomene des Sozialkapitals und damit assoziierter Gruppensolidarität zu beschreiben.

Emotionale Dynamik bei Gewaltausübungen

Auch im Zusammenhang mit Gewaltphänomenen spielt das gemeinsame Erleben von Emotionen eine wichtige Rolle und das Verständnis der entsprechenden emotionalen Dynamik von Situationen kann aus Collins Sicht zur Abmilderung von Gewaltausbrüchen beitragen helfen. Gewalt ist aus seiner Sicht vor allem situationsbedingt und kann nicht auf bestimmte Merkmale von Personen, die diese besonders gewaltbereit machen würden, zurückgeführt werden (vgl. Collins 2011, 10–12). Für Collins ist die Mischung aus Anspannung und

Angst entscheidend, um den Ausbruch von Gewalt und vor allem auch die Gewalteskalation in bestimmten Situationen zu erklären, wobei er Beispiele aus dem militärischen Bereich ebenso bespricht, wie polizeiliche Gewalt oder auch Gewalt im Freizeitbereich (zur Kritik dieses generellen Erklärungsanspruches von Gewalt vgl. Kuzmics 2013, 507).

Vorwärtspanik

Menschen verspüren normalweise Angst vor der eigenen Gewaltanwendung und erst eine bestimmte situative Konstellation ermöglicht den Ausbruch von Gewalthandlungen. Durch den Begriff ›Vorwärtspanik‹ beschreibt Collins kollektive Gewaltausübungen, die nach Phasen längerer Anspannung und dann plötzlich möglicher Entladung der aufgestauten Emotionen entstehen und bei denen die Anwesenheit anderer wesentlich zur Erklärung der Gewaltdynamik beiträgt. Gewaltausübung im direkten Kontakt mit anderen (im Unterschied zu technisierten Gewalthandlungen auf Distanz) fällt Menschen normalerweise nicht leicht, da dies einen Bruch mit dem gemeinschaftlichen Erleben in Interaktionssituationen bedeutet. Anspannung entsteht dadurch, dass die interaktive Solidarität mit anderen in Kampfsituationen durchbrochen werden muss, hinzu kommen Ängste, andere zu töten bzw. selbst getötet zu werden (vgl. Collins 2011, 121–129).

> »Es gibt eine spürbare Schranke, sich auf eine gewalttätige Konfrontation einzulassen, denn dies läuft unserer physiologischen Programmierung zuwider, die nach Einbindung in ein mikrointeraktives Ritual strebt. Stattdessen müssen wir unsere Sensibilität für Anzeichen ritueller zwischenmenschlicher Solidarität ausschalten und uns darauf konzentrieren, die Schwäche des anderen auszunützen.« (Collins 2011, 125)

Angst und Anspannung führen zu widerstreitenden Handlungsneigungen in einem selbst, da man einerseits gemeinsam mit dem oder der Gegner*in Teil der Situation ist und die wechselseitigen Gefühle des Zorns und der Wut sich dadurch verstärken, dabei aber eigentlich auch *Emotionale Energie* und interaktive Solidarität hervorbringen, was jedoch in Konfrontationen nicht erwünscht ist und durchbrochen werden muss, während zugleich Ängste dieses Durchbrechen hemmen. Vorwärtspanik entsteht, wenn Anspannung und Ängste besonders lange aufgebaut wurden und plötzlich eine mühelose Attacke auf den oder die Gegner*in möglich wird, der/die schwächer erscheint, als in der aufgestauten Anspannung angenommen. Insbesondere in Gruppenkonfrontationen kann diese situative plötzliche Durchbrechung der Gewalthemmung mitunter zu exzessiver Gewaltausübung gegenüber der schwächeren Gruppe führen (vgl. Collins 2011, 133–137). Collins' Konzept der Vorwärtspanik ist ein gutes Beispiel dafür, wie kollektiv erlebte Emotionen den weiteren Situationsverlauf entscheidend verändern, und unterstreicht damit nochmals die Relevanz von Emotionen in sozialen Zusammenhängen.

Kuzmics (2013) hat auf die Gemeinsamkeiten und Unterschiede der Erklärung von Gewalt zwischen Elias und Collins hingewiesen und dies am Beispiel der Gewalt im Krieg, konkret des Ersten Weltkrieges, näher diskutiert. Der mikrosoziologischen Erklärung von Collins stellt er den figurationstheoretischen Ansatz von Elias gegenüber. Besonders grausame Gewaltausbrüche können aus seiner Sicht nicht durch situative Aspekte *allein* erklärt werden, sondern erfordern auch die Berücksichtigung längerfristiger gesellschaftlicher Entwicklungen und habitueller Prägungen. Die Gewaltsamkeit des Krieges lässt sich nicht durch spontane Angriffslust erklären (die in Elias' Sicht beim mittelalterlichen Krieger noch vorlag, im Zuge des Zivilisationsprozesses aber durch Affektkontrolle reduziert wurde) und kann auch nicht nur im Sinne Collins' auf Vorwärtspanik zurückgeführt werden (auch wenn diese durchaus eine Rolle spielt), sondern hat vor allem etwas mit der Technisierung des Krieges, der dadurch bedingten Distanzvergrößerung zum Feind und auch der Arbeitsteiligkeit des modernen Krieges zu tun, die zu besonders gravierenden Auswirkungen von Gewalthandlungen führt (vgl. Kuzmics 2013, 514–515, 525).

7.4.2 Die Erzeugung kollektiver Emotionen

Bereits Émile Durkheim hatte sich im Zusammenhang mit seiner Beschreibung *kollektiver Efferveszenz* als Resultat religiöser Rituale mit kollektiven Formen der Erzeugung von Emotionen bzw. Verstärkung derselben beschäftigt (vgl. Durkheim [1912] 1994, 289; Yilmaz 2018; vgl.

auch Moebius 2019). Durch das gemeinsame Erleben einer Situation und der darin entstehenden Gefühle kommt es zu einem Kollektivzustand, der verbindende Wirkung für die Beteiligten haben kann. Bei der Herstellung dieses Zustandes sind vor allem gemeinsam ausgeführte Bewegungen und rhythmisch aufeinander bezogene Aktivitäten (etwa Gesänge und Tänze) zu erwähnen. Man denke etwa an das gemeinsame Klatschen nach einem Konzert, das sich allmählich synchronisiert und dessen Rhythmus sich Einzelne nur schwer entziehen können. Derartige Synchronisationen von Bewegungen spielen in unterschiedlichen zeitgenössischen Settings eine Rolle, etwa in Fußballstadien, bei Popkonzerten oder auch bei politischen Veranstaltungen. Pettenkofer hat auf die Bedeutung kognitiver *Deutungen* hingewiesen, die die über körperliche Erfahrungen entstehende *kollektive Efferveszenz* erst zu einem gemeinschaftsbildenden Erlebnis werden lassen, das eben nicht nur auf rein physiologischen Mechanismen beruht, sondern untrennbar mit deren aktiver Verarbeitung durch die Individuen verbunden ist (vgl. Pettenkofer 2006, 261–262). Das von Durkheim und später auch von Collins angesprochene Resultat des Einschwingens der Anwesenden auf einen gemeinsamen Rhythmus sowie die Deutung desselben als Kollektivgefühl oder, um mit Collins zu sprechen, das Anhäufen gesteigerter *Emotionaler Energie*, ist nicht nur für die Anwesenden selbst erstrebenswert, sondern auch für jene, die sich diese kollektive Stimmung kommerziell oder politisch zunutze machen wollen.

Herstellung kollektiver Emotionen

An dieser Stelle möchte ich daher auf einige Formen der aktiven Herstellung kollektiver Emotionen und Atmosphären/Stimmungen eingehen.

Wie in Kapitel 4 bereits beschrieben, wird in der Literatur zwischen kollektiven Emotionen, emotionalen Klimata oder emotionalen Atmosphären/Stimmungen unterschieden. Der Begriff ›kollektive Emotionen‹ bezieht sich auf das quantitativ gehäufte Auftreten bestimmter (durchaus individuell empfundener) Emotionen in einer Gruppe oder Gesellschaft, wobei dem gemeinsamen Erleben dieser Emotionen (etwa im Rahmen von Ritualen) in der Literatur besondere Beachtung geschenkt wird (vgl. Renda 2018, 633), während ein

›emotionales Klima‹ zwar auch das quantitativ gehäufte Auftreten ähnlicher Gefühle zum Ausgangspunkt hat, aber vor allem anhand der diese verursachenden strukturellen Gegebenheiten und Lebenslagen beschrieben wird (gemeinsames Erleben in Gruppensituationen steht hierbei nicht im Vordergrund der Analyse, vgl. Renda 2018, 635). Atmosphären oder Stimmungen wiederum können als aktive Wahrnehmung der emotionalen Charakteristika einer Situation oder, wie Renda es beschreibt, der »Zuschreibung einer emotionalen Einheit der Situation« (Renda 2018, 63) definiert werden, wobei Überlegungen zur empirischen Erfassung dieser Atmosphären und Stimmungen noch am Anfang stehen (vgl. Renda 2018, 650; vgl. auch Scheve, Salmela 2014, XV).

Scheve und Salmela, die unterschiedliche Arbeiten zum Thema kollektive Emotionen in einem 2014 erschienenen Band versammelt haben, verweisen auf die Rolle von Medien bei der Entstehung kollektiver Emotionen, vor allem, wenn sich Personen nicht in unmittelbarer physischer Nähe zueinander befinden:

> »Collective emotions, like other kinds of emotions, do something to groups and individuals, they may urge people to collective action, promote solidarity and cohesion as well as demarcation and exclusion, and affect what people believe, desire, and value. Finally, technologies, in particular media technologies, can make crucial contributions to the emergence of collective emotions across individuals that are not physically co-present.« (Scheve, Salmela 2014, XV)

Es folgen daher nun einige Beispiele für die aktive Herstellung kollektiver Emotionen in modernen Gesellschaften unter Bedingungen physischer und virtueller Nähe.

(politische) Sakralisierungsprozesse

Forschungen zur politischen Instrumentalisierung von Emotionen widmen sich bereits seit Langem der Frage, wie kollektive Emotionen aktiv hergestellt werden können; auf die Arbeiten zum Thema Masse bei einigen frühen Autor*innen wurde weiter oben bereits hingewiesen (vgl. Kapitel 3.2). Hier soll ein Beispiel für eine weitere frühe Beschäftigung mit Fragen der Herstellung und der Wirkung kollektiver

Emotionen erwähnt werden: die Arbeiten des *Collège de Sociologie* aus den 1930er Jahren. Das *Collège de Sociologie* war als Zusammenschluss unterschiedlicher, politisch zumeist linksstehender Intellektueller (etwa George Bataille, Roger Caillois oder Michel Leiris) zwischen 1937–1939 in Frankreich aktiv und griff für seine Vortragsreihen und Schriften Themen auf, die bereits von Durkheim bzw. der Durkheimschule bearbeitet worden waren, um diese für die Analyse der zeitgenössischen Gesellschaft zu nutzen (vgl. Hollier 2012, 15–17; vgl. auch Moebius 2006). *Kollektive Efferveszenz* und die daraus resultierende »Sakralisierung« von Orten, Objekten, Personen oder sozialen Praktiken bildeten einen wichtigen Schwerpunkt der Erörterungen. Kollektive emotionale Erfahrungen wurden dabei als gemeinschaftsbildend auch abseits des bei Durkheim noch im Vordergrund der Analyse stehenden religiösen Bereichs erkannt (vgl. Albers, Moebius 2012, 757–759). Dem *Collège de Sociologie* ging es dabei einerseits um eine Kritik der durch Rationalisierung gekennzeichneten modernen bürgerlichen Gesellschaft und gewissermaßen um die Unterstreichung der Bedeutung von Emotionen auch für moderne Vergemeinschaftungsformen, andererseits aber auch um die Etablierung eines Gegenmodells zur faschistischen Vereinnahmung kollektiver Emotionen. Irene Albers und Stephan Moebius haben auf die kritische Rezeption, die Letzteres unter damals zeitgenössischen deutschsprachigen Kolleg*innen fand, hingewiesen, die die Gefahren einer derartigen aktiven Emotionalisierung der Massen (trotz anti-faschistischer Absicht) betonten (vgl. Albers, Moebius 2012, 760–764).

Soziale Kohäsion entsteht aus Sicht der Mitglieder des *Collège de Sociologie* durch das kollektive Erleben starker Emotionen in Situationen physischer Nähe, durch die Individuen einen partiellen Selbstverlust erleiden, dabei aber zugleich Bindung an das Kollektiv und seine Werte entwickeln. Feste, Mythen, Spiele und auch alltägliche Rituale sollten dabei als ›sakraler‹ Kern dienen, um den herum Bindungskräfte in kleinen Gemeinschaften geschaffen werden sollten (vgl. auch Albers, Moebius 2012, 758–759, 786–787). Das Project des *Collège de Sociologie* fand keine unmittelbare Fortsetzung und wurde erst in jüngerer Zeit, sicherlich auch vor dem Hintergrund eines neuen Interesses an Emotionen in den Sozialwissenschaften, einer ausführlichen Rezeption unterzogen (vgl. Albers, Moebius 2012, 764–769, 784–787). Im Hinblick auf die aktuell zu verzeichnende Zunahme des Rechtspopulismus, der gezielt Situationen *kollektiver Efferveszenz* für seine eigenen Zwecke herzustellen beabsichtigt, und der Frage der Sinnhaftigkeit entsprechend »linker« Gegenprojekte (vgl. Mouffe 2018), kommt den Erörterungen des *Collège de Sociologie* sicherlich neue Aktualität zu; ebenso wie den damaligen kritischen Stellungnahmen, die vor einer »irrational-sakralen Emotionalisierung der Massen« warnten (Albers, Moebius 2012, 763).

Kommerzielle Zwecke

Jüngere emotionssoziologische Arbeiten widmen sich neben dem Bereich der Politik auch der Indienstnahme kollektiver Emotionen für kommerzielle Zwecke. Marjo Kolehmainen und Katariina Mäkinen (2021) haben solcherart auf die zu kommerziellen Zwecken erfolgende Herstellung von Atmosphären hingewiesen und die dabei zum Einsatz kommenden *Gruppenerlebnisse* näher analysiert. Im gegenwärtigen Kapitalismus werden neben Gütern vor allem auch Erlebnisse verkauft und Gefühlsarbeit bzw. affektive Arbeit wird dabei nicht nur von den Beschäftigten der Unternehmen geleistet, sondern auch von den Konsument*innen, die zwar das Erlebnis ›kaufen‹, sich dabei aber auch an der Herstellung von dessen Qualität beteiligen (müssen) und somit erst zum kollektiven und auch transsubjektiven Charakter von Atmosphären beitragen (vgl. Kolehmainen, Mäkinen 2021, 448–452). Wie bereits in Kapitel 4 betont, gehen Atmosphären zwar über das Individuum hinaus, für ihre Beschreibung und Erforschung spielen jedoch wiederum individuelle Beobachtungen und Erfahrungen (der Forscher*innen) eine wichtige Rolle:

> »While atmospheres reach beyond the human subject, their examination benefits from an ethnographic orientation that foregrounds the researcher. Researchers and participants alike are makers and perceivers, (mis)interpreters and co-creators of atmospheres.« (Kolehmainen, Mäkinen 2021, 452; vgl. auch die entsprechenden Ausführungen in Kapitel 8)

Die Autor*innen setzen dabei im Sinne autoethnografischer Methoden vor allem auch ihre eigenen Erlebnisse und Erfahrungen zur Analyse der Atmosphären in zwei Fallbeispielen (eines Partnerschaftsseminars und eines Marketingevents) ein. Sichtbar wird nicht nur der kollektive Erlebnischarakter der beiden Events, sondern auch die von den Teilnehmer*innen aktiv eingeforderte Mitarbeit an der Erzeugung desselben, indem sie beispielsweise von den Veranstalter*innen aufgefordert werden, Spaß zu haben und sich an diversen Begegnungen mit anderen zu beteiligen. Zusätzlich präsentieren sich die Veranstalter*innen selbst mit dem passenden Emotionsausdruck und setzen damit eine starke Gefühlsregel für die Teilnehmenden. Hinzu kommen Aufforderungen, bestimmte Bewegungen zu vollziehen, sich die Hände zu geben und dergleichen, die die Gleichzeitigkeit des Erlebens aller Beteiligten sicherstellen und zur Kollektivität der Erfahrung beitragen. Ergänzt wird dies durch räumliche und auch klangliche Gestaltung der Events, durch die unterschiedliche Sinne angesprochen werden. Schließlich werden bei den Events auch *social media* eingesetzt, zu deren aktiver Nutzung die Teilnehmer*innen motiviert werden und die der Konservierung der erlebten Atmosphäre dienen. Die Herstellung einer Wohlfühlatmosphäre für alle resultiert aus diesem Zusammenwirken von Veranstalter*innen, Teilnehmer*innen und der materiellen/technischen Umgebung, wobei eine aktive Beteiligung aller vorausgesetzt wird, den Teilnehmenden jedoch ihr eigener Beitrag zur Herstellung des bezahlten (kollektiven) Erlebnisses nicht bewusst sein muss. Derartige Settings können auch misslingen, wenn das Bemühen um die Herstellung der Atmosphäre und damit ihr künstlicher Charakter zu direkt sichtbar wird, wodurch aus Sicht der Autor*innen auch die Grenzen der kommerziellen Manipulierbarkeit von Affekten/Emotionen aufgezeigt werden.

Kollektive Emotionen und Medien

Im Rahmen der Herstellung kollektiver Emotionen ist, wie oben bereits im Zitat von Scheve und Salmela angedeutet, auch die Rolle der Medien näher zu beachten. Die Herstellung emotionaler Vergemeinschaftung findet dabei sowohl über den Konsum fiktionaler Medienformate als auch denjenigen von Nachrichtenformaten sowie unterschiedlichen anderen Medienereignissen statt. Medien betreiben über die Gestaltung von Nachrichtenformaten und Live-Übertragungen sogenanntes *agenda-setting* und tragen damit zur breiten Wahrnehmung eines Themas und der damit verbundenen Gefühlsbotschaften bei, wodurch auch Gefühlsregeln geprägt werden. Die Darstellung emotionaler Reaktionen des Publikums bei Massenereignissen, wie beispielsweise der Trauerfeier für Lady Diana oder jener für Papst Johannes Paul II. (vgl. Döveling 2005, 16–17; Döveling 2007), werden durch die mediale Aufbereitung und Verbreitung als *legitime* Formen des emotionalen Reagierens auf diese Nachrichten bzw. Ereignisse geframt. Live-Übertragungen ermöglichen zudem kollektives Gefühlserleben und können auch gemeinschaftsbildend wirken. Medial vermittelte Emotionalisierung kann so zu sozialer Kohäsion beitragen, wobei die Wirkungen unterschiedlicher Gefühle, vereinfacht gesagt positiver Gefühle und negativer bzw. ausgrenzender Gefühle, aus Sicht von Katrin Döveling näher analysiert werden müssen (vgl. Döveling 2005, 300).

Live-Übertragungen

Sven Ismer (2014) hat diese Rolle der Medien bei der Herstellung von kollektiven Gefühlen anhand der Fußballberichterstattung in Deutschland im Zuge der FIFA-Fußball-WM der Männer 2006 aufgezeigt. Im Rahmen des in Deutschland ausgetragenen Fußballereignisses kam es zu einem für Deutschland nach dem Zweiten Weltkrieg unüblichen offenen Zeigen von positiven Gefühlen der eigenen Nation gegenüber, etwa im Rahmen der Public-Viewing-Events, bei denen auch Deutschlandfahnen massenhaft zu sehen waren. Der Volksfestcharakter und das offizielle Motto der WM: »Die Welt zu Gast bei Freunden« trugen dazu bei, dass dieser offene Umgang mit nationalen Symbolen als Normalisierung im Umgang mit der eigenen Nation und als friedlicher Patriotismus wahrgenommen wurde. Aus Sicht Ismers trugen die Medien durch die Art ihrer Berichterstattung zur Konstruktion kollektiver Identität bei, indem sie auch für die Fernsehzuschauer*innen den Mitvollzug der rituellen Praktiken und das Erleben *kollektiver Efferveszenz* im Sinne Durkheims ermöglichten. Ismer weist dabei auf die notwendige Ergänzung des kognitiven Konzepts *vorgestellter Gemeinschaft* (Anderson [1983] 1996) durch den Blick auf emotionale Praktiken hin (vgl. Ismer 2014, 135). Die konstruierten

›Glaubensüberzeugungen‹ und die rituelle Praxis einer Gemeinschaft können dabei durchaus voneinander abweichen. Die Detailanalyse der medialen Aufbereitung des Viertelfinalspiels Deutschland gegen Argentinien zeigt den Ablauf eines Medienrituals, bei dem den Zuschauer*innen eine bestimmte Choreografie geboten wird, bestehend aus einstimmenden Sequenzen mit Expertengesprächen im Studio, Liveschaltungen in das Stadion bzw. zu diversen Public-Viewing-Orten und vorbereiteten Videoclips über die beiden Mannschaften und deren gegenwärtige bzw. ehemalige Spieler. Ismer weist darauf hin, dass durch diese Bildschaltungen, aber auch Musikeinspielungen und verbale Botschaften, es den Zuschauer*innen ermöglicht werden soll, sich selbst als Teil des Rituals und damit der vorgestellten Gemeinschaft zu erleben, und zugleich inhaltliche Grenzziehungen zur gegnerischen Mannschaft vorgenommen werden, die entgegen des offiziellen Narrativs der WM auch Überlegenheitsgefühle und Abwertungen den anderen gegenüber enthalten (vgl. Ismer 2014, 143, 148–149). In diesem Beispiel wird auch die trennende und verbindende Funktion von (medial vermittelten) Emotionen sichtbar.

Kollektive Emotionen in sozialen Bewegungen

Soziale Bewegungen sind, wie oben bereits erwähnt, ein wichtiges Thema emotionssoziologischer Studien und sollen daher hier nochmals im Hinblick auf in Ritualen erzeugte kollektive Emotionen, die die Bewegung nach innen zusammenhalten und nach außen abgrenzen, erwähnt werden. In der Emotionssoziologie kommt, wie weiter oben bereits dargestellt, zumeist ein breiter Ritualbegriff zum Einsatz, der sich nicht nur auf religiöse Rituale bezieht, sondern eine Vielzahl an Situationen (z. B. politische Versammlungen, Sportereignisse, Popkonzerte) auf ihren Ritualcharakter hin untersucht (vgl. Knottnerus 2014, 312). Rituale zeichnen sich, wie schon Durkheim feststellte (vgl. Kapitel 3.2), durch einen gemeinsamen Aufmerksamkeitsfokus der beteiligten Individuen aus, die zu bestimmten (wiederkehrenden) Zeiten eine Reihe von Aktivitäten und Handlungen zeitgleich durchführen und dabei einer bestimmten impliziten oder expliziten Choreographie folgen, wobei auch materielle Artefakte oder Musik in die Handlungen miteinbezogen werden (zu weiteren Kennzeichen von Ritualen vgl. Knottnerus 2014, 315–319). Die Rituale tragen durch die gemeinsamen Erfahrungen nicht nur zur Verstärkung der Emotionen der Teilnehmenden, sondern auch zur Stärkung des Gruppenzusammenhaltes und Aufladung entsprechender Gruppensymbole bei. Soziale Bewegungen, aber auch politische Parteien oder Wirtschaftsorganisationen versuchen daher durch die Initiierung von Ritualen entsprechende Effekte für die eigene Bewegung/Organisation zu erreichen. Rainald Manthe (2020) hat für die Treffen des Weltsozialforums die Rolle solcher Inszenierungen beschrieben: Beim Weltsozialforum kommen unterschiedliche ansonsten nicht verbundene Gruppierungen und Individuen zusammen. Zusammengehörigkeitsgefühle werden dabei interaktiv geschaffen, indem durch die Ausgabe entsprechender Beutel und Badges die Teilnehmenden als Teil des Events markiert werden und sich als solche auch bei zufälligen Treffen wiedererkennen können. Neben dieser visuellen Gemeinschaftsbildung spielen auch Berührungen und Umarmungen sowie die gemeinsame Anfertigung von Erinnerungsbildern eine wichtige Rolle im Rahmen der Herstellung eines Wir-Gefühls unter den einander ansonsten unbekannten Teilnehmer*innen (vgl. Manthe 2020, 230–235). Die Choreographie gemeinsamer Demonstrationen, inklusive dem Skandieren entsprechender Protestslogans, sorgt zusätzlich für gemeinsame Erlebnisse und entsprechende vielfältige sensorische Wahrnehmungen, wodurch der gemeinsame Aufmerksamkeitsfokus nochmals gestärkt wird (vgl. Manthe 2020, 243–248).

Erinnerungsrituale in sozialen Bewegungen

Auch die Erinnerung an gemeinsame, mit starken Emotionen verbundene Erfahrungen kann zur Stabilisierung von sozialen Bewegungen beitragen, wie weiter oben bereits im Zusammenhang mit Pettenkofers Arbeit zur Anti-AKW-Bewegung beschrieben wurde (vgl. Pettenkofer 2006).

Rituale rund um Übergangssituationen oder Krisensituationen, die von Paul Stenner unter Rückgriff auf Arnold van Gennep und Victor Turner auch als *liminale* Situationen beschrieben werden (vgl. Stenner 2016, 45–48), dienen dem Management affektiver Erfahrungen, bringen diese aber in weiterer Folge durch entsprechende Wiederholungen und Inszenierungen auch selbst hervor (vgl. Stenner 2016, 51). Liminalität zeichnet sich durch die phasenweise Außerkraftsetzung von strukturellen Ordnungen aus, wobei dies zumeist mit starken Emotionen verbunden ist (vgl. Stenner 2016, 48). Das von Pettenkofer beschriebene Gründungsereignis der Anti-AKW-Bewegung, die Demonstration in Brokdorf, bei der es zur gewaltsamen Konfrontation mit der Polizei kam und bei der intensive Gefühle der Angst, aber eben auch der Verbundenheit, unter den Teilnehmenden ausgelöst wurden, kann auch im Sinne Stenners als liminales Ereignis der Initiierung der Bewegung gedeutet werden. Die wechselseitige Erinnerung an dieses Ereignis und die dadurch ausgelösten Erinnerungen an die erlebten Emotionen dienen der Verarbeitung derselben und sorgen zugleich jeweils neuerlich für eine Bestätigung der Bewegungsmitgliedschaft bei den Einzelnen. Inszenierte liminale Erfahrungen im Rahmen von (Erinnerungs-)Ritualen können somit ähnliche Effekte haben wie die liminalen Ereignisse selbst (vgl. Stenner 2016, 51). Rituale zeichnen sich aus Sicht Stenners generell durch ihren Bezug zur Emotionalität aus: »[...] a ritual is an affective practice that is regularly enacted and reenacted to recreate, formulate and express valued feelings and emotions.« (Stenner 2017, 234)

Liminalität und *liminale Hotspots*

Liminale Erfahrungen (egal ob es sich dabei um spontane oder in Ritualen inszenierte Erfahrungen handelt, vgl. auch Stenner 2017, 275) haben transformierende Wirkungen für die beteiligten Individuen und damit auch die jeweiligen sozialen Situationen. Stenner beschreibt liminale Erfahrungen unter Rückgriff auf die Ritualtheorie Victor Turners, der drei Phasen von (vor allem biographischen) Übergangsriten unterscheidet: die Trennungsphase *(separation)*, die Schwellenphase *(liminality)* und die Angliederungsphase *(re-aggregation)* (vgl. Turner 2003, 251). Im Rahmen des Übergangs kommt es zur Außerkraftsetzung der bisherigen sozialen Rolle, der eine Phase der Unbestimmtheit und Unsicherheit (Liminalität) und schließlich die Phase der Annahme einer neuen sozialen Rolle folgt. Auch politische Proteste und revolutionäre Umbrüche können mithilfe dieses Konzeptes der Übergangsriten beschrieben werden, da es in ihnen in vergleichbarer Weise zu einer Ablösung der alten sozialen/politischen Ordnung, einer darauffolgenden Schwellenphase oder liminalen Phase der Unsicherheit und Ambivalenz und sodann zur Entstehung einer neuen sozialen/politischen Ordnung kommt. Kollektiv erlebte Emotionen spielen in allen drei Phasen eine wichtige Rolle und fungieren oftmals auch als Auslöser für den Übergangsprozess. Allerdings kann es im Rahmen politischer Proteste auch dazu kommen, dass sie quasi in der Schwellenphase stecken bleiben und längere Zeit keine neue Ordnung etabliert werden kann. Stenner entwickelte für derartige Situationen das Konzept des *liminal hotspots*:

> »We initially defined a liminal hotspot as an occasion of sustained uncertainty, ambivalence and tension in which people feel ›caught suspended‹ in the limbo of an in-between phase of transition. They may be occasions of *impasse* in which an interruption of the everyday, taken for granted state of affairs becomes permanent and the people involved become stuck, as it were, in enduring liminality.« (Stenner, Greco, Motzkau 2017, 141–142; vgl. auch Greco, Stenner 2017, 150)

Mie Scott Georgsen und Bjørn Thomassen (2017) verwenden dieses Konzept für die Analyse der politischen Proteste auf dem Maidan in Kiew im Jahr 2014. Sie zeigen, welche Rolle starke emotionale Erfahrungen im Zuge der gewaltsamen Zusammenstöße mit der Polizei für den Start der Proteste und damit die Trennungsphase von der alten Ordnung spielten. Die Schwellenphase zeichnete sich sodann durch von den Protestierenden kollektiv erlebte ambivalente Gefühle aus: Ängste vor gewaltsamer Gegenreaktion der Regierung gepaart mit Hoffnungen auf eine alternative Gesellschaftsform. Unter den Protestierenden entstand dabei im Zuge der langen Anwesenheit auf dem Maidan eine Gemeinschaft auf Augenhöhe, jenseits der vorher vorhandenen sozial-strukturellen Unterschiede (vgl. Scott Georgsen, Thomassen 2017, 204–206). Im Unterschied zu den von Turner beschriebenen (biographischen) Übergangsritualen existieren bei derartigen revolutionären Ereignissen jedoch keine Zeremonienmeister*innen, die für einen sicheren Abschluss des Transformationsprozesses und den Übergang in eine neue soziale Ordnung sorgen können, weshalb insbesondere revolutionäre Umbrüche gefährdet sind, zu Situationen (länger) andauernder Liminalität und damit verbundener Unsicherheit zu werden (vgl. Scott Georgsen, Thomassen 2017, 209–2010).

7.5 Zusammenfassender Überblick der vier Perspektiven anhand des Beispiels Nostalgie

Abschließend sollen die vier zuvor anhand unterschiedlicher Autor*innen und Ansätze dargestellten Perspektiven (d. h. also die verbindende Funktion von Emotionen zwischen Vergangenheit, Gegenwart und Zukunft; die bindenden und trennenden Funktionen von Emotionen zwischen Individuen und Gruppen; die Prägung von Emotionen über gesellschaftliche Diskurse und das kollektive Erleben von Emotionen) nochmals am Beispiel der Nostalgie illustriert werden. Die Emotion der Nostalgie wurde bisher kaum soziologisch bearbeitet, sie bietet aber zahlreiche Ansatzpunkte für emotionssoziologische Analysen.

Seit ihrer erstmaligen Beschreibung im Zusammenhang mit dem Heimweh Schweizer Soldaten durch Johannes Hofer im 17. Jahrhundert wurde Nostalgie lange Zeit als Gemütserkrankung konzipiert und erfuhr erst im Verlauf der letzten Dekaden des 20. Jahrhunderts eine Neubewertung, bei der auch die produktiven Funktionen der Nostalgie für menschliches Wohlbefinden unterstrichen wurden (vgl. Wildschut et al. 2006, 975; Wildschut et al. 2010, 573; vgl. zum Folgenden auch Scherke 2018). Nichtdestotrotz wird Nostalgie auch heute noch in kulturkritischen Essays eher negativ konnotiert und vor allem auch mit politisch revisionistischen Einstellungen in Zusammenhang gebracht (vgl. dazu Becker 2018, 244–246).

Erscheinungsformen von Nostalgie

Das Etikett ›Nostalgie‹ wird heute überhaupt für sehr unterschiedliche Phänomene verwendet: Werbebotschaften arbeiten mit Bezugnahmen auf die Vergangenheit und nutzen den Ausdruck ›Nostalgie‹ explizit für die Anpreisung von Produkten im Retro- oder Vintage-Design (Süßigkeiten werden etwa in ›Nostalgiedosen‹[5] angeboten, Möbelstücke als ›Nostalgietische‹[6] bezeichnet, und auch Wasserhähne werden als ›nostalgisch‹[7] beworben). Bildbände erinnern an die Alltagsgegenstände vergangener Zeiten (vgl. etwa Pauser, Ritschl 1999; vgl. als Beispiel für einen ähnlichen Erinnerungsband an den sozialistischen Alltag in Tschechien Petrov 2013). TV-Sender nehmen Neuauflagen früherer Spielshows vor oder widmen sich deren Musik und verwenden das ›Etikett‹ Nostalgie auch in diesem Zusammenhang. Das allgemeine Interesse am Rückblick in die Vergangenheit wird manchmal ebenso mit dem Wort ›Nostalgie‹ bezeichnet (vgl. Lowenthal 1985, 4–13), wie auf die Vergangenheit bezogene Äußerungen (populistischer) Politiker*innen (man denke etwa an die Kritik der Politik Donald Trumps und seines Slogans ›Make America great again‹, der auch als gefährliche Nostalgie[8] bezeichnet wurde).

Ich werde im Folgenden zeigen, dass die Verwendung des Etiketts ›Nostalgie‹ als Sammelbecken für unterschiedlichste Verhaltensweisen und mit der Vergangenheit zusammenhängende Aktivitäten und Einstellungen problematisch ist und wenig zum Verständnis derselben beiträgt. Die Analyse von Nostalgie *als Emotion* kann hingegen hilfreich sein, um zu verstehen, weshalb politische oder kommerzielle Bezugnahmen auf die Vergangenheit mitunter so erfolgreich sind. Wie bei allen Emotionen ist es allerdings auch im Fall der Nostalgie nötig, sich von einseitigen Annahmen über die mit diesem Gefühl verknüpften Handlungstendenzen zu verabschieden und der jeweiligen sozio-kulturellen und situativen Einbettung Beachtung zu schenken. Emotionen sind eben keine (biologisch) vorgegebenen Programme, die, einmal aktiviert, zu bestimmten Handlungen (in diesem Fall etwa revisionistischen Einstellungen und Handlungen) führen, sondern Emotionen werden entscheidend durch den jeweiligen sozialen Kontext beeinflusst und haben auch unterschiedliche Wirkungen in diesem. Bevor ich dies für die Nostalgie näher darstelle, folgt ein kurzer Überblick bisheriger Forschungen zum Thema Nostalgie.

Bisherige Nostalgieforschung

Empirische Forschung zu Nostalgie liegt mittlerweile vor allem aus dem Bereich der (Sozial-)Psychologie und Konsument*innenforschung vor, wobei das Thema auch in den Literatur- und Kulturwissenschaften und insgesamt den *memory studies* in den vergangenen Jahren verstärktes Interesse erfahren hat (vgl. Walder 2011, 1; vgl. auch Jacobsen 2021, 22). In der Soziologie spielte, mit der Ausnahme der Arbeit von Fred Davis aus dem Jahr 1979 (Davis 1979), Nostalgie bisher kaum eine Rolle (vgl. auch Jacobsen, Wilson 2021).

Empirische (sozial-)psychologische Studien zeigen, dass Wahrnehmungen unterschiedlicher Art (Musik, Gerüche oder optische Eindrücke) Nostalgie auslösen können (vgl. Barrett et al. 2010), wobei

Nostalgie eine bitter-süße Qualität zugeschrieben wird. Dieses Gefühl setzt sich einerseits aus dem Bedauern über das Fortschreiten der Zeit und der Sehnsucht nach der Vergangenheit zusammen, andererseits beinhaltet es auch die Freude an den erinnerten Erlebnissen. Diese Mischung unterschiedlicher positiver und negativer Gefühlsqualitäten macht den Reiz der Nostalgie aus und führt auch dazu, dass sich Personen oftmals freiwillig in Situationen begeben, die nostalgische Gefühle auszulösen in der Lage sind (etwa der Konsum von Retroprodukten). Wenn die Erinnerung an die Vergangenheit nur belastend wäre, würden derartige Situationen eher gemieden. Allerdings ist zu beachten, dass Erinnerungen an die Vergangenheit auch eine Reihe anderer Gefühle auslösen können, etwa Trauer und Bedauern über verpasste Gelegenheiten oder Zufriedenheit und Stolz über das Erreichte. Oder wie Batcho es ausdrückt: »One can remember without being nostalgic, but one cannot be nostalgic without remembering« (Batcho 2007, 362). Die identitätsstabilisierende Funktion der Nostalgie sowie ihr Schutzfaktor in Krisenzeiten wurden vor allem durch jüngere Arbeiten aus dem Bereich der (Sozial-)Psychologie unterstrichen (vgl. Wildschut et al. 2010, 574). Aus diesen Studien lässt sich ableiten, dass eine einseitige Sicht der Nostalgie als rückwärtsgewandt ihren vielfältigen Funktionen für das Individuum nicht gerecht wird. Diese Studien unterstreichen, dass Nostalgie vor allem mit den Herausforderungen und Kennzeichen der gegenwärtigen Situation eines Individuums verbunden ist (vgl. etwa Juhl et al. 2010).

Soziale Einbettung von Nostalgie

Nostalgische Gefühle haben oftmals mit Erinnerungen an frühere soziale Situationen und wichtige Bezugspersonen zu tun, wie Wildschut et al. es beschreiben: »Important figures from one's past are brought to life and become part of one's present« (Wildschut et al. 2010, 574). Vor allem in schwierigen Situationen der Gegenwart kann dieser mit Nostalgiegefühlen verbundenen (fiktiven) sozialen Einbettung bzw. der Erinnerung an die soziale Einbettung in der Vergangenheit Bedeutung zukommen. Der bitter-süße Charakter der Nostalgie ist hierbei zu beachten: Nostalgie erlaubt eben neben der mitunter schmerzhaften Sehnsucht nach wichtigen Bezugspersonen der Vergangenheit, die derzeit nicht anwesend oder überhaupt bereits verstorben sind, auch den Genuss der Erinnerungen an diese Bezugspersonen. Sie unterscheidet sich insofern von anderen mit Erinnerungen verbundenen Gefühlen, wie etwa der Trauer.

Funktionen von Nostalgie

Psychologische Tests zeigen, dass nostalgische Erinnerungen dazu beitragen können, aktuelle schwierige Situationen, etwa der Einsamkeit, zu bewältigen. Sie leisten somit einen Beitrag zur Handlungsfähigkeit von Individuen. Testpersonen wiesen beispielsweise nach der Aktivierung von nostalgischen Erinnerungen höhere Werte von Selbstvertrauen und sozialer Verbundenheit auf als Vergleichspersonen (vgl. Wildschut et al. 2006, 985; Wildschut et al. 2010, 575–578). Bereits Fred Davis hatte darauf hingewiesen, dass nostalgische Erinnerungen Individuen dabei helfen, die Kontinuität ihrer Biografie zu erfahren, gerade auch in Phasen einschneidender Veränderungen des Lebensalltags (vgl. Davis 1979, 31–46); Studien der Sozialpsychologie bestätigten dies später (vgl. Batcho 1995, 131; vgl. auch Routledge et al. 2008, 133–134; Juhl et al. 2010, 309–314.). Literatur- und kulturwissenschaftliche Arbeiten schildern die Bedeutung von Nostalgie für Identitätsbildungsprozesse in ähnlicher Weise, etwa im Hinblick auf die Lebenswelt von Migrant*innen (vgl. Walder 2011, 47–71). Nostalgie im Zusammenhang mit Migrationsprozessen weist oftmals auch Aspekte des Heimwehs auf, womit die ursprünglich im 17. Jahrhundert aufkommende Verwendung des Wortes Nostalgie als Bezeichnung für Heimweh wieder anklingt. Heimweh, d. h. die Sehnsucht nach einem bestimmten Ort, weist aber immer auch schon eine zeitliche Komponente auf. Man befindet sich eben *nicht mehr* an dem ersehnten Ort, was zugleich auch allgemeine Sehnsucht nach der früheren Zeit und beispielsweise auch zentralen früheren Bezugspersonen mit sich bringt. Die moderne Verwendung des Wortes ›Nostalgie‹ als Ausdruck für eine allgemeine Sehnsucht nach der Vergangenheit war in Teilen also bereits in der früheren Verwendungsweise und dem Bezug zu Heimweh angelegt. Dennis Walder und Svetlana Boym betonen in diesem Zusammenhang, dass das Bedürfnis nach Nostalgie in der durch zahlreiche Transformationen und Umbrüche gekennzeichneten Gegenwart generell, auch abseits von Migrationskontexten, gestiegen ist (vgl. Walder 2011, 1–3; Boym 2001, XIII; vgl. auch

Pallasmaa 2008, 154–156). Boym weist zudem auf die stets selektive Erinnerung und fantasievolle Konstruktion der Vergangenheit hin, die in nostalgischen Berichten und Darstellungen zur Anwendung kommt (vgl. Boym 2001, XIII). Literatur- und kulturwissenschaftliche Arbeiten, wie jene Boyms, beziehen sich zumeist auf mediale und literarische Verarbeitungen von Nostalgie und auf Diskurse über Nostalgie, während (sozial-)psychologische Arbeiten zumeist unter experimentellen Rahmenbedingungen entstandene Daten und Aussagen von Versuchspersonen als Basis ihrer Studien verwenden. Die sozialen Rahmenbedingungen, unter denen Nostalgiegefühle entstehen, und die Frage, welche konkreten Handlungsschritte daraufhin von Individuen gesetzt werden, werden in diesen Arbeiten daher nicht oder nur am Rande besprochen.

Im Feld der Nostalgieforschung werden unterschiedliche Formen von Nostalgie unterschieden:

Restaurative und reflexive Nostalgie

Boym schlägt beispielsweise die Unterscheidung zwischen restaurativer und reflexiver Nostalgie vor. Restaurative Nostalgie sei durch den Versuch gekennzeichnet, die Vergangenheit in der Gegenwart wiederzubeleben bzw. zu aktivieren, und sei zumeist auch mit fundamentalistischen und nationalistischen Bestrebungen verbunden. Die reflexive Form der Nostalgie würde hingegen anerkennen, dass die Vergangenheit vorbei sei, und die Sehnsucht danach produktiv verarbeiten, indem darauf aufbauend die eigene Identitätskonstruktion entwickelt wird (vgl. Boym 2001, 41–55). Die sozialen und/oder persönlichen Bedingungen, unter denen die eine oder die andere Form der Nostalgie entsteht, werden von Boym nicht näher spezifiziert, da sie sich, wie schon erwähnt, vor allem mit medial verbreiteten nostalgischen Inhalten beschäftigt und deren konkrete Rezeption außer Acht lässt.

Persönliche und historische Nostalgie

Gängig ist auch die Unterscheidung zwischen persönlicher und historischer Nostalgie (vgl. Stern 1992, 11–22; vgl. auch Natterer 2017, 9–13). Diese Unterscheidung ähnelt der bereits von Maurice Halbwachs getroffenen Unterscheidung zwischen autobiografischem Gedächtnis, historischem oder kollektivem Gedächtnis und Geschichte/Geschichtsschreibung (vgl. Halbwachs [frz. 1950, dt. 1967] 1991, 36–71;

vgl. auch Olick 2008, 156). Während autobiografisches Gedächtnis sich auf die Erinnerung an die selbst erlebte Vergangenheit bezieht, werden unter historischem/kollektivem Gedächtnis jene Formen der Erinnerung beschrieben, die nur über Berichte anderer persönlich zugänglich sind, während Geschichte/Geschichtsschreibung schließlich jenen Teil der Vergangenheit beschreibt, zu dem keine persönliche Beziehung mehr gegeben ist, wobei die Grenzen zwischen kollektivem Gedächtnis und Geschichte fließend sind (zur Soziologie der Erinnerung bzw. des Gedächtnisses allgemein siehe auch Dimbath, Heinlein 2015). In ähnlicher Weise kann man sich nostalgisch an Ereignisse des eigenen Lebens erinnern (z. B. den eigenen Schulabschluss, eigene Reisen), man kann jedoch auch Nostalgie für Ereignisse empfinden, die vor der eigenen Geburt stattfanden (historische Nostalgie). Die Kritik von Nostalgie als revisionistisch und rückwärtsgewandt bezieht sich zumeist auf Formen historischer Nostalgie, bei denen bestimmte Zeiten durch Politik und/oder Medien verklärt werden und die nostalgische Sehnsucht danach dann politisch instrumentalisiert wird. Die Zusammenhänge zwischen politischer Rhetorik und der Entwicklung historischer Nostalgie sowie die Folgen, die (historische) Nostalgie für das weitere Handeln von Individuen hat, sind bisher allerdings noch wenig erforscht.

Empirische Erhebung von Nostalgie

An dieser Stelle sind kurz einige Hinweise zur empirischen Erhebung von Nostalgie angebracht. In der (Sozial-)Psychologie haben sich mittlerweile einige Skalen als Messinstrumente für Nostalgie etabliert, etwa das *Batcho Nostalgia Inventory* (vgl. Batcho 1995) oder *The Southhampton Nostalgia Scale* von Routledge et al. (2008). Bei Nostalgie handelt es sich um ein sehr komplexes Gefühl, für das alle in Kapitel 5 genannten Schwierigkeiten bei der empirischen Erhebung von Gefühlen gelten. Batcho versucht, Nostalgie über unterschiedliche *items* zu erfassen (z. B. wird gefragt, wie oft man bestimmte Gegenstände und Merkmale der Zeit, als man jünger war, vermisst). Ob auf diese Weise Nostalgie vollständig erfasst wird bzw. ob diese dabei auch mit allgemeinen Einstellungen gegenüber der Vergangenheit vermischt wird, sind methodisch wichtige Fragen. Derartige Fragen stellen sich auch für die empirische Erfassung historischer

Nostalgie, die zumeist durch Fragen nach positiven Gefühlen gegenüber Zeiten, die man nicht selbst erlebt hat, erhoben bzw. aus allgemeinen positiven Einstellungen gegenüber früheren Zeiten abgeleitet wird (vgl. Holbrook 1993; Natterer 2017, 104–108). Weshalb Personen diese positiven Gefühle oder Einstellungen gegenüber Epochen vor ihrer Geburt haben, wurde bisher noch kaum erforscht, und ebensowenig wurde den sozialen Rahmenbedingungen, unter denen diese Gefühle ausgelebt oder geäußert werden, Beachtung geschenkt. Die Befunde von Wildschut et al. zu persönlicher Nostalgie legen jedoch nahe, dass Nostalgie mit Erfahrungen sozialer Einbettung zusammenhängt, die vor allem in Krisenzeiten aktiviert werden (vgl. Wildschut et al. 2010, 574). Übertragen auf historische Nostalgie würde dies bedeuten, dass auch hier der entsprechenden sozialen Einbettung bzw. der aktuellen Lebenssituation der solcherart Fühlenden nähere Aufmerksamkeit geschenkt und somit die persönlichen Komponenten historischer Nostalgie (vergleichbar zur sozialen Basis des kollektiven/historischen Gedächtnisses bei Halbwachs) spezifiziert werden müssten. Auch historische Nostalgie*gefühle* implizieren persönliche Involviertheit und müssen von allgemeiner Beschäftigung mit der Vergangenheit unterschieden werden (vgl. auch Scherke 2018, 92–93). Dies bedeutet nicht, dass man selbst Erfahrungen mit der Zeit, die Gegenstand der entsprechenden Gefühle ist, gemacht haben muss. Jedoch impliziert es, dass man zumindest eine persönliche Nahebeziehung zu anderen hat, die von dieser Zeit berichtet haben (etwa die Großeltern), oder die diese Zeit aus anderen Gründen wertschätzen (und dies in persönlichen Kontakten entsprechend weitergeben). Auch das persönliche Erleben von Situationen, in denen positive Wertschätzung für eine frühere Zeit kollektiv hergestellt wurde (etwa im Rahmen eines Musikevents oder einer politischen Veranstaltung), kann zur Entstehung historischer Nostalgie beitragen (vgl. auch Jasper 2014, 351). Die Auslöser der historischen Nostalgie (etwa Gegenstände oder Musik einer bestimmten Epoche) können dann zugleich auch persönliche Nostalgie hinsichtlich der erstmaligen Beschäftigung mit diesen Inhalten und der entsprechenden sozialen Situation, in der dies stattfand, auslösen.

Forschungsdesiderata

Wie lassen sich also nun die vier in Kapitel 7 unterschiedenen Perspektiven, und damit auch die soziale Einbettung von Emotionen, anhand von Nostalgie nochmals aufzeigen?

Verbindung von Vergangenheit, Gegenwart und Zukunft

Wie alle Gefühle verbindet Nostalgie Vergangenheit, Gegenwart und Zukunft eines Individuums (siehe Kapitel 7.1). Aus den bisherigen Studien zur Nostalgie wurde bereits deutlich, dass schwierige Situationen in der Gegenwart eines Individuums oder auch Übergangssituationen im Lebenslauf Nostalgie auszulösen in der Lage sind. Nostalgische Gefühle setzen das Individuum zu seiner eigenen Vergangenheit in Bezug und tragen zur Entwicklung eines kontinuierlichen Selbstbildes über den Verlauf der Zeit bei. Auf Basis dieses Gefühls werden bestimmte Handlungsschritte gesetzt, die solcherart auch die Zukunft des Individuums beeinflussen. Unter welchen sozialen Rahmenbedingungen eine solche Bezugnahme auf die Vergangenheit stattfindet und welche Handlungstendenzen daraus resultieren, muss allerdings Gegenstand empirischer Studien sein, die vor allem auch den sozialen Kontext der handelnden Akteur*innen beachten, und kann nicht allein aus dem Inhalt der nostalgischen Erinnerung abgeleitet werden. Hierbei sind etwa auch die in einer Gesellschaft gültigen Gefühlsregeln zu beachten, die das Ausleben oder die Unterdrückung von Nostalgie regeln. Die auf Basis nostalgischer Gefühle gesetzten Handlungsschritte können beispielsweise darin bestehen, möglichst oft Situationen aufzusuchen, die die positiv erlebten nostalgischen Gefühle hervorzubringen in der Lage sind (Konsum von Retroprodukten kann etwa als Beispiel dafür genannt werden), und müssen nicht in politische Handlungen oder Wahlverhalten umgesetzt werden. Nostalgischer Rückblick in die Vergangenheit kann auch dazu dienen, an politische Hoffnungen/Ideale der Vergangenheit anzuknüpfen und an diesen trotz gegenwärtiger Rückschläge festzuhalten und so beispielsweise auch soziale Bewegungen, unabhängig von deren politischer Ausrichtung, stabilisieren (die von Pettenkofer beschriebenen Erinnerungspraktiken der Anti-AKW-Bewegung können solcherart beispielsweise auch als Nostalgie induzierend gesehen werden, vgl. Pettenkofer 2006, 277–279). Aufmerksamkeit und Interesse für Politiker*innen, die in populistischer Weise an im Publikum vorhandene Nostalgiegefühle appellieren, ist eine weitere mögliche Handlungstendenz; ob sich diese Aufmerksamkeit auch in konkretes Wahlverhalten umsetzt, hängt allerdings von weiteren Faktoren ab und kann nicht – wie kritische Kommentare mitunter nahelegen – allein auf Nostalgiegefühle zurückgeführt werden.

Relation zu anderen

Gefühle der Nostalgie verweisen auf die Relation zu anderen Personen (vgl. Kapitel 7.2). (Frühere) Soziale Beziehungen von Akteur*innen sind, wie die bisherigen Arbeiten etwa von Wildschut et al. (2006, 2010) belegen, oftmals Thema nostalgischer Erinnerungen. Die (fiktive) Verbundenheit mit anderen wird in diesen Erinnerungen aktiviert und trägt zu den positiv erlebten Komponenten des Nostalgiegefühls bei, während die fehlende gegenwärtige soziale Einbindung, etwa im Zuge von Migrations- und Transformationsprozessen, die Sehnsucht nach früheren Einbindungen und damit die eher negativ erlebte Komponente des Nostalgiegefühls aktiviert.

Gefühlsregeln für Nostalgie

Wie bereits erwähnt, existieren auch für Nostalgiegefühle Gefühlsregeln, die, wie andere Gefühlsregeln auch, einem sozialen Wandel unterliegen und in gesellschaftlichen Diskursen verhandelt werden (vgl. Kapitel 7.3). Gesellschaftliche Erwartungshaltungen bestehen etwa für die Art des als legitim erachteten Auslebens oder auch für die Unterdrückung von Nostalgiegefühlen in bestimmten Situationen bzw. hinsichtlich bestimmter Erinnerungsinhalte. Ob es akzeptabel ist, Nostalgiegefühle für eine bestimmte Epoche zu zeigen und sich etwa mit Erinnerungsobjekten an diese Zeit zu umgeben und offen über die eigene gefühlsmäßige Erinnerung zu reden, hängt von den existierenden sozialen Normen in der Gruppe bzw. Gesellschaft, in der die Akteur*innen leben, ab.

Als Beispiel kann die mitunter stark (ab-)wertend geführte Debatte über Nostalgie für die frühere kommunistische Zeit verschiedener Länder erwähnt werden. Nostalgie für den Lebensalltag in der DDR oder in der Tschechoslowakei galt zeitweise nicht als opportun (vgl. Gabler 2011, 174–182; Reifová 2018). Allerdings können auch Zeiten, die alles in allem nicht positiv für die betroffenen Akteur*innen waren, Gegenstand nostalgischer Erinnerungen sein, da sie Bedeutung für die biografische Kontinuität von Individuen haben. Die selektive nostalgische Erinnerung an einzelne Aspekte, etwa der DDR-Zeit, muss vor diesem Hintergrund verstanden werden. Nostalgie gegenüber dem Alltagsleben kann durchaus mit Kritik anderer Aspekte der Vergangenheit gekoppelt sein. Im öffentlichen Diskurs wurde eine solche Differenzierung jedoch zunächst nicht vorgenommen, wie etwa Katja Neller gezeigt hat (vgl. Neller 2006, 37–39): Der Erfolg von Retroprodukten und Fernsehshows, die zu Unterhaltungszwecken auf den DDR-Alltag Bezug nahmen, wurde im Feuilleton verschiedener Tageszeitungen heftig kritisiert. Der Erfolg der ›Ostalgie‹ wurde als Zeichen eines noch nicht abgeschlossenen Transformationsprozesses der ehemaligen DDR und bestehender demokratiepolitisch problematischer Haltungen gedeutet (vgl. Neller 2006, 22). Vergleichbare Diskussionen lassen sich auch in anderen Ländern beobachten, etwa in Tschechien, wo ebenfalls die Begeisterung für an die kommunistische Zeit erinnernde Alltagsobjekte als Zeichen eines noch mangelnden demokratischen Bewusstseins bzw. einer enttäuschten Haltung gegenüber dem neuen System betrachtet wurde (vgl. Reifová 2018, 589–592; vgl. auch Bartmanski 2011, 213–231). Befürchtet wurde in dieser Kritik auch, dass die verbreiteten nostalgischen Praktiken den Boden für revisionistische Strömungen bereiten würden (vgl. Neller 2006, 52). Derartigen Mediendiskursen kommt Bedeutung im Hinblick auf die Setzung von Gefühlsregeln zu. Die Kritik der ›Ostalgie‹ und vergleichbarer Erscheinungsformen von Nostalgie kann im Hinblick auf das Setzen einer Gefühlsregel analysiert werden, die das offene Ausleben von Nostalgie als nicht legitim rahmt (zu den möglichen Reaktionen auf derartige Gefühlsregeln, die auch Scham und Scham-Wut-Spiralen im Publikum bewirken können vgl. Scherke 2018, 94–96).

Diskurse über Nostalgie

Es wäre Aufgabe empirischer Studien, die Entwicklung von Diskursen über Nostalgie auf die darin enthaltenen oder damit implizit gesetzten Gefühlsregeln hin zu untersuchen. Der Einfluss wirtschaftlicher oder politischer Akteur*innen auf diese Diskurse über Nostalgie müsste dabei ebenso beachtet werden. In den Augen von Konsument*innen kann etwa die Verbreitung bestimmter Symbole der Vergangenheit (etwa in der Werbung) als Bestätigung für die Legitimität der Erinnerung daran und möglicher nostalgischer Gefühle dieser Zeit gegenüber gelesen werden. Ob diese Kosument*innen auch aktiv Nostalgiegefühle entwickeln, hängt jedoch mit weiteren situativen Faktoren zusammen und kann nicht allein auf Basis vorhandener Nostalgie*inhalte* im öffentlichen Diskurs angenommen werden. Insbesondere die Entwicklung historischer Nostalgiegefühle, d. h. einer Nostalgie für Zeiten vor der eigenen Geburt, bedarf weiterer Analysen. Gleiches gilt für die auf die Vergangenheit bezogenen Botschaften populistischer Akteur*innen, die unterschiedliche Emotionen im Publikum hervorrufen können, wobei das Zusammenwirken von Nostalgie mit anderen Emotionen, wie etwa Ressentiment oder Ärger, einer näheren Analyse bedarf. Eine besondere Form des Diskurses über Nostalgie liegt in Form von Gegenwartsdiagnosen vor, die ebenfalls im Hinblick auf ihre Fähigkeit, Gefühlsregeln zu setzen, näher analysiert werden müssten (vgl. 7.3.3). Exemplarisch für derartige Gegenwartsdiagnosen kann auf Baumans Buch *»Retrotopia«* (2017) verwiesen werden, in dem auf die weitverbreitete Nostalgie als problematische Haltung der zeitgenössischen Gesellschaften verwiesen wird (womit an einen alten Topos der Nostalgiekritik angeknüpft wird, vgl. Becker 2018, 244–246). Auch hier gilt es emotionssoziologisch näher zu analysieren, welche Auswirkungen dieser (negative) Diskurs über Nostalgie auf das konkrete Fühlen und Handeln von Individuen hat.

Kollektives Erleben von Nostalgie

Nostalgie kann schließlich auch kollektiv erlebt werden (vgl. Kapitel 7.4), womit nochmals die soziale Einbettung dieses Gefühls unterstrichen wird. Die erwähnte ›Ostalgie‹ und entsprechende medial inszenierte kollektive Events können als Beispiel für das kollektive Ausleben von Nostalgiegefühlen herangezogen werden (zu Beispielen für mediale Events vgl. Neller 2006, 39). In Medienritualen kommt es dabei nicht nur zur Verstärkung der einzelnen Nostalgiegefühle, sondern auch zur Entstehung von Verbundenheitsgefühlen. Zugleich werden durch diese Medienereignisse Gefühlsregeln gesetzt. Derartige Gruppenerlebnisse spielen auch in anderen Zusammenhängen eine Rolle. Man denke etwa an politische Veranstaltungen oder Wahlkampfauftritte. Die Agitation (populistischer) Politiker*innen, die mit Bezugnahmen auf die (bessere) Vergangenheit Publikum für ihre eigene Agenda gewinnen wollen, wie etwa Donald Trump mit seinem Slogan ›Make America great again‹, muss auch vor dem Hintergrund entsprechend inszenierter Gruppenerlebnisse analysiert werden. Bei diesen Veranstaltungen können Zustände *kollektiver Efferveszenz* im Sinne Durkheims entstehen, die nicht nur zu einer positiven Aufladung der Situation, sondern auch der in ihr präsentierten vergangenheitsbezogenen (und anderen) Inhalte führen (vgl. auch Collins 2004, 36–38). James M. Jasper drückt dies im Hinblick auf die in sozialen Bewegungen erzeugten kollektiven Emotionen wie folgt aus: »A person is recruited through her affective bonds and attractions to individuals in a movement, not through the ideas of the movement.« (Jasper 2014, 351) Michael Oswald zeigt in seiner Analyse der Reden Donald Trumps, dass dieser nicht konkret angibt, welches frühere, bessere Amerika mit seinem Slogan ›Make America Great Again‹ gemeint ist (vgl. Oswald 2018, 148–151). Die diffuse Bezugnahme auf die Vergangenheit kann daher von unterschiedlichen Zuhörer*innen mit eigenen Vorstellungen aufgefüllt werden. Das über den Appell an seine möglicherweise latent vorhandene Nostalgie angesprochene Publikum wird sodann allerdings mit weiteren Redeinhalten Trumps konfrontiert. Zu diesen gehören das für populistische Agitationen typische Freund-Feind-Schema, Ressentiments gegenüber marginalisierten Gruppen und konkrete Schuldzuschreibungen für die vermutete Misere des Staates. Diese mit starken Emotionsausdrücken vorgetragenen Redeinhalte, in denen Wut und Ärger dominieren, jedoch kaum Gefühle der Nostalgie zu sehen sind, müssen mitbeachtet werden, wenn man die Wirkung dieser Rhetorik im Hinblick auf Politikpräferenzen und entsprechendes Wahlverhalten verstehen will. Zur Analyse der anderen in den Reden Trumps geschürten emotionalen Botschaften (z. B. Hass, Verachtung, Ressentiment) ist es notwendig, diese auch als solche zu benennen und nicht unter dem Etikett ›Nostalgie‹ zu verbergen, sowie sie auch nicht mit persönlicher Nostalgie der Zuhörenden zu vermischen (vgl. Scherke 2018, 93).

8. Bemerkungen zum Verhältnis von Emotionssoziologie und *affect studies*

Abschließend sollen noch einige Hinweise zum Verhältnis der Emotionssoziologie zu den sogenannten *affect studies* und anderen mit dem Label ›Affekt‹ operierenden Ansätzen folgen. (Die Bezeichnung *affect studies* wird vor allem für anglo-amerikanisch geprägte kulturwissenschaftliche Ansätze verwendet, wobei in diesem Feld Bezüge zu unterschiedlichsten Disziplinen und inter- bzw. transdisziplinären Projekten hergestellt werden.) Wie anfangs bereits festgehalten, plädiere ich für einen pragmatischen Umgang mit Emotionsbegriffen und halte es außerdem für wichtig, Entwicklungen in anderen Disziplinen im Auge zu behalten und deren Anschlussfähigkeit für emotionssoziologische Anliegen zu prüfen. Manche unter dem Etikett ›Affekt‹ verhandelte Ansätze wurden daher in diesem Buch neben klassischerweise mit dem Emotionsbegriff arbeitenden Ansätzen vorgestellt. Aus den bisherigen Ausführungen sollte aber klar geworden sein, dass emotionssoziologisches Denken grundsätzlich eine Perspektive einnimmt, die die Einbettung von Akteur*innen und damit auch von Emotionen/Affekten in soziale Zusammenhänge betont. Die Analyse von kollektiven Phänomenen, wie etwa Stimmungen und Atmosphären, ist grundsätzlich auch mit einer solchen akteurszentrierten Sichtweise kompatibel. Die in manchen auf Affekt fokussierten Ansätzen vertretene akteursferne Perspektive ist meines Erachtens hingegen für emotionssoziologische Zugänge nicht zielführend. Ich möchte dies mit einem kurzen Blick auf einige Entwicklungen der *affect studies* illustrieren (es gibt mittlerweile etliche kritische Auseinandersetzungen zu diesem Thema; für einen Überblick verweise ich auch auf: Wetherell 2015; Scheve, Berg 2018; Leys 2011). Vorauszuschicken ist, dass die Auseinandersetzung mit den von den *affect studies* aufgeworfenen grundlegenden theoretischen Fragen jedenfalls fruchtbringend für emotionssoziologische Ansätze ist; diese müssen sich jedoch vor allem auch mit Fragen der empirischen Umsetzbarkeit theoretischer Zugänge beschäftigen und gelangen deshalb zu manch anderen Schlussfolgerungen als beispielsweise vorwiegend mit der Analyse literarischer Texte oder anderer kultureller Phänomene beschäftigte Kulturwissenschaften.

Überblick affect studies

Gemeinsam ist der Emotionssoziologie und den *affect studies* die Kritik an dem seit der Aufklärung dominanten Menschenbild rationaler Akteur*innen, das sowohl die Körperlichkeit des Menschen vernachlässigte, als auch Emotionen der Rationalität gegenüberstellte und diese zumeist nur als Störfaktor für rationales Handeln betrachtete (Näheres zur Geschichte der Emotionssoziologie siehe auch Kapitel 3).

Der sogenannte *affective turn* in den Kulturwissenschaften wird seit Mitte der 1990er Jahre beobachtet (vgl. Clough 2008, 1; Seigworth, Gregg 2010, 5; Stenner 2016, 45). Die bereits von der Emotionssoziologie seit den 1970er Jahren vorgenommene neue Zuwendung zu körperlich-leiblichen Phänomenen findet seitdem auch in den Kulturwissenschaften statt und erfährt dabei eine Zuspitzung und eine Ausweitung im Sinne auch des *material turn* (vgl. Clough 2007, 2; vgl. auch Slaby 2018, 73).

Das neue Interesse an Körpern aller Art und Affekten (verstanden als weitgehend autonom wirkende Kräfte, jenseits der dem Individuum bewusst zugänglichen Prozesse) entwickelte sich dabei aus einer Kritik an als kognitivistisch empfundenen poststrukturalistischen Theorien (Clough 2008, 1; Vandenberghe 2017, 14), d. h. an Ansätzen, die sich vorrangig auf die Analyse von Emotionsdiskursen, unter Vernachlässigung körperlicher Phänomene, konzentriert hatten (vgl. auch Stenner 2017, 203–207).

Die *affect studies* sind dabei aber insgesamt von einem uneinheitlichen Begriffsgebrauch des Wortes ›Affekt‹ gekennzeichnet (vgl. Scheve, Berg 2018, 31). Als theoretischer Hintergrund für die *affect studies* fungieren einerseits philosophische Ansätze, wie jene von Baruch Spinoza,

Gilles Deleuze, Félix Guattari oder Hernri Bergson, andererseits aber auch psychologische Ansätze, wie jener von Silvan S. Tomkins, der von einer fixen Zahl angeborener Affektprogramme ausgeht. Margaret Wetherell kritisiert, dass bei der kulturwissenschaftlichen Rezeption älterer psychologischer Ansätze, wie jenem von Tomkins, die den Arbeiten jeweils zugrunde liegenden Prämissen zu wenig reflektiert würden und neuere, diese Kritik bereits berücksichtigende, sozialpsychologische Ansätze unberücksichtigt blieben (vgl. Wetherell 2015, 140). Emotionssoziologische Werke wurden in den frühen Arbeiten der *affect studies*, etwa bei Massumi oder später auch Seigworth und Gregg, nicht beachtet, woraus eventuell auch manche Kritik vonseiten der Emotionssoziologie an den *affect studies*, diese böten lediglich alten Wein in neuen Schläuchen an, verständlich wird (vgl. auch Scribano 2017, 24).

Von Scheve und Berg (2018) unterscheiden, bezugnehmend auf Seigworth und Gregg (2010), zwischen einem kulturwissenschaftlichen Affektverständnis, das ›Affekt‹ (Singular) im ontologischen Sinne diskutiert, und einem Verständnis des Begriffs ›Affekte‹ (Plural), das sich auf die (u. a. physiologischen) Potenziale von Körpern bezieht (vgl. Scheve, Berg 2018, 31–34; vgl. auch Scheve 2018; Clough 2007, 1).

Strömungen der affect studies

Ansätze, die Affekt im Sinne ontologischer Überlegungen diskutieren, knüpfen an der Traditionslinie Spinoza, Deleuze, Guattari, Bergson an und interessieren sich vor allem für die Fähigkeit von Körpern »zu affizieren und affiziert zu werden« (Scheve, Berg 2018, 31). Brian Massumi (1995), Nigel Thrift (2004) oder auch Lisa Blackman (2012) argumentieren in diesem Sinne. Kennzeichnend ist für diese Ansätze, dass sie Affekt als nicht an das Individuum gebunden konzipieren und damit auch Phänomene emotionaler oder affektiver Ansteckung in den Blick rücken möchten (siehe auch die Kritik Wetherells, die auf die Wiederbelebung älterer als überholt erachteter Theorien der Massenpsychologie Le Bons in diesen Zugängen hinweist, vgl. Wetherell 2015, 152–153). Ansätze, die sich demgegenüber für die affizierenden Potenziale von Körpern interessieren, folgen psychologischen bzw. neuerdings auch neurowissenschaftlichen Arbeiten (vgl. Leys 2011, 443–444) und rezipieren etwa Tomkins und die daran anknüpfende Diskussion basaler Affektprogramme. Theresa Brennan (vgl. Brennan

2015; Scheve, Berg 2018, 33) oder Eve Sedgwick (2003) können als Beispiele für einen derartigen Zugang genannt werden (vgl. Leys 2011, 439–441; Wetherell 2015, 142–148). Wetherell verweist zusätzlich auf Sara Ahmeds Ansatz (2004), die ebenfalls den psychologischen Diskurs zum Ausgangspunkt nimmt, sich dabei allerdings nicht an Tomkins, sondern an jüngeren Ansätzen orientiert (vgl. Wetherell 2015, 156–157). Hinsichtlich Ahmeds Ansatz ist außerdem festzuhalten, dass sie den Begriff der Emotion nicht aufgibt, sondern mit einer Bedeutung auflädt, die manche anderen Ansätze der *affect studies* dem Begriff des Affektes vorbehalten (vgl. Ural 2022, 31–32). Ruth Leys hat in ihrer kritischen Auseinandersetzung mit den *affect studies* auf die fundamentale Ähnlichkeit der unterschiedlichen Ansätze hingewiesen, die darin liegt, dass sie sich alle durch einen »shared anti-intentionalism« auszeichnen und Affekt als unabhängig von Sinnstiftungen durch Individuen betrachten (vgl. Leys 2011, 443).

Insgesamt kann man feststellen, dass mitunter unterschiedliche Formen des Affektverständnisses in einzelnen kulturwissenschaftlichen Ansätzen vermischt vertreten werden (vgl. Seigworth, Gregg 2010, 3; Scheve, Berg 2018, 34; Wetherell 2015, 149). Neben den bereits erwähnten Theorietraditionen kommt es in den *affect studies* auch zur kritischen Auseinandersetzung mit psychoanalytischen Zugängen in der Nachfolge Jacques Lacans (vgl. Clough 2007, 5; Slaby 2018, 57) oder Arbeiten aus dem Bereich der Kybernetik und allgemeinen Systemtheorie von Humberto R. Maturana und Francisco J. Varela (vgl. Clough 2007, 5–9). Hinzu kommen auch unterschiedliche intellektuelle Haltungen der Autor*innen, wie Jan Slaby betont (vgl. Slaby 2018). Er unterscheidet in seinem Überblick der Debatte idealtypisch zwischen der Position des Metaphysikers (exemplarisch skizziert anhand von Massumi), der Forscherin (exemplarisch dafür: Wetherell) und der Aktivistin (exemplarisch dafür: Ahmed).

to affect and to be affected

Affekt wird in den verschiedenen Ansätzen der Kulturwissenschaften sowohl als motivationale Kraft gesehen, die Akteur*innen zum Handeln antreibt, als auch gleichzeitig als Beleg für deren Einbettung in Wechselwirkungen mit anderen (Körpern). Seigworth und Gregg beschreiben dies folgendermaßen: »Affect, […] is the name we give to those forces [...] that can serve to drive us toward movement, towards thought and extension« (Seigworth, Gregg 2010, 1). Und später: »Affect marks a body's belonging to a world of encounters [...]« (Seigworth, Gregg 2010, 2). Letztlich sehen sie Affekt als »a body's capacity to affect and to be affected« (Seigworth, Gregg 2010, 2). Affekt wird als nicht-intentionales, körperliches In-der-Welt-Sein betrachtet, das menschliche wie auch nicht-menschliche Körper miteinander verbindet. Emotionen werden demgegenüber als kognitive, an ein menschliches Individuum gebundene, distinkte Phänomene gesehen. Massumi geht so weit, Affekt als sich ständig verändernde Kraft zu beschreiben, die sprachlich letztlich nicht abschließend fassbar ist (vgl. Massumi 1995, 88). Insbesondere aus dieser Loslösung des Affektes vom Individuum bzw. seinen kognitiv-sprachlichen Fähigkeiten speist sich die Idee einer Autonomie des Affektes (vgl. Leys 2011, 450). Emotionen werden als bereits semantische Fixierung oder Strukturierung von körperlichen Erfahrungen betrachtet, die aber nicht mit der zugrundeliegenden Erfahrung selbst (»which is not ownable or recognizable« [Massumi 1995, 88]) gleichgesetzt werden dürfen. Sara Ahmed weist diesbezüglich auf die Aufladung von Worten, Texten, Objekten oder auch Vorstellungsbildern mit Affekt hin, der quasi losgelöst von Individuen, auf Basis der häufigen Verwendung und diskursiver Zirkulation, an diesen Worten oder Objekten zu ›kleben‹ beginnt (vgl. Ahmed 2010, 36; vgl. auch Ural 2022, 34; Slaby 2018, 74).

Autonomie des Affektes

Eine andere Form der Ablösung vom Individuum findet sich in Vorstellungen der *Assemblage* (wie sie bei Deleuze und Guattari vertreten wird), bei der die Relation unterschiedlichster Körper (menschlicher und nicht-menschlicher) zueinander im Fokus steht und diese Körper selbst zum Teil als Konglomerat von Informationen, etwa auf der molekularen Ebene in Form von DNA, betrachtet werden. Affekt ergibt sich aus den Relationen von – in sich selbst vielfältig zusammengesetzten – Körpern und ist dabei nicht an einen einzelnen Körper gebunden (vgl. Clough 2007, 14; Clough 2008, 13; vgl. auch Peters 2022, 382–383).

Die Idee der Automie des Affektes legt auch nahe, dass es sich dabei um eine prä-soziale Kraft handelt, welche jenseits sozio-kultureller Einflüsse operiert (vgl. Clough 2007, 20; Scheve, Berg 2018, 31–32;

Peters 2022, 384). Hier setzt etwa die Kritik Wetherells an, die diese Depersonalisierung von Affekt als nicht zielführend erachtet, da damit die Aktivitäten menschlicher Akteur*innen aus dem Blick geraten: »What human social actors (always in process of formation) do to themselves, to their objects, and to each other fades from view as the movement of affect becomes the dominant actor.« (Wetherell 2015, 159)

prä-soziale Natur des Affektes

Insbesondere diese scheinbar prä-soziale Natur des Affektes ist auch aus Sicht emotionssoziologischer Ansätze problematisch. Es entsteht damit eine Naturalisierung der Affekte, die die soziale Natur des Menschen als Wesen, das immer schon durch das Zusammenleben mit anderen gekennzeichnet ist, tendenziell ignoriert. Der von manchen Varianten der *affect studies* betriebene Rückgriff auf naturwissenschaftliche Paradigmen nährt diese Kritik zusätzlich (vgl. etwa die von Brennan betonte Übertragung von Affekten durch Pheromone oder elektrische Impulse: Brennan 2015, 9–11, 95–96; vgl. auch Leys 2011, 434, 444; Vandenberghe 2017, 16; Peters 2022, 389). Die im Kern relevante Einsicht, dass die sprachlich-kognitive Ebene nicht ausreichend ist, um affektiv-emotionale Phänomene zu beschreiben, wird dabei so weit getrieben, dass die Kritik gegenüber lange Zeit in der Geistesgeschichte vorherrschenden, naturalisierenden Beschreibungen von Emotionen zu verwässern scheint. Das Unbehagen an den *affect studies* erklärt sich meines Erachtens daraus, dass mit ihnen ein Rückfall in Positionen möglich wird, die die Bedeutung der soziokulturellen Einbettung des Emotionsgeschehens negieren und Emotionen auf physiologische Faktoren und von ihnen ausgehende, quasi automatisch ablaufende Programme reduzieren (vgl. auch Scheer 2012, 207). Gleichzeitig muss man einräumen, dass die von den *affect studies* kritisierte Vernachlässigung körperlicher Aspekte (insbesondere in manchen auf die Rekonstruktion von Diskursen konzentrierten Arbeiten) in der Tat eine wichtige Leerstelle kulturwissenschaftlicher Forschung aufzuzeigen in der Lage ist. Dabei darf aber nicht vergessen werden, dass dies schon lange auch in der Emotionssoziologie diskutiert wird.

Es sei hier noch auf zwei weitere Traditionslinien verwiesen, in denen der Begriff ›Affekt‹ verwendet wird: konstruktivistische Positionen in der Psychologie und phänomenologische Arbeiten zum Thema Stimmungen und Atmosphären.

›core affect‹ in der psychologischen Forschung

Im Bereich der psychologischen Affekt-Forschung ist etwa auf James A. Russell und Lisa Feldman Barrett (1999) zu verweisen, die Affekt als ›core affect‹ verstehen und damit eine basale Form des Gefühlsempfindens von Individuen ansprechen, die nicht auf konkrete Objekte bezogen sein muss. Affekt kann in seiner Intensität variieren (und bei entsprechender Intensität auch von der betroffenen Person wahrgenommen werden) und weist zudem unterschiedliche Valenz auf, sodass er bespielweise entweder als angenehm oder unangenehm empfunden wird. Affekt wird hier auch als durch unterschiedliche Faktoren veränderbar konzipiert und entspricht damit *nicht* dem, etwa bei Massumi dominierenden, autonomen Verständnis. Ob und zu welchen konkreten Emotionen dieser Affekt sich verdichtet, lässt sich aber – anders als bei Tomkins Idee der genauer angebbaren Zahl basaler Emotionen und Affektprogramme – nicht im Voraus festlegen (vgl. zur Kritik an Tomkins Leys 2011, 439). Affekt wird erst durch kulturelles Handeln zu diskreten (d. h. klar voneinander unterscheidbaren und spezifische Charakteristika aufweisenden) Emotionen ausdifferenziert (vgl. Scheve, Berg 2018, 35). Die auch für manche Ansätze der Emotionssoziologie wichtigen Ideen von William James bilden einen Ausgangspunkt für diese Art von Affektkonzepten. Wetherell zeigt die Möglichkeiten der Verbindung eines solchen Affektverständnisses mit einer praxeologischen Perspektive auf (vgl. Wetherell 2015, 146–147, 158; vgl. auch Slaby 2018, 66).

Affekt in der neuen Phänomenologie

Eine weitere Traditionslinie, in der in jüngerer Zeit der Begriff des ›Affektes‹ näher diskutiert wird, liegt in (zumeist deutschsprachigen) Arbeiten vor, die vornehmlich an der (neuen) Phänomenologie anknüpfen und sich der Frage von Atmosphären und Stimmungen widmen. Ähnlich wie in den *affect studies* wird hier die Frage diskutiert, ob die Stimmungen eines Raumes oder einer Situation ein von Individuen losgelöstes, eigenständiges Phänomen (vergleichbar zur Idee der Autonomie des Affekts bei Massumi) oder an die Situationsteilnehmer*innen gebunden sind (vgl. Wiesse, Pfaller 2018, 7). Bezugspunkte für viele dieser Arbeiten sind die neue Phänomenologie von

Hermann Schmitz (vgl. Gugutzer 2022) und kulturwissenschaftliche Positionen zum Thema ›Aisthetik‹, wie etwa jene Gernot Böhmes (vgl. Renda 2018, 637). Schmitz unterscheidet zwischen Gefühl »als einer objektiven, bloß registrierend wahrgenommenen Atmosphäre einerseits und dem subjektiv, leiblichen Betroffensein von dem Gefühl andererseits« (Gugutzer 2022, 521; vgl. auch Julmi 2018, 107). Seine Überlegungen weisen damit auf überindividuelle Charakteristika von Situationen, vergleichbar zur Idee emotionaler Klimata, hin, wurden aber, wie Gugutzer feststellt, bisher in entsprechenden Arbeiten der Emotionssoziologie kaum rezipiert (vgl. Gugutzer 2022, 524). Clemens Albrecht, der sich Gedanken über die empirische Operationalisierung und Erfassbarkeit von Atmosphären macht (vgl. Albrecht C. 2017, 149–161), weist darauf hin, dass sich Atmosphären als emergente Phänomene nicht aus spezifischen Ursachen, etwa bestimmten Prozessen auf der Mikroebene individueller Akteur*innen, ableiten lassen. Die soziologische Erfassung von Atmosphären erfordert daher eine besondere Schulung der Wahrnehmungs- und Beschreibungsfähigkeiten der Beobachter*innen, bei denen auch auf Introspektion und diffuses Erspüren zurückgegriffen werden muss, um ein ganzheitliches Erfassen der Atmosphäre zu ermöglichen (vgl. Albrecht C. 2017, 149–156); letztlich steht damit aber wiederum ein beobachtendes und beschreibendes Individuum im Vordergrund, nämlich der Forscher oder die Forscherin. Wie bereits in Kapitel 5 dargelegt, lassen sich meines Erachtens Atmosphären nur anhand individueller Wahrnehmungen und Handlungen beteiligter Akteur*innen (dies schließt teilnehmende Forscher*innen mit ein) rekonstruieren. Wie eine Atmosphäre bewertet und beschrieben wird, hängt eng mit im sozio-kulturellen Umfeld erlernten Wahrnehmungs- und Deutungsschemata zusammen und lässt sich nicht an ›objektiven‹ Faktoren der Situation festmachen.

Im Übrigen sind die hier erwähnten Stimmungen im Sinne von *Atmosphären einer Situation oder eines Raumes* zu unterscheiden von *Stimmungen des Individuums* (einer Bezeichnung für länger andauernde diffuse Empfindungen, etwa im Sinne der auch alltagssprachlich verwendeten Beschreibung, dass jemand in einer ›traurigen

Stimmung‹ sei). Die Stimmung eines Raumes existiert nicht per se, sondern ist eine Zuschreibung, die Individuen auf Basis ihrer erlernten Deutungsschemata vornehmen, die sie auf ein konkretes Objekt oder Ensemble von Objekten anwenden und dann dessen Stimmung etwa als ›erhaben‹ oder ›fröhlich‹ einstufen. Ob ein Raum als düster, erhaben oder fröhlich empfunden wird, hängt von den sozio-kulturellen Prägungen und ihrer Anwendung in spezifischen Situationen ab und kann nicht losgelöst von derartigen Zuschreibungen objektiv festgestellt werden (der Raum ist fröhlich, nur für Angehörige einer bestimmten Kultur, eines bestimmten Milieus; Angehörige eines anderen Kontextes werden dessen Atmosphäre entsprechend anders empfinden/beschreiben; vgl. Julmi 2018, 109; vgl. auch die Ausführungen im Kapitel 5).

Perspektiven der Emotionssoziologie

In den verschiedenen mit dem Affektbegriff operierenden Ansätzen wird ein Vorteil des Affektbegriffes in der Möglichkeit gesehen, damit stärker einen Prozess zum Ausdruck zu bringen, »eben den des Affizierens und Affiziertwerdens« (Reckwitz 2016), während der Emotionsbegriff suggeriere, dass ein Individuum eine Emotion ›habe‹ (vgl. auch Scheve, Berg 2018, 28–29). Dem ist entgegenzuhalten, dass dieser scheinbare Nachteil des Emotionsbegriffes vor allem etwas mit seiner zum Teil engen Verwendungsweise zu tun hat, die aber keineswegs so einheitlich ist, wie in der Kritik des Begriffes angedeutet. Der Emotionsbegriff wird durchaus auch in einer prozesshaften Art und Weise verwendet und ist daher ebenso wie der Affektbegriff in der Lage, die Relationen zwischen Individuen bzw. zwischen Individuen und materiellen Artefakten zu bezeichnen (vgl. auch Flam 2017). Ich verweise hier etwa auf den Ansatz von Ian Burkitt:

> »I have put forward a relational conception of the emotions, arguing that emotions are not ›things‹ internal to the individual and their biological constitution, but are to do with the social relations and inter-dependencies between people. In so doing I have tried to define the object that should be the focus in any sociological study of emotion, and argued that this object is the relationship between people in which emotion arises. Emotions exist only in the context of relation-

ships and are to be conceptualised as complexes – that is, as irreducible to social structures, discourses or physiology. All these elements are constitutive of emotions which are felt by active, embodied beings who are locked into networks of interdependence.« (Burkitt 1997, 52)

Ein weiteres Beispiel wäre der Ansatz von Jack Katz (1999), der ebenfalls die Relationen zwischen Menschen und die Prozesshaftigkeit des Phänomens Emotionen in den Vordergrund der Betrachtung rückt und dabei – im Unterschied zu vielen Ansätzen der *affect studies* – auch Ansatzpunkte für die empirische Erfassung dieser Phänomene aufzeigt (vgl. Flam 2017, 8). Der Emotionsbegriff umfasst bei Katz neben kognitiv reflektierten explizit auch aus der Situation herrührende und vom Individuum nicht direkt kontrollierbare Komponenten: »Emotions are at once subjective phenomena, experiences that are personally and ideosyncratically shaped, but also experiences of being pushed and pulled by the world, of being an object taken by forces beyond one's control.« (Katz 1999, 89)

Mit Randall Collins' (2004) Idee der Emotionalen Energie existiert, um ein letztes Beispiel zu nennen, auch ein Konzept der Emotionssoziologie, das ähnlich wie manche *affect studies* die Übertragung von Gefühlen zwischen Individuen bzw. in Gruppen zum Thema hat, womit einmal mehr deutlich wird, dass durch die *affect studies* keine völlig neue Perspektive in das Feld der Emotionsforschung hineingetragen wurde (vgl. Vandenberghe 2017, 13). Die Entstehung *Emotionaler Energie* wird bei Collins dabei klar auf Interaktionen von Individuen zurückgeführt und nicht als quasi frei flottierender Affekt zwischen Körpern konzipiert.

Ein Verständnis von Affekt als Veränderungen von Kräften zwischen (menschlichen und nicht-menschlichen) Körpern erweist sich für kulturwissenschaftliche Studien, die sich u. a. mit dem Verhältnis von Texten zueinander befassen, als attraktiv. Der gesellschaftskritische Anspruch mancher Vertreter*innen der *affect studies* muss außerdem berücksichtigt werden; ihr Ziel ist nicht die Vorlage eines in sich kohärenten wissenschaftlichen Programms, sondern die Kritik bisheriger Einseitigkeiten der Forschung und das Aufzeigen gesellschaftlicher Problemlagen (hinsichtlich Ahmed vgl. Ural 2022, 32; Slaby 2018). Die Brauchbarkeit eines solchen Affektverständnisses für die mit empirischen Methoden arbeitende Soziologie ist allerdings anzuzweifeln. Für vor allem auch empirisch arbeitende Disziplinen ist die Auflösung des Affektbegriffes in einem Nebel aus unbewussten, zwischen Körpern ablaufenden Kräften wenig anschlussfähig. Einzugestehen, dass physiologische und unbewusste Prozesse beim Emotionsgeschehen eine Rolle spielen, muss nicht so weit gehen, diese in den Hauptfokus zu rücken und den Emotionsbegriff zusammen mit dem des Individuums über Bord zu werfen.

Bedeutung des Individuums für die empirische Forschung

Soziologische Studien setzen zu allermeist beim Individuum an (auch wenn etwa Diskurse oder die Sozialstruktur einer Gesellschaft thematisiert werden, ist zu beachten, dass diese letztlich auf Basis aggregierter individueller Aussagen und Verhaltensweisen rekonstruiert werden). Selbstverständlich gehört auch die Analyse materieller Artefakte zu den Interessensgebieten der Soziologie, allerdings gilt auch hier, dass aus deren Analyse und der Analyse der Reaktionen von Individuen auf diese Artefakte (z. B. Bücher, Filme) ein Rückschluss auf die Gesellschaft gezogen werden soll. Soziolog*innen setzen eine Reihe von Methoden ein, um individuelles Verhalten zu erheben und in der Analyse sodann einen Rückschluss aus diesem (oder entsprechend aggregierten Daten) auf die Gesellschaft zu ziehen; dies gilt auch für die Emotionssoziologie. Wir interviewen Personen, beobachten deren Verhaltensweisen in einem sozio-kulturellen Umfeld, wir verwenden Fragebögen, die die Personen zur Reflexion über ihr Empfinden anregen, sodass deren Antworten letztlich immer ein Produkt ihrer bewussten und sozial geprägten Erinnerung sind. Wir können eventuell auch zukünftig physiologische Messungen durchführen, wie Turner und Stets (2005, 314–315) dies andeuten (etwa die Messung des Hautwiderstandes), aber wir müssen dabei immer den Bezug zur sozio-kulturellen Umwelt beachten. Die Prägung emotionaler/affektiver Phänomene durch die Gesellschaft ist dabei kein ›Fehler‹, sondern die generelle Form, in der diese Phänomene vorliegen. Es ist umso wichtiger herauszufinden, welche Wechselwirkungen zwischen dem sozio-kulturellen Umfeld und dem Emotionsgeschehen von

Individuen bestehen, die sich selbst immer in Wechselwirkung mit anderen befinden.

Mariolina Graziosi und Paola Rebughini bringen die soziologische Kritik an den *affect studies* wie folgt zum Ausdruck und fassen meines Erachtens die wichtigsten Punkte darin gut zusammen:

> »Social Sciences cannot easily elude the issue of ›who‹ is knowing, observing, judging and criticizing; that is, the epistemic problem of ›who‹ or ›what‹ is affected and is affecting, and the methodological problem of the way in which we can study such processes. Considering emotions as part of subjectivation processes does not mean ignoring their material and embodied dimension of ›affection‹. Embodied emotions and affections intertwine with reflexivity in monitoring knowledge about the environment, but considering this as a direct, pre-symbolic, unintentional, access to experience seems to me a metaphysical position incompatible with the epistemology of sociological investigation.« (Graziosi, Rebughini 2017, 30)

Margaret Wetherell äußert eine ähnliche Kritik, wenn sie schreibt:

> »I want to argue that social actors engaged in affective practices are embodied beings for sure, but are also usually sentient, bathed in cultural practice like fish in water, usually reflexive, engaged with others in negotiating their worlds, and constantly talking and making sense. There is no neat and easy dividing lines between physical affect and discourse, or between discursive capture and affective capture, or between discursive enlistment and affective enlistment. Rather, very complicated and mostly seamless feedbacks occur between accounts, interpretations, body states, further interpretations, further body states etc. in recognizable flowing and changing episodes.« (Wetherell 2015, 152)

Differenzierte Begrifflichkeit

Für konkrete Fragestellungen kann es durchaus hilfreich sein, affektiv-emotionale Phänomene unterschiedlicher Qualitäten auch begrifflich zu unterscheiden (etwa um deren unterschiedliche Dauer oder Intensität zu beschreiben). ›Affekt‹ stünde dann für diffuse und zumeist unbewusste Empfindungen und ›Emotion‹ für kognitiv-sprachlich verarbeitete Empfindungen mit klar intentionalem Bezug auf eine Situation oder ein Objekt; ›Affekt‹ könnte noch weiter differenziert werden in ›Launen‹ (kurzfristige Dauer) oder ›Stimmungen‹ (längere Dauer) des Individuums (vgl. auch die Darstellung der Vielfalt des Affektiven bei Dahms 2019, 19–22). Allerdings werden die Ausdrücke Emotion und Affekt, wie mittlerweile klar geworden sein sollte, keineswegs einheitlich in dieser Weise verwendet und es bleibt nur der Hinweis auf die jeweils genaue Prüfung, welche Wortverwendungsweisen und damit verbundenen Konzepte in einem Beitrag vorliegen.

Soziale Einbettung affektiv-emotionaler Phänomene

Zu beachten ist auch, dass alle affektiv-emotionalen Phänomene in Interaktionen von Individuen und in gesellschaftliche Strukturen eingebunden sind. Für die Emotionssoziologie steht eben dieses Verhältnis der Emotionen/Affekte zum sozio-kulturellen Kontext im Vordergrund. Auch bei nicht bewussten Affekten kommt es, allein schon aufgrund ihres durch physiologische Mechanismen gesteuerten Ausdrucksbildes, zu Reaktionen der Interaktionspartner*innen (ohne wiederum, dass diesen bewusst sein muss, warum sie z. B. positiv/negativ auf eine von ihnen wahrgenommene Regung bei einem anderen Individuum reagieren). Affekte stellen ebenso wie Emotionen einen Bezug zur Umwelt her, indem mit ihnen auf diese Umwelt reagiert wird (etwa mit Lust-/Unlustgefühlen); und es sind bestimmte Handlungstendenzen damit verbunden (etwa in der Situation zu verharren oder sich aus ihr herauszubewegen). Hinzu kommt, dass diese Reaktion auf die Umwelt auch die Reaktion auf materielle Artefakte oder Räume implizieren kann. Allerdings können auch bewusst erlebte und benannte Emotionen im engeren Sinne einen derartigen Bezug zur materiellen Welt herstellen (man denke z. B. an Aussagen wie »dieses Buch macht mir Freude/ich verspüre Freude beim Lesen dieses Buches« oder »ich ärgere mich über das Nichtfunktionieren des Autos«). Unbewusste Affekte können auch prinzipiell ins Bewusstsein eines Individuums gehoben werden, wenn z. B. Reflexionsprozesse über diffuse Empfindungen angestoßen werden (z. B. im Sinne von

Umschreibungen wie »warum fühle ich mich heute so komisch/warum fühle ich mich in der Situation mit xy merkwürdig?«).

Im Prinzip – wie oben bereits erwähnt – müssen Ansätze der Emotionsforschung immer auch vor dem Hintergrund jener Ansätze, die sie kritisieren wollen, verstanden werden. Zuspitzungen und Einseitigkeiten der jeweiligen Positionen resultieren auch aus diesem Umstand (vgl. auch die Darstellung konkurrierender psychologischer Ansätze seit den 1960er Jahren bei Leys 2011, 469–472). Arbeiten jüngeren Datums, die mit dem Affekt-Begriff operieren und diesen auch in Zusammenhang mit soziologischen Fragestellungen verwenden, sind mittlerweile um ausgewogenere Positionen bemüht, die etwa einen graduellen Übergang zwischen »Affekt als einen körperlichen und nicht auf propositionale Gehalte und Konzepte angewiesenen Modus des Seins und des Weltbezugs« und Emotionen, die »als kulturell klassifizierter und konzeptualisierter Affekt verstanden werden« (Scheve, Berg 2018, 48), vorsehen. Affekt wird hier Teil jedes emotionalen Weltbezugs und Emotion und Affekt werden als eng miteinander verzahnte Prozesse betrachtet. Dieses Beispiel zeigt einmal mehr, dass jeweils eine genaue Prüfung, was einzelne Arbeiten unter ›Affekt‹ und ›Emotion‹ verstehen, anzuraten ist.

Die strikte Unterscheidung zwischen Emotion und Affekt führt meines Erachtens beim tieferen Verständnis von für die Emotionssoziologie relevanten Fragen kaum weiter. Selbstverständlich sind begriffliche Klarstellungen wichtig, allerdings nur, wenn aufbauend auf diesen konkrete Themen bearbeitet werden. Mit der Unterscheidung der Begriffe ›Affekt‹ und ›Emotion‹ *per se* ist noch nichts gewonnen, man muss sich ansehen, *welche* soziologischen Problemstellungen damit *wie* bearbeitet werden können.

Anmerkungen

1 In folgenden Kapiteln dieses Buches wird zum Teil auf Formulierungen aus meinem Buch *Emotionen als Forschungsgegenstand der deutschsprachigen Soziologie, Wiesbaden: Springer* 2009 zurückgegriffen: 3.1, 3.2, 4, 6.1.1, 6.1.2, 6.2.1, 7.1.2, 7.1.3 und 7.4.1.

2 Die Vornamen in diesen fiktiven Beispielen wurden inspiriert von den Vornamen einiger Kriminalromanautor*innen.

3 Die hier vorgestellten Dimensionen unterscheiden sich von in der Psychologie vertretenen Komponentenmodellen insofern, als mit ihnen keine abschließende Aufzählung aller ›Bestandteile‹ von Emotionen angestrebt wird, sondern lediglich bisherige Schwerpunkte der Emotionsforschung sichtbar gemacht werden sollen (vgl. zum Komponentenmodell in der Psychologie: Rothermund, Eder 2011, 168); zu unterscheiden sind die hier beschriebenen Dimensionen auch von in der Psychologie verwendeten *dimensionalen Klassifikationen* spezifischer Emotionen (durch die Emotionen z. B. gemäß ihrer Valenz [angenehm/unangenehm] oder ihrem Aktivierungsniveau [ruhig/erregt] unterschieden werden) (vgl. Rothermund, Eder 2011, 169).

4 Dieser Prozess wurde kürzlich sehr schön im Rahmen einer Pressekonferenz der Universität Graz illustriert, bei der es um die Entdeckung von Spuren einer Buchbindung auf einem sehr alten Papyrusfragment ging. Die verantwortliche Wissenschaftlerin, Theresa Zammit Lupi, schilderte das Durchlaufen unterschiedlicher Gefühle im Rahmen ihres Erkenntnisprozesses: vgl. Uni Graz Pressekonferenz Mumienbuch (22. Juni 2023) https://youtu.be/54Kz1AcgEZk (Minute 34:43 bis 35:43).

5 Vgl. https://shop.niemetz.at/produkt/b2b/schwedenbomben-nostalgiedose/ (abgerufen am 10.6.2023).

6 Vgl. https://www.nordischer-shop.at/produkt/beistelltisch-nostalgie/ (abgerufen am 10.6.2023).

7 Vgl. https://schlick-spezialprodukte.at/armaturen-becken/nostalgische-armaturen-und-zubehoer/ (abgerufen am 10.6.2023).

8 Vgl. https://timeline.com/false-nostalgia-donald-trump-e935ef77018c (abgerufen am 10.6.2023).

Literatur

Acham Karl: »Diltheys Bedeutung für die Soziologie«, in: Scholtz Gunter (Hg.): Diltheys Werk und die Wissenschaften. Neue Aspekte, Göttingen: Vandenhoeck & Ruprecht 2013, 149–173.

Adloff Frank: »Thomas J. Scheff: Shame and the Social Bond«, in: Senge Konstanze, Schützeichel Rainer, Zink Veronika (Hg.): Schlüsselwerke der Emotionssoziologie, 2. Auflage, Wiesbaden: Springer VS 2022, 499–505.

Ahmed Sara: The Cultural Politics of Emotion, Edinburgh: Edinburgh University Press 2004.

Ahmed Sara: »Happy Objects«, in: Seigworth Gregory J., Gregg Melissa (eds.): The Affect Theory Reader, New York: Duke University Press 2010, 29–51.

Albers Irene, Moebius Stephan: »Nachwort«, in: Hollier Denis (Hg.): Das Collège de Sociologie 1937–1939 [franz. 1979/1995], Frankfurt a. M.: Suhrkamp 2012, 757–828.

Albrecht Clemens: »Atmosphären operationalisieren«, in: *Sociologia Internationalis*, 55/2, 2017, 141–166.

Albrecht Yvonne: Gefühle im Prozess der Migration. Transkulturelle Narrationen zwischen Zugehörigkeit und Distanzierung, Wiesbaden: Springer 2017.

Anderson Benedict: Die Erfindung der Nation. Zur Karriere eines folgenreichen Konzepts [engl. 1983; dt. 1991], 2. Auflage, Frankfurt a. M.–New York: Campus 1996.

Archer Margaret: Structure, Agency, and the Internal Conversation, Cambridge: Cambridge University Press 2003.

Ayata Bilgin: »Affective citizenship«, in: Slaby Jan, Scheve Christian von (eds.): Affective Societies. Key Concepts, London–New York: Routledge 2019, 330–339.

Bach Maurizio: Jenseits des rationalen Handelns. Zur Soziologie Vilfredo Paretos, 2. Auflage, Wiesbaden: Springer 2019.

Barbalet Jack M.: Emotion, Social Theory and Social Structure. A Macrosociological Approach, Cambridge–New York–Melbourne: Cambridge University Press 1998.

Barrett Frederik S., Grimm Kevin J., Robins Richard W., Wildschut Tim, Sedikides Constantine, Janata Petr: »Music-Evoked Nostalgia: Affect, Memory and Personality«, in: *Emotion*, 10/3, 2010, 390–403.

Barrett Lisa Feldman: »Are Emotions Natural Kinds?«, in: *Perspectives on Psychological Science*, 1/1, 2006, 28–58.

Bartmanski Dominik: »Successful icons of failed time: Rethinking post-communist nostalgia«, in: *Acta Sociologica*, 54/3, 2011, 213–231.

Batcho Krystine Irene: »Nostalgia: a psychological perspective«, in: *Perceptual and motor skills*, 80/1, 1995, 131–143.

Batcho Krystine Irene: »Nostalgia and the emotional tone and content of song lyrics«, in: *The American Journal of Psychology*, 120/3, 2007, 361–381.

Bauman Zygmunt: Liquid Fear. Fließende Angst [engl. 2006], Wien: Edition Konturen 2021.

Bauman Zygmunt: Retrotopia, Cambridge–Malden: Polity 2017.

Becker Tobias: »The Meanings of Nostalgia: Genealogy and Critique«, in: *History & Theory*, 57/2, 2018, 234–250.

Benski Tova: »Breaching events and the emotional reactions of the public. Women in Black in Israel«, in: Flam Helena, King Debra (eds.): Emotions and Social Movements, London: Routledge 2005, 57–78.

Benski Tova: »Emotion maps of participation in protest: The case of women in black against the occupation in Israel«, in: *Research in Social Movements, Conflicts and Change*, 31, 2010, 3–34.

Benski Tova, Fisher Eran (eds.): Internet and Emotions, New York: Routledge 2013.

Bergman Blix Stina: Rehearsing Emotions. The Process of Creating a Role for the Stage, Stockholm: Acta Universitatis Stockholmiensis 2010.

Bergman Blix Stina: »Emotional insights in the field«, in: Flam Helena, Kleres Jochen (eds.): Methods of Exploring Emotions, 1st edition, London: Routledge 2015, 125–133.

Bergman Blix Stina, Wettergren Asa: Professional Emotions in Court. A Sociological Perspective, London: Routledge 2018.

Bericat Eduardo: »The sociology of emotions: Four decades of progress«, in: *Current Sociology*, 64/3, 2016, 491–413.

Bernard Julien: »Funerary emotions. Categorizing data from a fieldwork diary«, in: Flam Helena, Kleres Jochen (eds.): Methods of Exploring Emotions, 1st edition, London: Routledge 2015, 172–180.

Beyer Manuela: »Emotionsdiskurse in Bewegung. Einblicke aus 50 Jahren Bravo«, in: Burzan Nicole (Hg.): Komplexe Dynamiken globaler und lokaler Entwicklungen. Verhandlungen des 39. Kongresses der Deutschen Gesellschaft für Soziologie in Göttingen 2018, 2019, https://publikationen.soziologie.de/index.php/kongressband_2018/article/view/1021/1279 (abgerufen am 31.03.2023).

Beyer Manuela: »Von der Emotion zum Affekt und wieder zurück? Aktuelle Entwicklungen in der Emotionssoziologie. Sammelrezension«, in: *Soziologische Revue*, 45/1, 2022, 61–76.

Biess Frank: »Die Sensibilisierung des Subjekts: Angst und ›Neue Subjektivität‹ in den 1970er Jahren«, in: Werkstatt*Geschichte*, 49, 2008, 51–71.

Biess Frank: Republik der Angst. Eine andere Geschichte der Bundesrepublik, Reinbek bei Hamburg: Rowohlt 2019.

Biess Frank, Gross Daniel M.: »Emotional Returns«, in: Biess Frank, Gross Daniel M. (eds.): Science and Emotions After 1945: A Transatlantic Perspective, Chicago: University of Chicago Press 2014, 1–38.

Blackman Lisa: Immaterial bodies: Affect, embodiment, mediation, London: Sage 2012.

Blumer Herbert: Symbolic Interactionism. Perspective and Method [1969], Berkeley–Los Angeles–London: University of California Press 1986.

Bohnsack Ralf: Qualitative Bild- und Videointerpretation, 2. Auflage, Opladen–Farmington Hills 2011.

Borch Christian: »Crowds and Pathos: Theodor Geiger on Revolutionary Action«, in: *Acta Sociologica*, 49/1, 2006, 5–18.

Bosch Aida: Konsum und Exklusion. Eine Kultursoziologie der Dinge, Bielefeld: transcript 2010.

Boym Svetlana: The Future of Nostalgia, New York: Basic Books 2001.

Brennan Teresa: Transmission of Affect, Ithaca: Cornell University Press 2015.

Bröckling Ulrich: »Man will Angst haben«, in: *Mittelweg*, 36/6, 2016, 3–7.

Brownlie Julie: »›Being there‹: multidimensionality, reflexivity and the study of emotional lives«, in: *The British Journal of Sociology*, 62/3, 2011, 462–481.

Brütsch Matthias, Hediger Vinzenz, Keitz Ursula von, Schneider Alexandra, Tröhler Margit (Hg.): Kinogefühle. Emotionalität und Film, Marburg: Schüren 2005.

Bude Heinz: Gesellschaft der Angst, Hamburg: Hamburger Edition 2014.

Burkitt Ian: »Social Relationships and Emotions«, in: *Sociology*, 31/1, 1997, 37–55.

Burkitt Ian: »Emotional Reflexivity: Feeling, Emotion and Imagination in Reflexive Dialogues«, in: *Sociology*, 46/3, 2012, 458–472.

Burkitt Ian: Emotions and Social Relations, Los Angeles et al.: Sage 2014.

Cabanas Edgar, Illouz Eva: Das Glücksdiktat und wie es unser Leben beherrscht, Berlin: Suhrkamp 2019.

Cantó-Milà Natàlia: »Linking Emotions: Emotions as the Invisible Threads that Bind People Together«, in: *Sociological Research Online*, 21/1, 2016, 132–135.

Ciompi Luc: »Ein blinder Fleck bei Niklas Luhmann? Soziale Wirkungen von Emotionen aus Sicht der fraktalen Affektlogik«, in: *Soziale Systeme*, 10/1, 2004, 21–49.

Clough Patricia Ticineto: »Introduction«, in: Clough Patricia Tincineto, Halley Jean (eds.): The affective turn: theorizing the social, Durham: Duke University Press 2007, 1–33.

Clough Patricia Ticineto: »The Affective Turn. Political Economy, Biomedia and Bodies«, in: *Theory, Culture & Society*, 25/1, 2008, 1–22.

Collins Randall: »Stratification, Emotional Energy, and the Transient Emotions«, in: Kemper Theodore D. (ed.): Research Agendas in the Sociology of Emotions, New York: SUNY 1990, 27–57.

Collins Randall: Interaction Ritual Chains, Princeton–Oxford: Princeton University Press 2004.

Collins Randall: Dynamik der Gewalt. Eine mikrosoziologische Theorie [engl. 2008], Hamburg: Hamburger Edition 2011.

Comte Auguste: Plan der wissenschaftlichen Arbeiten, die für eine Reform der Gesellschaft notwendig sind [1822], München: Hanser 1973.

Cook Karen S., Harkness Sarah K.: »Rationality and Emotions«, in: Albert Gert, Sigmund Steffen (Hg.): Soziologische Theorie kontrovers. Sonderheft der Kölner Zeitschrift für Soziologie und Sozialpsychologie 50/2010, Wiesbaden: VS Verlag 2011, 154–168.

Cooley Charles Horton: Human Nature and the Social Order [1902/1922], revised edition, in: Cooley Charles Horton: The Two Major Works of Charles H. Cooley, with an introduction by Robert Cooley Angell, Glencoe: The Free Press 1956.

Dahms Susann: Strukturen des Affektiven: Kulturelle Ordnungen, Aufmerksamkeiten und affektive Hintergründe, Bielefeld: transcript 2019.

Damasio Antonio R.: Descartes' Irrtum. Fühlen, Denken und das menschliche Gehirn, 6. Auflage, München: dtv 2001.

Davis Fred: Yearning for Yesterday. A Sociology of Nostalgia, New York: Free Press 1979.

Dehne Max: Soziologie der Angst. Konzeptuelle Grundlagen, soziale Bedingungen und empirische Analysen, Wiesbaden: Springer VS 2017.

Delhey Jan, Lübke Christiane: »Sorgen und Ängste in soziologischen Gegenwartsdiagnosen. Eine kritische Bestandsaufnahme«, in: Lübke Christiane, Delhey Jan (Hg.): Diagnose Angstgesellschaft? Was wir wirklich über die Gefühlslage der Menschen wissen, Bielefeld: transcript 2019, 9–28.

Demertzis Nicolas (ed.): Emotions in Politics: The Affect Dimension in Political Tension, London: Palgrave Macmillan 2013.

Demertzis Nicolas: The Political Sociology of Emotions. Essays on Trauma and Ressentiment, London–New York: Routledge 2020.

Denzin Norman K.: On Understanding Emotion, San Francisco: Jossey-Bass. Publ. 1984.

Descartes René: Die Leidenschaften der Seele [franz. 1649], hg. und übers. von Hammacher Klaus, Hamburg: Felix Meiner 1984.

DiMaggio Paul, Powell Walter W.: »The iron cage revisited. Institutional isomorphism and collective rationality in organizational fields«, in: *American Journal of Sociology*, 48/2, 1983, 147–160.

Dimbath Oliver, Heinlein Michael: Gedächtnissoziologie, Paderborn: Wilhelm Fink 2015.

Döveling Katrin: Emotionen – Medien – Gemeinschaft. Eine kommunikations-soziologische Analyse, Wiesbaden: VS Verlag 2005.

Döveling Katrin: »Visuelles Trauer-Management. Zum Tod von Johannes Paul II. in der modernen Mediengesellschaft«, in: Mitterbauer Helga, Scherke Katharina (Hg.): Moderne. Kulturwissenschaftliches Jahrbuch 3. Themenschwerpunkt: Emotionen, Innsbruck–Wien–Bozen: Studienverlag 2007, 158–178.

Döveling Katrin, Konijn Elly A.: Routledge International Handbook of Emotions and Media, 2nd edition, London–New York: Routledge 2022.

Durkheim Émile: Die elementaren Formen des religiösen Lebens [1912], Frankfurt a. M.: Suhrkamp 1994.

Durkheim Émile: Über soziale Arbeitsteilung. Studie über die Organisation höherer Gesellschaften [1893]. Mit einer Einleitung von Niklas Luhmann und einem Nachwort von Hans-Peter Müller und Michael Schmid, 2. Auflage, Frankfurt a. M.: Suhrkamp 1988.

Eckert Judith: »Gesellschaft der Angst? Kommunikationskultur der Angst. Über die mikropolitische Nutzung der Angstrhetorik«, in: Martin Susanne, Linpinsel Thomas (Hg.): Angst in Kultur und Politik der Gegenwart. Beiträge zu einer Gesellschaftswissenschaft der Angst, Wiesbaden: Springer VS 2020, 159–177.

Egger de Campo Marianne, Laube Stefan: »Barrieren, Brücken und Balancen. Gefühlsarbeit in der Altenpflege und im Call Center«, in: *Österreichische Zeitschrift für Soziologie*, 33, 2008, 19–42.

Elias Norbert: Über den Prozeß der Zivilisation. Soziogenetische und psychogenetische Untersuchungen, Erster Band: Wandlungen des Verhaltens der weltlichen Oberschichten des Abendlandes [1939], 22. Auflage, Frankfurt a. M.: Suhrkamp 1998.

Elias Norbert: Über den Prozeß der Zivilisation. Soziogenetische und psychogenetische Untersuchungen, Zweiter Band: Wandlungen der Gesellschaft. Entwurf zu einer Theorie der Zivilisation [1939], 22. Auflage, Frankfurt a. M.: Suhrkamp 1999.

Elias Norbert, Scotson John L.: Etablierte und Außenseiter [engl. 1965; dt. 1990], Frankfurt a. M.: Suhrkamp 1993.

Ellis Carolyn, Bochner Arthur P.: »Autoethnography, Personal Narrative, Reflexivity«, in: Denzin Norman K., Lincoln Yvonna S. (eds.): Handbook of Qualitative Research, 2nd edition, Thousand Oaks et al.: Sage 2000, 733–768.

Ellis Carolyn, Flaherty Michael G.: »An Agenda for the Interpretation of Lived Experience«, in: Ellis Carolyn, Flaherty Michael G. (eds.): Investigating Subjectivity. Research on Lived Experience, Newbury Park et al.: Sage 1992, 1–13.

Elster Jon: »Emotions and Economic Theory«, in: *Journal of Economic Literature*, 36/1, 1998, 47–74.

Esser Hartmut: »Die Rationalität des Alltagshandelns. Eine Rekonstruktion der Handlungstheorie von Alfred Schütz«, in: *Zeitschrift für Soziologie*, 20/6, 1991, 430–445.

Esser Hartmut: »Affektuelles Handeln: Emotionen und das Modell der Frame-Selektion«, in: Schützeichel Rainer (Hg.): Emotionen und Sozialtheorie. Disziplinäre Ansätze, Frankfurt a. M.: Campus 2006, 143–174.

Esser Hartmut: »Das Modell der Frame-Selektion. Eine allgemeine Handlungstheorie für die Sozialwissenschaften«, in: Albert Gert, Sigmund Steffen (Hg.): Soziologische Theorie kontrovers. Sonderheft der Kölner Zeitschrift für Soziologie und Sozialpsychologie 50/2010, Wiesbaden: VS Verlag 2011, 45–62.

Fischer Joachim: »Simmels Sinn der Sinne. Zum vital turn der Soziologie«, in: Göbel Hanna Katharina, Prinz Sophia (Hg.): Die Sinnlichkeit des Sozialen: Wahrnehmung und materielle Kultur, Bielefeld: transcript 2015, 423–440.

Flam Helena: »Emotional ›Man‹ I.: The Emotional ›Man‹ and the Problem of Collective Action«, in: *International Sociology*, 5/1, 1990a, 39–56.

Flam Helena: »Emotional ›Man‹ II.: Corporate Actors as Emotion-Motivated Emotion Managers«, in: *International Sociology*, 5/2, 1990b, 225–234.

Flam Helena: The Emotional Man and The Problem of Collective Action, Frankfurt a. M. [et al.]: Lang 2000.

Flam Helena: Soziologie der Emotionen. Eine Einführung, Konstanz: UVK 2002.

Flam Helena: »Corporate emotions and emotions in corporations«, in: *The Sociological Review*, 50/2, 2002a, 90–112.

Flam Helena: »Introduction«, in: Flam Helena, King Debra (eds.): Emotions and Social Movements, London: Routledge 2005a, 1–18.

Flam Helena: »Emotions' map. A research agenda«, in: Flam Helena, King Debra (eds.): Emotions and Social Movements, London: Routledge 2005b, 19–40.

Flam Helena: »From Emotional ›Man‹, with Love«, in: Schützeichel Rainer (Hg.): Emotionen und Sozialtheorie. Disziplinäre Ansätze, Frankfurt a. M.: Campus 2006, 195–222.

Flam Helena: »The Transatlantic Element in the Sociology of Emotions«, in: Biess Frank and Gross Daniel M. (eds.): Science and Emotions After 1945: A Transatlantic Perspective, Chicago: University of Chicago Press 2014, 318–341.

Flam Helena: »Three Main and Tens of Small Queries Addressed to the Affect-Proponents«, in: *Newsletter of the Thematic Group on Society and Emotions*, ISA, August 2017, 7–10, https://isatg08.files.wordpress.com/2016/11/tg08-newsletter-2-e28093-aug-2017.pdf (abgerufen am 01.04.2023).

Flam Helena (ed.): The Research Handbook on the Sociology of Emotions, Cheltenham et al.: Edgar Elgar (2024, forthcoming).

Flam Helena, King Debra (eds.): Emotions and Social Movements, London: Routledge 2005.

Flam Helena, Kleres Jochen (eds.): Methods of Exploring Emotions, London: Routledge 2015.

Fleiß Jürgen, Höllinger Franz, Kuzmics Helmut: »Nationalstolz zwischen Patriotismus und Nationalismus? Empirisch-methodologische Analysen und Reflexionen am Beispiel des International Social Survey Programme 2003 ›National Identity‹«, in: *Berliner Journal für Soziologie*, 3, 2009, 409–434.

Flicker Eva: »Medien und Visualität aus kultursoziologischer Perspektive«, in: Moebius Stephan, Nungesser Frithjof, Scherke Katharina (Hg.): Handbuch Kultursoziologie. Band 2: Theorien – Methoden – Felder, Wiesbaden: Springer VS 2019, 485–499.

Franke Ursula, Oesterle Günther: »Gefühl«, in: Ritter Joachim, Gründer Karlfried, Gabriel Gottfried (Hg.): Historisches Wörterbuch der Philosophie, Band 3, Basel [u. a.]: Schwabe 1974, 82–89.

Franks D. D.: »Emotions, Sociology of«, in: Smelser Neil J., Baltes Paul B. (eds.): International Encyclopedia of the Social & Behavioral Sciences, Amsterdam–New York: Elsevier 2011, 4477–4481.

Gabler Wolfgang: »Diskurs der Unbegreiflichkeit – Zur Geschichte der Wenderomane«, in: Kollmorgen Raj, Koch Frank Thomas, Dienel Hans-Liudger (Hg.): Diskurse der deutschen Einheit, Wiesbaden 2011, 167–192.

Gaitsch Myriam, Sauer Birgit, Hofbauer Johanna, Glinsner Barbara, Penz Otto: »Doing Gender im öffentlichen Dienst: affektive Arbeit von Arbeitsvermittler_innen«, in: *Gender. Zeitschrift für Geschlecht, Kultur und Gesellschaft*, 12/2, 2020, 11–27.

Garfinkel Harold: Studien zur Ethnomethodologie [engl. 1967], Frankfurt a. M.–New York: Campus 2020.

Geiger Theodor: Die Masse und ihre Aktion. Ein Beitrag zur Soziologie der Revolutionen, Stuttgart: Ferdinand Enke 1926.

Genett Timm: »Vom Zivilisationsagenten zur Gefolgschaft – Die Masse im politischen Denken Robert Michels'«, in: Klein Ansgar, Nullmeier Frank (Hg.): Masse – Macht – Emotionen. Zu einer politischen Soziologie der Emotionen, Opladen/Wiesbaden: Westdeutscher Verlag 1999, 116–136.

Gerhards Jürgen: »Soziologie der Emotionen. Ein Literaturbericht«, in: *Kölner Zeitschrift für Soziologie und Sozialpsychologie*, 38/4, 1986, 760–771.

Gerhards Jürgen: Soziologie der Emotionen. Fragestellungen, Systematik und Perspektiven, Weinheim–München: Juventa 1988.

Glaser Barney, Strauss Anselm: Time for Dying, Chicago: Aldine 1968.

Goffman Erving: Interaktionsrituale. Über Verhalten in direkter Kommunikation [engl. 1967/dt. 1971], Frankfurt a. M.: Suhrkamp 1986.

Goffman Erving: Wir alle spielen Theater. Die Selbstdarstellung im Alltag [engl. 1959/dt. 1969], 7. Auflage, München: Piper 1998.

Goleman Daniel: EQ: Emotionale Intelligenz [engl. 1995], München: Hanser 1996.

González Ana Marta: »In search of a sociological explanation for the emotional turn«, in: *Sociologia, Problemas e Práticas*, 85, 2017, 27–45.

Graziosi Mariolina, Rebughini Paola: »Emotions and Affects: beyond the Terminological Dispute«, in: *Newsletter of the Thematic Group on Society and Emotions*, ISA, August 2017, 27–30, https://isatg08.files.wordpress.com/2016/11/tg08-newsletter-2-e28093-aug-2017.pdf (abgerufen am 01.04.2023).

Greco Monica, Stenner Paul: »From paradox to pattern shift: Conceptualising liminal hotspots and their affective dynamics«, in: *Theory & Psychology*, 27/2, 2017, 147–166.

Greve Jens: »Randall Collins: Interaction Ritual Chains«, in: Senge Konstanze, Schützeichel Rainer, Zink Veronika (Hg.): Schlüsselwerke der Emotionssoziologie, Wiesbaden: Springer 2022, 81–86.

Gugutzer Robert: »Hermann Schmitz: Gefühle als Atmosphären«, in: Senge Konstanze, Schützeichel Rainer, Zink Veronika (Hg.): Schlüsselwerke der Emotionssoziologie, Wiesbaden: Springer 2022, 517–525.

Haidt Jonathan: »The moral emotions«, in: Davidson Richard J., Scherer Klaus R., Goldsmith H. Hill (eds.): Handbook of affective science, Oxford: Oxford University Press, 2003, 852–870.

Halbwachs Maurice: Das kollektive Gedächtnis [frz. 1950, dt. 1967], Frankfurt a. M.: Fischer 1991.

Hall Stuart: »Kodieren/Dekodieren« [engl. 1973], Bromley Roger, Göttlich Udo, Winter Carsten (Hg.): Cultural Studies. Grundlagentexte zur Einführung, Lüneburg: Klampen 1999, 92–110.

Haller Max, Gruber Stefan: »Der Nationalstolz der Österreicher im internationalen Vergleich«, in: Haller Max (Hg.): Identität und Nationalstolz der Österreicher. Gesellschaftliche Ursachen und Funktionen. Herausbildung und Transformation seit 1945. Internationaler Vergleich, Wien–Köln–Weimar: Böhlau 1996, 432–499.

Halperin Liv: »The meaning of hope for Isreali peace activists: consolidation of collective identity, antidote to despair and spiritual resource«, in: *Emotions and Society*, 2023, 220–235.

Haring Sabine A.: »Wir-Gefühle, Feindbilder und Feindseligkeit«, in: Kuzmics Helmut, Haring Sabine A.: Emotion, Habitus und Erster Weltkrieg. Soziologische Studien zum militärischen Untergang der Habsburger Monarchie, Göttingen: Vandenhoeck & Ruprecht 2013a, 269–307.

Haring Sabine A.: »Angst und Heldentum«, in: Kuzmics Helmut, Haring Sabine A.: Emotion, Habitus und Erster Weltkrieg. Soziologische Studien zum militärischen Untergang der Habsburger Monarchie, Göttingen: Vandenhoeck & Ruprecht 2013b, 469–492.

Haring Sabine A.: »Wir-Gefühle, Feindbilder und Feindseligkeit bei deutschsprachigen k. u. k. Soldaten im Ersten Weltkrieg. Eine emotionssoziologische Perspektive«, in: *Interdisciplinary Journal for Religion and Transformation in Contemporary Society (J-RaT)* 2018, 4/1, 53–87.

Haring Sabine A.: »Zwischen Sorge, Wut und Resignation. Emotionssoziologische Überlegungen zu k. u. k. Soldaten aus dem bäuerlichen Milieu am Beispiel des Ramsauer Bergbauern Matthias Royer und des Gossauers Gottlieb Pomberger«, in: Heppner Harald, Promitzer Christian, Zaharia-Schintler Ionela (Hg.): Die ländliche Gesellschaft im Zeitalter des Ersten Weltkrieges. Herausforderungen und ihre emotionalen Folgen, Lausanne: Peter Lang (2023, im Erscheinen).

Heaney Jonathan G.: »Emotions and power: reconciling conceptual twins«, in: *Journal of Political Power* 4/2, 2011, 259–277.

Heise David R.: »Social action as the control of affect«, in: *Behavioral Science*, 22/3, 1977, 163–177.

Heise David R.: Expressive Order: Confirming Sentiments in Social Action, New York: Springer 2007.

Hennig Jürgen: Psychoneuroimmunologie. Verhaltens- und Befindenseinflüsse auf das Immunsystem bei Gesundheit und Krankheit, Göttingen [u. a.]: Hogrefe 1998.

Herbrik Regine: »Anselm Strauss: Gefühlsarbeit«, in: Senge Konstanze, Schützeichel Rainer, Zink Veronika (Hg.): Schlüsselwerke der Emotionssoziologie, 2. Auflage, Wiesbaden: Springer VS 2022, 585–590.

Hieber Lutz: »Erwin Panofsky«, in: Geimer Alexander, Heinze Carsten, Winter Rainer (Hg.): Handbuch Filmsoziologie, Wiesbaden: Springer VS 2021, 49–67.

Hochschild Arlie R.: »Emotion work, feeling rules, and social structure«, in: *American Journal of Sociology*, 85/3, 1979, 551–575.

Hochschild Arlie R.: The Managed Heart. The Commercialization of Human Feeling, Berkeley: University of California Press 1983.

Hochschild Arlie R.: Das gekaufte Herz. Zur Kommerzialisierung der Gefühle, Frankfurt a. M.–New York: Campus 1990.

Hochschild Arlie R.: The Commercialization of Intimate Life. Notes from Home and Work, San Francisco–Los Angeles: University of California Press 2003.

Hochschild Arlie R.: The Outsourced Self. Intimate Life in Market Times, New York: Metropolitan Books 2012.

Hochschild Arlie R.: Strangers in Their Own Land. Anger and Mourning on the American Right, New York: The New Press 2016.

Hochschild Arlie R.: »Emotions and Society«, in: *Emotions and Society*, 1/1, 2019, 9–13.

Holbrook Morris B.: »Nostalgia and consumption preferences: Some emerging patterns of consumer taste«, in: *Journal of Consumer Research*, 20/2, 1993, 245–256.

Hollier Denis: »Am Kopf von Acéphale«, in: Hollier Denis (Hg.): Das Collège de Sociologie 1937–1939 [franz. 1979/1995], Frankfurt a. M.: Suhrkamp 2012, 11–19.

Holmes Mary: »The Emotionalization of Reflexivity«, in: *Sociology*, 44/1, 2010, 139–154.

Holmes Mary: Distance Relationships. Intimacy and Emotions Amongst Academics and their Partners In Dual-Locations, London: Palgrave Macmillan 2014.

Holmes Mary: »Researching Emotional Reflexivity«, in: *Emotion Review*, 7/1, 2015, 61–66.

Holmes Mary, Wettergren Åsa, Manning Nathan: »›Being there‹: emotional memories, gatherings of the Emotions Research Network and happy birthdays«, in: *Emotions and Society*, 5/2, 2023, 132–138.

Hopkins Debra, Kleres Jochen, Flam Helena, Kuzmics Helmut (eds.): Theorizing Emotions – Sociological Explorations and Applications, Frankfurt a. M.–New York: Campus 2009.

Hume David: Ein Traktat über die menschliche Natur. Buch I–III, Zweites Buch: Über die Affekte [engl. 1739], neu hg. von Reinhard Brandt, Hamburg: Felix Meiner 1973.

Illouz Eva: Der Konsum der Romantik. Liebe und die kulturellen Widersprüche des Kapitalismus [1997], Frankfurt a. M.–New York: Campus 2003.

Illouz Eva: Undemokratische Emotionen. Das Beispiel Israel, Berlin: Suhrkamp 2023.

Ismer Sven: »Von der imaginierten zur emotional erlebten Nation: Partizipation und Verschmelzung in der Fußballberichterstattung«, in: *Österreichische Zeitschrift für Soziologie*, 39, 2014, 131–151.

Ismer Sven, Beyer Manuela, Scheve Christian von: »Soziale Konsequenzen kollektiver Emotionen: Identifikation und Solidarität nach innen sowie Abgrenzung nach außen?«, in: Kleres Jochen, Albrecht Yvonne (Hg.): Die Ambivalenz der Gefühle. Über die verbindende und widersprüchliche Sozialität von Emotionen, Wiesbaden: Springer 2015, 83–100.

Jacobsen Michael Hviid: »Introduction: The Many Different Faces of Nostalgia – Exploring a Multifaceted and Multidisciplinary Emotion«, in: Jacobsen Michael Hviid (ed.): Intimations of Nostalgia: Multidisciplinary Explorations of an Enduring Emotion, Bristol: Bristol University Press 2021, 1–30.

Jacobsen Michael Hviid, Wilson Janelle L.: »Sociology and Nostalgia: Micro-, Meso- and Macro-level Dimensions of an Ambiguous Emotion«, in: Jacobsen Michael Hviid (ed.): Intimations of Nostalgia: Multidisciplinary Explorations of an Enduring Emotion, Bristol: Bristol University Press 2021, 89–109.

Jäger Ulle: »Die Rede vom Menschen – Die Rede vom Körper: Plessner und Bourdieu«, in: Gamm Gerhard, Gutmann Mathias, Manzei Alexandra (Hg.): Zwischen Anthropologie und Gesellschaftstheorie: Zur Renaissance Helmuth Plessners im Kontext der modernen Lebenswissenschaften, Bielefeld: transcript 2005, 99–121.

Jakoby Nina: »Grief as a Social Emotion. Theoretical Perspectives«, *Death Studies*, 36/8, 2012, 679–711.

Jalan Ishan: »Researching dark emotions. Eliciting stories of envy«, in: Flam Helena, Kleres Jochen (eds.): Methods of Exploring Emotions, London: Routledge 2015, 81–89.

James William: »The Sentiment of Rationality«, in: James William: The will to believe and other essays in popular philosophy [1897], Cambridge: Cambridge University Press 2014, 63–110.

Jasper James M.: »Emotions, sociology, and protest«, in: Scheve Christian von, Salmela Mikko (eds.): Collective Emotions, Ox-ford: Oxford University Press 2014, 341–355.

Juhl Jacob, Routledge Clay, Arndt Jamie, Sedikides Constantine, Wildschut Tim: »Fighting the future with the past: Nostalgia buffers existential threat«, in: *Journal of Research in Personality*, 44, 2010, 309–314.

Julmi Christian: »Soziale Situation und Atmosphäre. Vom Nehmen und Geben der Perspektiven«, in: Pfaller Larissa, Wiesse Basil (Hg.): Stimmungen und Atmosphären. Zur Affektivität des Sozialen, Wiesbaden: Springer 2018, 103–123.

Kahl Antje (ed.): Analyzing Affective Societies: Methods and Methodologies, London: Routledge 2019.

Katz Jack: How Emotions work, Chicago–London: University of Chicago Press 1999.

Kautt York: »Gefilmte Gefühle – gefühlte Filme. Das Dokumentarische im Spannungsfeld von Emotion und Gesellschaft«, in: Heinze

Carsten, Weber Thomas (Hg.): Medienkulturen des Dokumentarischen, Wiesbaden: Springer VS 2017, 101–130.

Kemper Theodore D.: A Social Interactional Theory of Emotions, New York: Wiley 1978.

Kemper Theodore D.: »Social Constructionist and Positivist Approaches to the Sociology of Emotions«, in: *American Journal of Sociology*, 87/2, 1981, 336–362.

Kemper Theodore D.: »Social Relations and Emotions: A Structural Approach«, in: Kemper Theodore D. (ed.): Research Agendas in the Sociology of Emotions, Albany: SUNY 1990, 207–237.

Kemper Theodore D.: »Predicting emotions in groups: some lessons from September 11«, in: Barbalet Jack (ed.): Emotions and Sociology, Oxford–Malden: Blackwell 2002, 53–68.

Kleres Jochen, Wettergren Åsa: »Fear, hope, anger, and guilt in climate action«, in: *Social Movement Studies*, 16/5, 2017, 507–519.

Kleres Jochen: »Jack M. Barbalet: Emotion, Social Theory, and Social Structure«, in: Senge Konstanze, Schützeichel Rainer, Zink Veronika (Hg.): Schlüsselwerke der Emotionssoziologie, 2. Auflage, Wiesbaden: Springer VS 2022, 47–54.

Kleres Jochen: »Helena Flam: Emotional ›Man‹«, in: Senge Konstanze, Schützeichel Rainer, Zink Veronika (Hg.): Schlüsselwerke der Emotionssoziologie, 2. Auflage, Wiesbaden: Springer VS 2022, 181–186.

Kleres Jochen, Albrecht Yvonne (Hg.): Die Ambivalenz der Gefühle. Über die verbindende und widersprüchliche Sozialität von Emotionen, Wiesbaden: Springer VS 2015.

Knottnerus J. David: »Religion, ritual, and collective emotion«, in: Scheve Christian von, Salmela Mikko (eds.): Collective Emotions, Oxford: Oxford University Press 2014, 312–325.

Kolehmainen Marjo, Mäkinen Katariina: »Affective labour of creating atmospheres«, in: *European Journal of Cultural Studies*, 24/2, 2021, 448–463.

Kuche Coline: Marginalisierte Gefühlswelten. Eine empirische Untersuchung der emotionalen Integrationsverläufe von Migrant*innen in Deutschland, Wiesbaden: Springer VS 2022.

Kuzmics Helmut: »Emotionen und Habitus von Offizieren im Spiegelbild schöner Literatur. Am Beispiel der habsburgischen Armee von 1848 bis 1918«, in: LiTheS. Zeitschrift für Literatur und Theatersoziologie, 3/3, 2010, 77–101, https://unipub.uni-graz.at/download/pdf/786560.pdf (abgerufen am 22.04.2023).

Kuzmics Helmut: »Krieg, Emotion und der Europäische Zivilisationsprozess. Die Entwicklung kriegsbezogener Affekte im industrialisierten Krieg am Beispiel der habsburgischen Armee im Ersten Weltkrieg«, in: Kuzmics Helmut, Haring Sabine A.: Emotion, Habitus und Erster Weltkrieg. Soziologische Studien zum militärischen Untergang der Habsburger Monarchie, Göttingen: Vandenhoeck & Ruprecht 2013, 493–541.

Kuzmics Helmut: »Norbert Elias und die Kultursoziologie«, in: Moebius Stephan, Nungesser Frithjof, Scherke Katharina (Hg.): Handbuch Kultursoziologie. Band 1: Begriffe – Kontexte – Perspektiven – Autor_innen, Wiesbaden: Springer VS 2019, 433–447.

Kuzmics Helmut: »Norbert Elias, the ›Figurational School‹ and the Sociology of Emotions«, in: Flam Helena (ed.): The Research Handbook on the Sociology of Emotions, Cheltenham et al.: Edgar Elgar (2024, forthcoming).

Kuzmics Helmut, Axtmann Roland: Autorität, Staat und Nationalcharakter. Der Zivilisationsprozeß in Österreich und England 1700–1900, Opladen: Leske + Budrich 2000.

Kuzmics Helmut, Haring Sabine A.: Emotion, Habitus und Erster Weltkrieg. Soziologische Studien zum militärischen Untergang der Habsburger Monarchie, Göttingen: Vandenhoeck & Ruprecht 2013.

Kuzmics Helmut, Mozetič, Gerald: Literatur als Soziologie. Zum Verhältnis von literarischer und gesellschaftlicher Wirklichkeit, Konstanz: UVK 2003.

Lanz Jakob: »Affekt«, in: Ritter Joachim, Gründer Karlfried, Gabriel Gottfried (Hg.): Historisches Wörterbuch der Philosophie, Band 1, Basel [u. a.]: Schwabe 1971, 89–100.

LeDoux Joseph: Das Netz der Gefühle. Wie Emotionen entstehen, München: dtv 2001.

Lethen Helmut: Verhaltenslehre der Kälte. Lebensversuche zwischen den Kriegen, Frankfurt a. M.: Suhrkamp 1994.

Lewis Helen B.: Shame and Guilt in Neurosis, New York: International University Press 1971.

Leys Ruth: »The Turn to Affect: A Critique«, in: *Critical Inquiry*, 37/3, 2011, 434–472.

Lindemann Gesa: »Leiblichkeit und Körper«, in: Gugutzer Robert, Klein Gabriele, Meuser Michael (Hg.): Handbuch Körpersoziologie. Band 1: Grundbegriffe und theoretische Perspektiven, Wiesbaden: Springer VS 2017, 57–66.

Lowenthal David: The Past is a Foreign Country, Cambridge: Cambridge University Press 1985.

Lübke Christiane, Delhey Jan (Hg.): Diagnose Angstgesellschaft? Was wir wirklich über die Gefühlslage der Menschen wissen, Bielefeld: transcript 2019.

Lüde Rolf von: »Jocelyn Pixley: Emotions in Finance. Distrust and Uncertainty in Global Markets«, in: Senge Konstanze, Schützeichel Rainer, Zink Veronika (Hg.): Schlüsselwerke der Emotionssoziologie, 2. Auflage, Wiesbaden: Springer VS 2022, 457–465.

Lünenborg Margreth, Maier Tanja: »Analyzing affective media practices by the use of video analysis«, in: Kahl Antje (ed.): Analyzing Affective Societies: Methods and Methodologies, London: Routledge 2019, 141–161.

Manthe Rainald: Warum treffen sich soziale Bewegungen? Vom Wert der Begegnung: Interaktionssoziologische Perspektiven auf das Weltsozialforum, Bielefeld: transcript 2020.

Markowitsch Hans-Joachim: Dem Gedächtnis auf der Spur. Vom Erinnern und Vergessen, Darmstadt: Wissenschaftliche Buchgesellschaft 2002.

Markowitsch Hans-Joachim, Welzer Harald: Das autobiographische Gedächtnis: hirnorganische Grundlagen und biosoziale Entwicklung, Stuttgart: Klett-Cotta 2005.

Marshall Gordon (ed.): A Dictionary of Sociology, 2nd edition, Oxford–New York: Oxford University Press 1998.

Massumi Brian: »The Autonomy of Affect«, in: *Cultural Critique*, 31, 1995, 83–109.

Martin Susanne: »Von der Zeitdiagnose zur Gesellschaftswissenschaft der Angst. Eine Einführung«, in: Martin Susanne, Linpinsel Thomas (Hg.): Angst in Kultur und Politik der Gegenwart. Beiträge zu einer Gesellschaftswissenschaft der Angst, Wiesbaden: Springer VS 2020, 1–19.

McCarthy E. Doyle: »Emotions are Social Things: An Essay in the Sociology of Emotions«, in: Franks David D., McCarthy E. Doyle (eds.): The Sociology of Emotions: Original Essays and Research Papers, Greenwich–London: JAI Press 1989, 51–72.

Meltzer Bernard N., Musolf Gil Richard: »Resentment and Ressentiment«, in: *Sociological Inquiry*, 72/2, 2002, 240–255.

Merton Robert K.: »Notes on Problem-Finding in Sociology«, in: Merton Robert K., Social Research and the Practicing Professions, Cambridge: Abt Books 1982a, 17–42.

Merton Robert K.: »The Normative Structure of Science«, in: Merton Robert K.: Social Research and the Practicing Professions, Cambridge: Abt Books 1982b, 3–16.

Meyer, John W., Rowan Brian Rowan: »Institutionalized organizations: Formal structure as myth and ceremony«, in: *American Journal of Sociology*, 83/2, 1977, 340–363.

Mikl-Horke Gertraude: Soziologie. Historischer Kontext und soziologische Theorieentwürfe, 4. ergänzte Auflage, München–Wien: Oldenbourg 1997.

Moebius Stephan: Die Zauberlehrlinge. Soziologiegeschichte des Collège de Sociologie (1937–1939), Konstanz: UVK 2006.

Moebius Stephan: »Die Durkheim-Schule und die Kultursoziologie«, in: Moebius Stephan, Nungesser Frithjof, Scherke Katharina (Hg.): Handbuch Kultursoziologie. Band 1: Begriffe – Kontexte – Perspektiven – Autor_innen, Wiesbaden: Springer VS 2019, 421–432.

Morat Daniel: »Verstehen als Gefühlsmethode. Zu Wilhelm Diltheys hermeneutischer Grundlegung der Geisteswissenschaften«, in: Jensen Uffa, Morat Daniel (Hg.): Rationalisierungen des Gefühls.

Zum Verhältnis von Wissenschaft und Emotionen 1880–1930, München: Wilhelm Fink 2008, 101–117.

Mouffe Chantal: Für einen linken Populismus, Frankfurt a. M.: Suhrkamp 2018.

Mulkay Michael J.: »Three models of scientific development«, in: *Sociological Review*, 23/3, 1975, 509–526.

Natterer Kathrin: Nostalgie als Zukunftsstrategie für Unterhaltungsmedien. Empirische Studien zu persönlicher und historischer Nostalgie in Medien, Wiesbaden: Springer 2017.

Neckel Sighard: Status und Scham. Zur symbolischen Reproduktion sozialer Ungleichheit, Frankfurt a. M.–New York: Campus 1991.

Neckel Sighard: »Emotion by design: Das Selbstmanagement der Gefühle als kulturelles Programm«, in: *Berliner Journal für Soziologie*, 15/3, 2005, 419–430.

Neckel Sighard: »Arlie Russell Hochschild: Das gekaufte Herz. Zur Kommerzialisierung der Gefühle«, in: Senge Konstanze, Schützeichel Rainer, Zink Veronika (Hg.): Schlüsselwerke der Emotionssoziologie, 2. Auflage, Wiesbaden: Springer VS 2022, 279–289.

Neckel Sighard, Pritz Sarah Miriam: »Emotion aus kultursoziologischer Perspektive«, in: Moebius Stephan, Nungesser Frithjof, Scherke Katharina (Hg.): Handbuch Kultursoziologie. Band 2: Theorien – Methoden – Felder, Wiesbaden: Springer VS 2019, 305–317.

Nedelmann, Birgitta: »Georg Simmel – Emotion und Wechselwirkung in intimen Gruppen«, in: Neidhardt Friedhelm (Hg.): Gruppensoziologie, Sonderheft 25 der *Kölner Zeitschrift für Soziologie und Sozialpsychologie*, Opladen: Westdeutscher Verlag 1983, 174–209.

Neller Katja: DDR-Nostalgie. Dimensionen der Orientierungen der Ostdeutschen gegenüber der ehemaligen DDR, ihre Ursachen und politischen Konnotationen, Wiesbaden: Springer 2006.

Nungesser Frithjof: »Charles Horton Cooley: Human Nature and the Social Order«, in: Senge Konstanze, Schützeichel Rainer (Hg.): Hauptwerke der Emotionssoziologie, Wiesbaden: Springer VS 2013, 68–79 [aktualisierte Fassung in: Senge Konstanze, Schützeichel Rainer, Zink Veronika (Hg.): Schlüsselwerke der Emotionssoziologie, Wiesbaden: Springer VS 2022, 87–102.

Olick Jeffrey K.: »From Collective Memory to the Sociology of Mnemonic Practices and Products«, in: Erll Astrid, Nünning Ansgar (eds.): Cultural Memory Studies. An International and Interdisciplinary Handbook, Berlin–New York: de Gruyter 2008, 151–161.

Osgood Charles E., Suci George J., Tannenbaum Percy H.: The Measurement of Meaning, Chicago: University of Illinois Press 1957.

Oswald Michael: »In Zukunft zurück in die Vergangenheit: Nostalgie als politische Rhetorik«, in: Gellner Winand, Oswald Michael (Hg.): Die gespaltenen Staaten von Amerika. Die Wahl Donald Trumps und die Folgen für Politik und Gesellschaft, Wiesbaden: Springer VS 2018, 141–157.

Otto Jürgen H., Euler Harald A., Mandl Heinz: »Begriffsbestimmungen«, in: Otto Jürgen H., Euler Harald A., Mandl Heinz (Hg.): Handbuch Emotionspsychologie, Weinheim: Beltz 2000, 11–18.

Pallasmaa Juhani: »Existential Homelessness – Placelessness and Nostalgia in the Age of Mobility«, in: Bergmann Sigurd, Sager Tore: The Ethics of Mobilities. Rethinking Place, Exclusion, Freedom and Environment, Aldershot–Burlington: Ashgate 2008.

Panofsky Erwin: Sinn und Deutung in der bildenden Kunst, Köln: DuMont 1978.

Pauser Susanne, Ritschl Wolfgang: Wickie, Slime und Paiper. Das Online-Erinnerungsalbum für die Kinder der siebziger Jahre, Wien–Köln–Weimar: Böhlau 1999.

Penz Otto, Sauer Birgit: Affektives Kapital. Die Ökonomisierung der Gefühle im Arbeitsleben, Frankfurt a. M.–New York: Campus 2016.

Penz Otto, Sauer Birgit: »Neoliberal technologies of social protection: affects and policy implementation«, in: *Critical Policy Studies*, 14/3, 2020, 339–357.

Penz Otto, Sauer Birgit, Gaitsch Myriam, Hofbauer Johanna, Glinsner Barbara: »Post-bureaucratic encounters: Affective labour in public employment services«, in: *Critical Social Policy*, 37/4, 2017, 540–561.

Pert Candace B.: Moleküle der Gefühle. Körper, Geist und Emotionen, Reinbek bei Hamburg: Rowohlt 2001.

Peters Christian Helge: »Brian Massumi: Parables for the Virtual. Movement, Affect, Sensation«, in: Senge Konstanze, Schützeichel

Rainer, Zink Veronika (Hg.): Schlüsselwerke der Emotionssoziologie, Wiesbaden: Springer 2022, 381–390.

Pettenkofer Andreas: »Die Euphorie des Protestes: Starke Emotionen in sozialen Bewegungen«, in: Schützeichel Rainer (Hg.): Emotionen und Sozialtheorie. Disziplinäre Ansätze, Frankfurt a. M.–New York: Campus 2006, 256–285.

Pettenkofer Andreas: »Emile Durkheim: Die elementaren Formen des religiösen Lebens«, in: Senge Konstanze, Schützeichel Rainer (Hg.): Hauptwerke der Emotionssoziologie, Wiesbaden: Springer VS 2013, 94–102.

Petrov Michal: Retro. Co bylo (a nebylo) za reálného socialismu, Brno: Jota 2013.

Piwoni Eunike: »Mass-mediated discourse on emotion, and the feeling rules it conveys: The case of the Sarrazin debate«, in: *Current Sociology*, 68/3, 2020, 390–407.

Pixley Jocelyn: Emotions in Finance. Distrust and Uncertainty in Global Markets, Cambridge: Cambridge University Press 2004.

Plessner Helmuth: Die Stufen des Organischen und der Mensch. Einleitung in die philosophische Anthropologie [1928], 3. Auflage, Berlin–New York: de Gruyter 1975.

Ploder Andrea, Stadlbauer Johanna: »Strong Reflexivity and Its Critics«, in: *Qualitative Inquiry*, 22/9, 2016, 753–765.

Pohlmann Rosemarie: »Gefühl, moralisches«, in: Ritter Joachim, Gründer Karlfried, Gabriel Gottfried (Hg.), Historisches Wörterbuch der Philosophie, Band 3, Basel [u. a.]: Schwabe 1974, 96–98.

Pollack Detlef: Das unzufriedene Volk. Protest und Ressentiment in Ostdeutschland von der friedlichen Revolution bis heute, Bielefeld: transcript 2020.

Rackow Katja, Schupp Jürgen, Scheve Christian von: »Angst und Ärger: Zur Relevanz emotionaler Dimensionen sozialer Ungleichheit«, in: *Zeitschrift für Soziologie*, 41/5, 2012, 392–409.

Reckwitz Andreas: »Praktiken und ihre Affekte«, in: Schäfer Hilmar (Hg.): Praxistheorie: Ein soziologisches Forschungsprogramm, Bielefeld: transcript 2016, 163–180.

Reddy William M.: The Navigation of Feeling. A Framework for the History of Emotions, Cambridge: Cambridge University Press 2001 (online 2009 https://doi.org/10.1017/CBO9780511512001).

Reicher Dieter: »Der banale Internationalismus: Internationale Wettkampfkultur und die Transformation nationaler Wir-Bilder und Wir-Ideale«, in: *Leviathan*, 39/3, 2011, 315–331.

Reicher Dieter: Nationensport und Mediennation. Zur Transformation von Nation und Nationalismus im Zeitalter elektronischer Massenmedien, Göttingen: Vandenhoeck & Ruprecht 2013.

Reifová Irena: »The pleasure of continuity: Re-reading post-socialist nostalgia«, in: *International Journal of Cultural Studies*, 21/6, 2018, 587–602.

Reisenzein Rainer: »Moralische Gefühle aus der Sicht der kognitiv-emotionalen Theorie der Emotion«, in: Iorio Marco, Reisenzein Rainer(Hg.): Regel, Norm, Gesetz. Eine interdiziplinäre Bestandsaufnahme, Frankfurt a. M.: Peter Lang 2010, 257–283.

Renda Charlotte: »Einige Überlegungen zu Stimmung als situationssoziologischer Kategorie«, in: *Kölner Zeitschrift für Soziologie und Sozialpsychologie*, 70, 2018, 629–654.

Retzinger Suzanne: »Identifying Shame and Anger in Discourse«, in: *American Behavioral Scientist*, 38/8, 1995, 1104–1113.

de Rivera Joseph: »Emotional climate: social structure and emotional dynamics«, in: *International Review of Studies of Emotion*, 2, 1992, 197–218.

de Rivera Joseph: »Emotional Climate, Human Security, and Cultures of Peace«, in: *Journal of Social Issues*, 63/2, 2007, 233–253.

de Rivera Joseph, Páez Darío: »Emotional Climate, Human Security, and Cultures of Peace«, in: *Journal of Social Issues*, 63/2, 2007, 233–253.

Robinson Dwan T., Smith-Lovin Lynn, Wisecup Allison K.: »Affect Control Theory«, in: Stets Jan E., Turner Jonathan H. (ed.): Handbook of the sociology of emotions, Dordrecht–New York et al.: Springer 2007, 179–202.

Rogers Kimberley B., Schröder Tobias, Scheve Christian von: »Dissecting the Sociality of Emotion: A Multilevel Approach«, in: *Emotion Review*, 6/2, 2014, 124–133.

Röttger-Rössler Birgitt, Scheidecker Gabriel, Lam Anh Thu Anne: »Narrating visualized feelings. Photovoice as a tool for researching affects and emotions among school students«, in: Kahl Antje (ed.): Analyzing Affective Societies: Methods and Methodologies, London: Routledge 2019, 78–97.

Rothermund Klaus, Eder Andreas: Motivation und Emotion, Wiesbaden: VS Verlag 2011.

Routledge Clay, Arndt Jamie, Sedikides Constantine, Wildschut Tim: »A blast from the past: The terror management function of nostalgia«, in: *Journal of Experimental Social Psychology*, 44/1, 2008, 132–140.

Rucht Dieter: »Die Letzte Generation: Eine kritische Zwischenbilanz«, in: *Forschungsjournal Soziale Bewegungen – Analysen zu Demokratie und Zivilgesellschaft*, 36/2, 2023, 186–204.

Russell James A., Barrett Lisa Feldman: »Core affect, prototypical emotional episodes, and other things called emotion: Dissecting the elephant«, in: *Journal of Personality and Social Psychology*, 76/5, 1999, 805–819.

Salmela Mikko, Scheve Christian von: »Emotional roots of right-wing political populism«, in: *Social Science Information*, 56/4, 2017, 567–595.

Sander Angelika, Max Scheler zur Einführung, Hamburg: Junius Verlag 2001.

Saße Günter, Die Ordnung der Gefühle. Das Drama der Liebesheirat im 18. Jahrhundert, Darmstadt: Wissenschaftliche Buchgesellschaft 1996.

Sauerborn Elgen, Scheve Christian von: »Emotionen, Affekte und implizites Wissen«, in: Kraus Anja, Budde Jürgen, Hietzge Maud, Wulf Christoph (Hg.): Handbuch ›Schweigendes‹ Wissen in Lernen und Erziehung, Bildung und Sozialisation, Weinheim: Beltz Juventa 2017, 155–166.

Saxenberg Steven, Frič Pavol, Gyárfášová Ol'ga: »Fear, Anger, Hope, and Pride: Negative and Positive Emotions in Electoral Behaviour«, in: *Sociológia*, 55/2, 2023, 153–176.

Schäfer Hilmar: »Einleitung. Grundlagen, Rezeption und Forschungsperspektiven der Praxistheorie«, in: Schäfer Hilmar (Hg.): Praxistheorie: Ein soziologisches Forschungsprogramm, Bielefeld: transcript 2016, 9–25.

Schade Sigrid, Wenk Silke: Studien zur visuellen Kultur. Einführung in ein transdisziplinäres Forschungsfeld, Bielefeld: transcript 2011.

Schankweiler Kerstin, Wüschner Philipp: »Images that move. Analyzing affect with Aby Warburg«, in: Kahl Antje (ed.): Analyzing Affective Societies: Methods and Methodologies, London: Routledge 2019, 101–119.

Scheer Monique: »Are emotions a kind of practice (and is that what makes them have a history)? A Bourdieuian approach to understanding emotion«, in: *History and Theory*, 51/2, 2012, 193–220.

Scheff Thomas: Microsociology. Discourse, Emotion and Social Structure, Chicago–London: University of Chicago Press 1990a.

Scheff Thomas: »Socialization of Emotions: Pride and Shame as Causal Agents«, in: Kemper Theodore D. (ed.): Research Agendas in the Sociology of Emotions, New York: SUNY 1990b, 281–304.

Scheff Thomas: Bloody Revenge. Emotions, Nationalism, and War, Boulder–Oxford: Westview Press 1994.

Scheff Thomas, Retzinger Suzanne M.: Emotions and Violence. Shame and Rage in Destructive Conflicts, Lexington: Lexington Books 1991.

Scheler Max: Vom Umsturz der Werte. Abhandlungen und Aufsätze [1919], 5. Auflage, Bern–München: Francke Verlag 1972.

Scherke Katharina: »Plädoyer für einen ikonologischen Ansatz in der Kunstsoziologie«, in: Hermann Schwengel (Hg.): Grenzenlose Gesellschaft?, 29. Kongreß der deutschen Gesellschaft für Soziologie – 16. Österreichischer Kongreß für Soziologie – 11. Kongreß der Schweizerischen Gesellschaft für Soziologie in Freiburg i.Br. 1998, Bd. II/1: Sektionen – Forschungskomitees – Arbeitsgruppen, Pfaffenweiler: Centaurus 1999, 194–197.

Scherke Katharina: »Aspekte des Romantischen. Kunstgeschichtliche und kunstsoziologische Anmerkungen zu Caspar David Friedrich und Ludwig Richter«, in: *Archiv für Kulturgeschichte*, 83/II, 2001, 297–330.

Scherke Katharina: »Die Wiener Schule der Kunstgeschichte und die Warburg-Schule. Anmerkungen zur geistigen Infrastruktur zweier

Großstädte«, in: Stachel Peter, Szabo-Knotik Cornelia (Hg.): Urbane Kulturen in Zentraleuropa um 1900, Studien zur Moderne, Band 19, Wien: Passagen 2004, 383–408.

Scherke Katharina: Emotionen als Forschungsgegenstand der deutschsprachigen Soziologie, Wiesbaden: Springer 2009.

Scherke Katharina: »Die soziale Regelung von Gefühlen – Lachen und Weinen«, in: Alfred Bellebaum, Robert Hettlage (Hg.): Unser Alltag ist voll von Gesellschaft. Sozialwissenschaftliche Beiträge, Wiesbaden: Springer 2014, 211–228.

Scherke Katharina: »Emotion: History of the Concept«, in: James D. Wright (editor-in-chief): International Encyclopedia of the Social & Behavioral Sciences, 2nd edition, Vol 7, Oxford: Elsevier 2015, 472–476.

Scherke Katharina: »Nostalgie und Politik. Eine emotionssoziologische Perspektive«, in: *Zeitschrift für Politik*, 65/1, 2018, 81–96.

Scherke Katharina: »Scham-Wut-Spiralen. Zur Instrumentalisierung von Emotionen im Rahmen des Populismus«, in: Strube Sonja A., Perintfalvi Rita, Hemet Raphaela, Metze Miriam, Sahbaz Cicek (Hg.): Anti-Genderismus in Europa. Allianzen von Rechtspopulismus und religiösem Fundamentalismus. Mobilisierung – Vernetzung – Transformation, Bielefeld: transcript 2021, 271–281.

Scherke Katharina: »History of the Sociology of Emotions – Comments on Hindrances and Challenges to its Development«, in: Flam Helena (ed.): The Research Handbook on the Sociology of Emotions, Cheltenham et al.: Edgar Elgar (2024, forthcoming).

Scheve Christian von: »Sind die ›Schreckensmänner‹ mit Gefühl weniger furchteinflößend? Emotionen und sozialwissenschaftliche Akteurmodelle«, in: Heidenreich Felix, Schaal Gary S. (Hg.): Politische Theorie und Emotionen, Baden-Baden: Nomos 2012, 9–26.

Scheve Christian von: »A social relational account of affect«, in: *European Journal of Social Theory*, 21/1, 2018, 39–59.

Scheve Christian von: »Theodore D. Kemper: A Social Interactional Theory of Emotions«, in: Senge Konstanze, Schützeichel Rainer, Zink Veronika (Hg.): Schlüsselwerke der Emotionssoziologie, 2. Auflage, Wiesbaden: Springer VS 2022, 329–337.

Scheve Christian von, Berg Anna Lea: »Affekt als analytische Kategorie der Sozialforschung«, in: Pfaller Larissa, Wiesse Basil (Hg.): Stimmungen und Atmosphären. Zur Affektivität des Sozialen, Wiesbaden: Springer 2018, 27–51.

Scheve Christian von, Dehne Maximilian: »Anomie und Gefühl. Zur Diskrepanz zwischen kultureller Modellierung und sozialer Strukturierung von Emotionen in der Gegenwart«, in: Mixa Elisabeth, Pritz Sarah Miriam, Tumeltshammer Markus, Greco Monica (Hg.): Un-Wohl-Gefühle. Eine Kulturanalyse gegenwärtiger Befindlichkeiten, Bielefeld: transcript 2016, 23–43.

Scheve Christian von, Salmela Mikko: »Collective emotions: An introduction«, in: Scheve Christian von, Salmela Mikko (eds.): Collective Emotions, Oxford: Oxford University Press 2014, XIII–XXIV.

Schimank Uwe: Soziologische Gegenwartdiagnosen – Zur Einführung, in: Schimank Uwe, Volkmann Ute (Hg.): Soziologische Gegenwartsdiagnosen I, Opladen: Leske+Budrich 2000, 9–22.

Schimank Uwe: Handeln und Strukturen, Einführung in die akteurtheoretische Soziologie, Wienheim–München: Juventa 2000.

Schirgi Antonia: Über die nahe Ferne und die distanzierte Nähe. Eine Theorie menschlicher Begegnungen mit und nach Maurice Merleau-Ponty, unveröffentlichte Diss., Universität Graz 2023.

Schmidt-Atzert Lothar, Peper Martin, Stemmler Gerhard: Emotionspsychologie, 2. vollständig überarbeitete und erweiterte Auflage, Stuttgart: Kohlhammer 2014.

Schmitz Andreas, Horneber Jakob: »Die quantitative Analyse textueller Daten. Das Beispiel des Angstdiskurses in US-amerikanischen TV-Präsidentschaftsdebatten 1960–2016«, in: Martin Susanne, Linpinsel Thomas (Hg.): Angst in Kultur und Politik der Gegenwart. Beiträge zu einer Gesellschaftswissenschaft der Angst, Wiesbaden: Springer VS 2020, 205–228.

Schnabel Annette: »Gefühlvolle Entscheidung und entscheidende Gefühle. Emotionen als Herausforderung für Rational Choice-Theorien«, in: *Kölner Zeitschrift für Soziologie und Sozialpsychologie*, 57/2, 2005, 278–307.

Schnabel Annette, Schützeichel Rainer (Hg.): Emotionen, Sozialstruktur und Moderne, Wiesbaden: VS 2012.

Schoeck Helmut: Der Neid und die Gesellschaft, 3. Auflage, Freiburg–Basel–Wien: Herder 1973.

Schröder Tobias, Hoey Jesse, Rogers Kimberly B.: »Modeling Dynamic Identities and Uncertainty in Social Interactions: Bayesian Affect Control Theory«, in: *American Sociological Review*, 81/4, 2016, 828–855.

Schröder Tobias: »David Heise: Expressive Order – Confirming Sentiments in Social Action«, in: Senge Konstanze, Schützeichel Rainer, Zink Veronika (Hg.): Schlüsselwerke der Emotionssoziologie, 2. Auflage, Wiesbaden: Springer VS 2022, 263–272.

Schützeichel Rainer (Hg.): Emotionen und Sozialtheorie. Disziplinäre Ansätze, Frankfurt a. M.: Campus 2006a.

Schützeichel Rainer: »Emotionen und Sozialtheorie – eine Einleitung«, in: Schützeichel Rainer (Hg.): Emotionen und Sozialtheorie. Disziplinäre Ansätze, Frankfurt a. M.: Campus 2006b, 7–26.

Schützeichel Rainer: »Soziologische Emotionskonzepte und ihre Probleme«, in: Soziologie der Emotionen, Schwerpunktheft der *Österreichischen Zeitschrift für Soziologie*, hrsgg. von Katharina Scherke und Eva Flicker, 2/2008, 82–96.

Schützeichel Rainer: »Emotions, Rationality and Rational Choice«, in: Albert Gert, Sigmund Steffen (Hg.): Soziologische Theorie kontrovers. Sonderheft der Kölner Zeitschrift für Soziologie und Sozialpsychologie 50/2010, Wiesbaden: VS Verlag 2011, 169–177.

Schützeichel Rainer: »Emotion«, in: Gugutzer Robert, Klein Gabriele, Meuser Michael (Hg.): Handbuch Körpersoziologie 1. Grundbegriffe und theoretische Persopektiven, 2. Auflage, Wiesbaden: Springer VS 2022.

Schwandt Bernd: Entscheidungsprozesse und Emotionen, Wiesbaden: Springer 2021.

Scott Georgsen Mie, Thomassen Bjørn: »Affectivity and liminality in ritualized protest: Politics of transformation in the Kiev uprising«, in: *Theory & Psychology*, 27/2, 2017, 198–214.

Scribano Adrian: »Is there an ›affective turn‹?«, in: *Newsletter of the Thematic Group on Society and Emotions*, ISA, August 2017, 18–26, https://isatg08.files.wordpress.com/2016/11/tg08-newsletter-2-e28093-aug-2017.pdf (abgerufen am 01.04.2023).

Sedgwick Eve K.: Touching Feeling: Affect, Pedagogy, Performativity, Durham: Duke University Press 2003.

Seebach Swen: Love and Society Special Social Forms and the Master Emotion, London: Routledge 2017.

Seebach Swen, Cantó Milà Natàlia, Núñez Mosteo Francesc: »Stilles Miteinander, lautlose Macht: Versuch über die Bedeutungen des Schweigens in Paarbeziehungen«, in: Kleres Jochen, Albrecht Yvonne (Hg.): Die Ambivalenz der Gefühle. Über die verbindende und widersprüchliche Sozialität von Emotionen, Wiesbaden: Springer VS 2015, 61–80.

Seebach Swen, Núñez Mosteo Francesc: »Is Romantic Love a Linking Emotion?«. in: *Sociological Research Online*, 21/1, 2016, 176–187.

Seigworth Gregory J., Gregg Melissa: »An Inventory of Shimmers«, in: Seigworth Gregory J., Gregg Melissa (eds.): The Affect Theory Reader, New York: Duke University Press 2010, 1–26.

Senge Konstanze: »Die Wiederentdeckung der Gefühle. Zur Einleitung«, in: Senge Konstanze, Schützeichel Rainer (Hg.): Hauptwerke der Emotionssoziologie, Wiesbaden: Springer VS 2013, 11–32.

Senge Konstanze: »Die emotionale Säule von Institutionen. Entwicklungen, Potentiale und Probleme einer neo-institutionalistischen Deutung von Emotionen«, in: Apelt Maja, Wilkesmann Uwe (Hg.): Zur Zukunft der Organisationssoziologie, Wiesbaden: Springer VS 2015, 205–225.

Senge Konstanze, Dombrowski Simon: »Der Neo-Institutionalismus als Kultursoziologie«, in: Moebius Stephan, Nungesser Frithjof, Scherke Katharina (Hg.): Handbuch Kultursoziologie. Band 2: Theorien – Methoden – Felder, Wiesbaden: Springer VS 2019, 29–51.

Senge Konstanze, Schützeichel Rainer (Hg.): Hauptwerke der Emotionssoziologie, Wiesbaden: Springer VS 2013.

Senge Konstanze, Schützeichel Rainer, Zink Veronika (Hg.): Schlüsselwerke der Emotionssoziologie, 2. Auflage, Wiesbaden: Springer VS 2022.

Shilling Chris: The Body in Social Theory, 2nd edition, London–Thousand Oaks–New Delhi: Sage 2003.

Sieben Barbara: Management und Emotionen. Analyse einer ambivalenten Verknüpfung, Frankfurt a. M.–New York: Campus 2007.

Sieben Barbara, Wettergren Åsa: »Emotionalizing Organizations and Organizing Emotions – Our Research Agenda«, in: Sieben Barbara, Wettergren Åsa (ed.): Emotionalizing Organizations and Organizing Emotions, London: Palgrave Macmillan 2010, 1–20.

Simmel Georg: Philosophie des Geldes [1900], 11. Auflage, Frankfurt a. M.: Suhrkamp 2017.

Simmel Georg: Soziologie. Untersuchungen über die Formen der Vergesellschaftung [1908], 7. Auflage, Berlin: Duncker & Humblot 2013.

Simmel Georg: Grundfragen der Soziologie. Individuum und Gesellschaft [1917], 4. unveränderte Auflage, Berlin–New York: de Gruyter 1984.

Simmel Georg: »Die Großstädte und das Geistesleben« [1903], in: Simmel Georg: Soziologische Ästhetik, hrgg. von Klaus Lichtblau, Darmstadt: Wissenschaftliche Buchgesellschaft 1998, 119–133.

Slaby Jan: »Drei Haltungen der Affect studies«, in: Pfaller Larissa, Wiesse Basil (Hg.): Stimmungen und Atmosphären. Zur Affektivität des Sozialen, Wiesbaden: Springer 2018, 53–81.

Slaby Jan, Scheve Christian von (eds.): Affective Societies. Key Concepts, London–New York: Routledge 2019.

Staubmann Helmut: »Handlung und Ästhetik: Zum Stellenwert der ›affektiv-kathektischen Handlungsdimension‹ in Parsons' Allgemeiner Theorie des Handelns«, in: *Zeitschrift für Soziologie*, 1995, 95–114.

Staubmann Helmut: »Der affektive Aufbau der sozialen Welt«, in: *Soziale Systeme*, 10, 1, 2004, 140–158.

Staubmann Helmut: Sociology in a New Key: Essays in Social Theory and Aesthetics, Cham: Spinger Nature 2022, 29–45.

Stearns Peter N.: »Social History Update: Sociology of Emotions«, in: *Journal of Social History*, 22/3, 1989, 592–599.

Stearns Peter N.: American Cool. Constructing a Twentieth-Century Emotional Style, New York: NYU Press 1994.

Stenner Paul: »Liminality. Un-Wohl-Gefühle und der affective turn«, in: Mixa Elisabeth, Pritz Sarah Miriam, Tumeltshammer Markus, Greco Monica (Hg.): Un-Wohl-Gefühle. Eine Kulturanalyse gegenwärtiger Befindlichkeiten, Bielefeld: transcript 2016, 45–67.

Stenner Paul, Greco Monica, Motzkau Johanna: »Introduction to the Special Issue on Liminal Hotspots«, in: *Theory & Psychology*, 27/2, 2017, 141–146.

Stenner Paul: Liminality and Experience. A Transdisciplinary Approach to the Psychosocial, London: Palgrave Macmillan 2017.

Stern Barbara B.: »Historical and personal nostalgia in advertising text: The fin de siècle effect«, in: *Journal of Advertising*, 21/4, 1992, 11–22.

Stets Jan E., Turner Jonathan H. (ed.): Handbook of the sociology of emotions, Dordrecht–New York et al.: Springer 2007.

Stets Jan E., Turner Jonathan H. (ed.): Handbook of the sociology of emotions: Volume II, Dordrecht–New York et al.: Springer 2014.

Strauss Anselm, Fagerhaugh Shizuko, Suczek Barbara, Wiener Carolyn: »Gefühlsarbeit. Ein Beitrag zur Arbeits- und Berufssoziologie«, in: *Kölner Zeitschrift für Soziologie und Sozialpsychologie*, 32/4, 1980, 629–651.

Summers-Effler Erika: »The emotional significance of solidarity for social movement communities. Sustaining Catholic worker community and service«, in: Flam Helena, King Debra (eds.): Emotions and Social Movements, London: Routledge 2005, 135–149.

Terpe Sylvia: »Epistemic feelings in moral experiences and moral dynamics of everyday life«, in: *Digithum. A Relational Perspective on Culture in Late Modernity*, 18, 2016, 5–11.

Thomas William I., Thomas Dorothy S.: The Child in America: Behavior Problems and Programs, New York: Knopf 1928.

Thome Helmut, Terpe Sylvia: »Das Gewissen – (k)ein Thema für die Soziologie?«, in: *Zeitschrift für Soziologie*, 41/4, 2012, 258–276.

Thrift Nigel: Intensities of feeling: Towards a spatial politics of affect, in: *Geografiska Annaler*, 86/1, 2004, 57–78.

Törnqvist Nina, Wettergren Åsa: »Epistemic emotions in prosecutorial decision making«, in: *Journal of Law and Society*, 50/2, 2023, 208–230.

Treml Martin, Weigel Sigrid: »Einleitung«, in: Warburg Aby: Werke in einem Band, hrsgg. und kommentiert von Martin Treml, Sigrid Weigel und Perdita Ladwig, Berlin: Suhrkamp 2010, 9–27.

Turner Bryan S.: »A Note on nostalgia«, in: *Theory, Culture and Society*, 4, 1987.

Turner Jonathan H.: On the Origins of Human Emotions. A Sociological Inquiry into the Evolution of Human Affect, Stanford: Stanford University Press 2000.

Turner Jonathan H, Stets Jan E.: The Sociology of Emotions, Cambridge: Cambridge University Press 2005.

Turner Victor W.: »Liminalität und Communitas«, in: Belliger Andréa, Krieger David J. (Hg.): Ritualtheorien, Wiesbaden: VS Verlag 1998, 251–262.

Ulich Dieter, Mayring Philipp: Psychologie der Emotionen, Stuttgart–Berlin–Köln: Kohlhammer 1992.

Ural Nur Yasemin: »Sara Ahmed: The Culural Politics of Emotions«, in: Senge Konstanze, Schützeichel Rainer, Zink Veronika (Hg.): Schlüsselwerke der Emotionssoziologie, Wiesbaden: Springer 2022, 31–39.

Vandenberghe Frédéric: »To be or not to be affected«, in: *Newsletter of the Thematic Group on Society and Emotions*, ISA, August 2017, 11–17, https://isatg08.files.wordpress.com/2016/11/tg08-newsletter-2-e28093-aug-2017.pdf (abgerufen am 01.04.2023).

Vester Heinz-Günter: Emotion, Gesellschaft und Kultur. Grundzüge einer soziologischen Theorie der Emotionen, Opladen: Westdeutscher Verlag 1991.

Voss Thomas: »Von den britischen Klassikern zur Verhaltensökonomik: Eine kurze Geschichte der Rational-Choice-Theorie«, in: Tutić Andreas (ed.): Rational Choice, Berlin–Boston: De Gruyter Oldenbourg 2020, 3–25.

Walder Dennis: Postcolonial Nostalgias. Writing, Representations and Memory, New York: Routledge 2011.

Wassmann Claudia: Die Macht der Emotionen. Wie Gefühle unser Denken und Handeln beeinflussen, Darmstadt: Wissenschaftliche Buchgesellschaft 2002.

Weber Max: »Wissenschaft als Beruf« [1917/1919], in: Weber Max: Gesamtausgabe, Band 17, hrsgg. von Wolfgang Mommsen, Wolfgang Schluchter, Tübingen: Mohr 1992.

Weber Max: Gesammelte Aufsätze zur Religionssoziologie I [1920], 9. Auflage, Tübingen: Mohr 1988.

Weber Max: Soziologische Grundbegriffe [1921], 3. durchges. Auflage, Tübingen: Mohr 1976.

Weber Max: Wirtschaft und Gesellschaft. Grundriss der verstehenden Soziologie [1921/1922], hrsgg. von Johannes Winckelmann, 4. Auflage, Tübingen: Mohr 1956.

Wetherell Margaret: »Trends in the Turn to Affect: A Social Psychological Critique«, in: *Body & Society*, 21/2, 2015, 139–166.

Wettergren Åsa: »Mobilization and the moral shock. Adbusters Media Foundation«, in: Flam Helena, King Debra (eds.): Emotions and Social Movements, London: Routledge 2005, 99–118.

Wettergren Åsa: »How do we know what they feel?«, in: Flam Helena, Kleres Jochen (eds.), Methods of Exploring Emotions, London: Routledge 2015, 115–124.

Wildschut Tim, Sedikides Constantine, Arndt Jamie, Routledge Clay: »Nostalgia: Content, Triggers, Functions«, in: *Journal of Personality and Social Psychology*, 91/5, 2006, 975–993.

Wildschut Tim, Sedikides Constantine, Routledge Clay, Arndt Jamie, Cordaro Filippo: »Nostalgia as a repository of social connectedness: the role of attachment-related avoidance«, in: *Journal of Personality and Social Psychology*, 98/4, 2010, 573–586.

Williams Simon J.: Emotion and Social Theory. Corporeal Reflections on the (Ir)Rational, London et al.: Sage 2001.

Williams Simon J., Bendelow Gillian: »Introduction: emotions in social life. Mapping the sociological terrain«, in: Bendelow Gillian, Williams Simon J. (eds.): Emotions in Social Life. Critical Themes and Contemporary Issues, London–New York: Routledge 1998, XV–XXX.

Wierzbicka Anna: Emotions Across Languages and Cultures: Diversity and Universals, Cambridge: Cambridge University Press 1999 (online 2009).

Wiesse Basil, Pfaller Larissa: »Affektive Gestimmtheiten in den Sozial- und Kulturwissenschaften«, in: Pfaller Larissa, Wiesse Basil (Hg.): Stimmungen und Atmosphären. Zur Affektivität des Sozialen, Wiesbaden: Springer 2018, 1–23.

Wilde Mandy de, »Profound Coziness: Affective Citizenship and the Failure to Enact Community in a Dutch Urban Neighborhood«, in: Kleres Jochen, Albrecht Yvonne (Hg.): Die Ambivalenz der Gefühle. Über die verbindende und widersprüchliche Sozialität von Emotionen, Wiesbaden: Springer VS 2015, 125–143.

Winter Rainer: »Norman K. Denzin: On Understanding Emotion«, in: Senge Konstanze, Schützeichel Rainer, Zink Veronika (Hg.): Schlüsselwerke der Emotionssoziologie, 2. Auflage, Wiesbaden: Springer VS 2022, 117–122.

Wouters Cas: Informalisierung. Norbert Elias' Zivilisationstheorie und Zivisationsprozesse im 20. Jahrhundert, Opladen–Wiesbaden: Westdeutscher Verlag 1999.

Yilmaz Yasemin: »Die affektive Seite des Interaktionsrituals. Emotionen und Hintergrundaffekte in Durkheims zentralen Konzepten der sozialen Tatsache und der kollektiven Efferveszenz«, in: Pfaller Larissa, Wiesse Basil (Hg.): Stimmungen und Atmosphären. Zur Affektivität des Sozialen, Wiesbaden: Springer 2018, 83–101.

Zajonc Robert B.: »Feeling and Thinking. Preferences Need No Inferences«, in: *American Psychologist*, 35/2, 1980, 151–175.

Personenregister